大学赤本シリーズ

171

〔国公立大〕医学部医学科
総合型選抜・学校推薦型選抜

JN035748

は　し　が　き

　おかげさまで，大学入試の「赤本」は，今年で創刊70周年を迎えました。

　これまで，入試問題や資料をご提供いただいた大学関係者各位，掲載許可をいただいた著作権者の皆様，各科目の解答や対策の執筆にあたられた先生方，そして，赤本を使用してくださったすべての読者の皆様に，厚く御礼を申し上げます。

　以下に，創刊初期の「赤本」のはしがきを引用します。これからも引き続き，受験生の目標の達成や，夢の実現を応援してまいります。

　本書を活用して，入試本番では持てる力を存分に発揮されることを心より願っています。

編者しるす

＊　　＊　　＊

　学問の塔にあこがれのまなざしをもって，それぞれの志望する大学の門をたたかんとしている受験生諸君！　人間として生まれてきた私たちは，自己の欲するままに，美しく，強く，そして何よりも人間らしく生きることをねがっている。しかし，一朝一夕にして，この純粋なのぞみが達せられることはない。私たちの行く手には，絶えずさまざまな試練がまちかまえている。この試練を克服していくところに，私たちのねがう真に人間的な世界がはじめて開かれてくるのである。

　人生最初の最大の試練として，諸君の眼前に大学入試がある。この大学入試は，精神的にも身体的にも，大きな苦痛を感ぜしめるであろう。あるスポーツに熟達するには，たゆみなき，はげしい練習を積み重ねることが必要であるように，私たちは，計画的・持続的な努力を払うことによって，この試練を克服し，次の一歩を踏みだすことができる。厳しい試練を経たのちに，はじめて満足すべき成果を獲得できるのである。

　本書は最近の入学試験の問題に，それぞれ解答を付し，さらに問題をふかく分析することによって，その大学独特の傾向や対策をさぐろうとした。本書を一般の参考書とあわせて使用し，まとはずれのない，効果的な受験勉強をされるよう期待したい。

（昭和35年版「赤本」はしがきより）

新課程も赤本で
ばっちり！

新課程入試 Q&A

2022年度から新しい学習指導要領（新課程）での授業が始まり，2025年度の入試は，新課程に基づいて行われる最初の入試となります。ここでは，赤本での新課程入試の対策について，よくある疑問にお答えします。

使える？

Q1. 赤本は新課程入試の対策に使えますか？

A. もちろん使えます！

OK

旧課程入試の過去問が新課程入試の対策に役に立つのか疑問に思う人もいるかもしれませんが，心配することはありません。旧課程入試の過去問が役立つのには次のような理由があります。

● 学習する内容はそれほど変わらない

新課程は旧課程と比べて科目名を中心とした変更はありますが，学習する内容そのものはそれほど大きく変わっていません。また，多くの大学で，既卒生が不利にならないよう「経過措置」がとられます（Q3参照）。したがって，出題内容が大きく変更されることは少ないとみられます。

● 大学ごとに出題の特徴がある

これまでに課程が変わったときも，各大学の出題の特徴は大きく変わらないことがほとんどでした。入試問題は各大学のアドミッション・ポリシーに沿って出題されており，過去問にはその特徴がよく表れています。過去問を研究してその大学に特有の傾向をつかめば，最適な対策をとることができます。

出題の特徴の例	・英作文問題の出題の有無 ・論述問題の出題（字数制限の有無や長さ） ・計算過程の記述の有無

新課程入試の対策も，赤本で過去問に取り組むところから始めましょう。

Q2. 赤本を使う上での注意点はありますか？

A. 志望大学の入試科目を確認しましょう。

　過去問を解く前に，過去の出題科目（問題編冒頭の表）と 2025 年度の募集要項とを比べて，課される内容に変更がないかを確認しましょう。ポイントは以下のとおりです。科目名が変わっていても，実際は旧課程の内容とほとんど同様のものもあります。

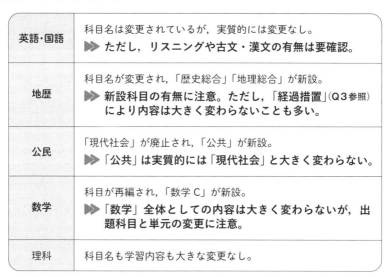

英語・国語	科目名は変更されているが，実質的には変更なし。 ▶▶ ただし，リスニングや古文・漢文の有無は要確認。
地歴	科目名が変更され，「歴史総合」「地理総合」が新設。 ▶▶ 新設科目の有無に注意。ただし，「経過措置」(Q3参照)により内容は大きく変わらないことも多い。
公民	「現代社会」が廃止され，「公共」が新設。 ▶▶ 「公共」は実質的には「現代社会」と大きく変わらない。
数学	科目が再編され，「数学 C」が新設。 ▶▶ 「数学」全体としての内容は大きく変わらないが，出題科目と単元の変更に注意。
理科	科目名も学習内容も大きな変更なし。

　数学については，科目名だけでなく，どの単元が含まれているかも確認が必要です。例えば，出題科目が次のように変わったとします。

旧課程	「数学Ⅰ・数学Ⅱ・数学A・数学B（数列・ベクトル）」
新課程	「数学Ⅰ・数学Ⅱ・数学A・**数学B（数列）・数学C（ベクトル）**」

　この場合，新課程では「数学C」が増えていますが，単元は「ベクトル」のみのため，実質的には旧課程とほぼ同じであり，過去問をそのまま役立てることができます。

Q3. 「経過措置」とは何ですか？

A. 既卒の旧課程履修者への対応です。

　多くの大学では，既卒の旧課程履修者が不利にならないように，出題において「経過措置」が実施されます。措置の有無や内容は大学によって異なるので，募集要項や大学のウェブサイトなどで確認しておきましょう。

○旧課程履修者への経過措置の例

- ●旧課程履修者にも配慮した出題を行う。
- ●新・旧課程の共通の範囲から出題する。
- ●新課程と旧課程の共通の内容を出題し，共通範囲のみでの出題が困難な場合は，旧課程の範囲からの問題を用意し，選択解答とする。

　例えば，地歴の出題科目が次のように変わったとします。

旧課程	「日本史 B」「世界史 B」から1科目選択
新課程	「**歴史総合，日本史探究**」「**歴史総合，世界史探究**」から1科目選択※ ※旧課程履修者に不利益が生じることのないように配慮する。

　「歴史総合」は新課程で新設された科目で，旧課程履修者には見慣れないものですが，上記のような経過措置がとられた場合，新課程入試でも旧課程と同様の学習内容で受験することができます。

要チェックだホン

新課程の情報は WEB もチェック！
より詳しい解説が赤本ウェブサイトで見られます。
https://akahon.net/shinkatei/

科目名が変更される教科・科目

	旧 課 程	新 課 程
国語	国語総合 国語表現 現代文A 現代文B 古典A 古典B	現代の国語 言語文化 論理国語 文学国語 国語表現 古典探究
地歴	日本史A 日本史B 世界史A 世界史B 地理A 地理B	歴史総合 日本史探究 世界史探究 地理総合 地理探究
公民	現代社会 倫理 政治・経済	公共 倫理 政治・経済
数学	数学I 数学II 数学III 数学A 数学B 数学活用	数学I 数学II 数学III 数学A 数学B 数学C
外国語	コミュニケーション英語基礎 コミュニケーション英語I コミュニケーション英語II コミュニケーション英語III 英語表現I 英語表現II 英語会話	英語コミュニケーションI 英語コミュニケーションII 英語コミュニケーションIII 論理・表現I 論理・表現II 論理・表現III
情報	社会と情報 情報の科学	情報I 情報II

大学のサイトも見よう

目　次

掲載内容についてのお断り

- 本書では，全国の国公立大学医学部医学科の総合型選抜・学校推薦型選抜のうち，学科試験や小論文の内容を中心に，2021〜2023年度実施分から抜粋して掲載しています（最新の2024年度分は掲載していません）。
- 2023年度高知大学「総合問題Ⅰ」について：2025年度入試より英語は外部試験の成績を利用し，総合問題での出題がなくなる予定のため，英語（大問Ⅳ・Ⅴ）の問題・解答を省略しています。
- 著作権の都合上，下記の内容を省略しています。
  2022年度：福島県立医科大学「総合問題」大問〔3〕の英文および問4・問7の解答
- 各大学の総合型選抜・学校推薦型選抜の実施の有無や出題内容等については，変更されていることがあります。大学公表の2025年度学生募集要項を必ずご確認ください。

合格体験記

みごと合格を手にした先輩に，入試突破のためのカギを伺いました。
入試までの限られた時間を有効に活用するために，ぜひ役立ててください。

（注）ここでの内容は，先輩方が受験された当時のものです。2025年
度入試では当てはまらないこともありますのでご注意ください。

横浜市立大学 医学部 医学科
特別公募制学校推薦型選抜

Message

○ **M.I. さん**
○ 2024年度合格

得意科目…英語
取得資格…実用英語技能検定準1級，TOEIC830点
課外活動…英語ディベート部
　　　　　生徒会
　　　　　全国高等学校生徒英作文コンテスト入賞

志望理由書をまとめる上で，苦労したことや工夫したことは？

A　医師を目指したきっかけが，かなりマイナスなこと（骨折の治療時に症例ばかりに関心がある医師が多いように感じ，そうではない医師になって患者さんに寄り添いたいなど）だったので，どのように書くかを非常に迷いました。結局，志望理由書ではそのことには触れず，面接で話すことにしました。学校の先生方に添削をお願いして，10回程度書き直しをしました。とはいえ，先生方は受験のことはよく知っていても，私のことはよく知っているわけではないため，先生のアドバイスに100％従って書くのではなく，自分が納得できる内容にしなければいけないと思います。

 部活動や課外活動に力を注いだ経験や，資格や検定を取得することは，学校推薦型選抜を受験する上で有利になりますか？

A　出願資格には「全体の評定平均値が4.3以上で，学習成績概評が Ⓐの者」「TOEFL-PBT 500（iBT 61）以上，TOEIC（L&R）600以上，GTEC（検定版・CBT）1140以上，英検準1級以上，または IELTS（Academic Module）5.0以上」とありますが，合格には，おそらく評定平均値は4.6以上必要になってくると思います。また，ほかの受験生の話を聞いたところ，TOEICも800点程度は必要なのではないかと感じました。面接では，生徒会活動や部活動については全く質問されませんでした。ですが，これは重視していないということではなく，部活動や人の前に立つ経験はやっていて当たり前ということのように感じました。

Ⓠ **面接の内容は？**

A　全部で5回あり，いずれも約8分，面接官2人の個人面談でした。〈1回目〉高校生活について主に聞かれました。志望理由書に書いていることに対して，「ここにこう書いてあるが，どういうことか」とい

うように，さらに深い説明を求められました。

〈2回目〉志望理由書に書いてある内容と同じでよいので，志望理由と目指す目標を話すように言われました。

〈3回目〉架空の家族設定がなされており，最近元気のない妹への対応を問うものでした。両親ともに忙しく，妹にかまってやれないことに機嫌を損ねたのではないかと答えました。

〈4回目〉「神頼み」「受賞」の2つの写真を見て独創的なナラティブを作るように言われました。

〈5回目〉優先席に座る若者を写真付きで非難する友人のSNSを見たが，その若者は知人で心臓に病気のある人である，という設定でとる行動を問われました。

Q 試験当日の試験場の雰囲気はどのようなものでしたか？

A　待機場所の教室や廊下がとてつもなく寒かったです。ほかの受験生は背筋を伸ばしてよい姿勢で座っていましたが，私はコートを羽織って丸くなっていました。面接室は思ったより狭かったものの，面接官との距離は遠く，緊張感がありました。面接は合計5回あり，初めの面接室では「緊張していますか」などと聞かれ，面接は穏やかな雰囲気で進みましたが，その後の面接はきわめて事務的に淡々と行われました。

Q 受験生へのメッセージをお願いします。

A　大学によってはレベルが高く，必ず合格できるとは限りません。チャンスが増えるからなどといった生ぬるい意識で推薦に出願するのではなく，絶対推薦で合格するという意識で挑戦するのがよいかと思います。とはいえ，推薦に出願していると，その後の受験勉強はかなり気が楽です。1月になればたいていの人が一度は「推薦受けとけばよかった」と言います。推薦について1・2年生のうちに調べておいたほうがよいです。また，推薦対策では多くの先生方にお世話になり，勉強以外の多くの点でもとてもよい経験をすることができました。

名古屋市立大学 医学部
学校推薦型選抜（中部圏活躍型）

Message

○ **N.S. さん**
2024 年度合格

得意科目…数学，物理，化学
取得資格…実用英語技能検定 2 級

Q 志望理由書をまとめる上で，苦労したことや工夫したことは？

A 志望理由書では自分のアピールポイントを大学のアドミッション・ポリシーにつなげて書くように意識しました。アピールポイントについては，どのような医師になって，どうやって地域に貢献していくかを書きました。アドミッション・ポリシーは暗唱できるくらいに覚えて理解しておくべきだと感じました。志望理由書に書いた自分が目指す医師の姿と大学が求めている医師の姿があまりにもかけ離れていると印象がよくないと思うので気をつけましょう。書いた後は身近な人でもよいので読んでもらうべきだと思います。私は，学校の先生や家族に読んでもらい，推敲しました。

Q どのような面接対策をしましたか？

A 教学社の『医学部の面接』を使用しました。すべての質問例に対して返答を箇条書きで考えました。

やっておいてよかったと思う対策はありますか？

A 　しっかりと面接対策を行いました。これはやっておいてよかったと感じます。面接は 30 分弱ほどの個人面談で，自己アピールや長所・短所，これまでにつらかったことなど，さまざまなことが聞かれましたが，自分のアピールポイントをいくつか考えておいたことで本番もさまざまな質問に対応できたかなと感じます。また，至らなかった点としては，医療知識などをもっと知っておくべきでした。私は医療知識について少しは身につけて挑んだのですが，もう少し知っておけば面接などでさらに上手に対応できたかなと思われる場面が何度かありました。医学部志望の人は，モチベーション向上にもつながるので，医療知識は身につけておくとよいと思います。

 一般選抜の対策とどのように両立させましたか？

A 　私は推薦より一般選抜を重視して勉強していくべきだと思います。推薦は，共通テスト，面接，総合問題，志望理由書が主な選抜手段のところが多く，志望理由書は自分の中になりたい医師像ができていればそこまで負担にはならないと思います。総合問題は何が出題されるのかが予想しづらいので対策があまりできません。面接はそれなりに対策をしておくべきだと思いますが，私は直前期には一般選抜のために前期日程の赤本を解きながら，スキマ時間に面接対策をしていました。

 面接の内容は？

A 　〈1 回目〉約 25 分，面接官 3 人の個人面談・口頭試問。3 分程度の自己紹介をするよう言われ，自分がどうして医師になりたいと決意したかについてと，自分の長所について話しました。面接管の方は全員優しく，和やかな雰囲気でリラックスして試験に挑めました。

〈2回目〉約30分，面接官3人，受験生6人の集団面接・ディスカッション。救急車の有料化に賛成か反対かについて3対3に分かれて討論をしました。意見を皆で出し合っていく穏やかな雰囲気で，面接官の方は優しく見守っていました。少し医療知識があると自己アピールしやすいかなと感じました。

 試験当日の試験場の雰囲気はどのようなものでしたか？

A　試験当日，筆記試験は大学の講堂のようなところで行われ，面接はゼミに使われている小さな部屋で行われました。周りも私も緊張していました。面接対策の最終確認などをしている人が多く，重々しい雰囲気が漂っていました。どの試験でも同じだと思いますが，ルーティーンなどを通して少しでもリラックスできるように対応策を考えておくとよいと思います。私は，いつも通りに1分ほど瞑想をしたおかげで，リラックスして面接や試験に臨むことができました。

 受験生へのメッセージをお願いします。

A　学校推薦型選抜・総合型選抜は，一般選抜の対策にかけられる時間が減るなど大変な面はあります。面接や，大学によっては小論文などの対策が必要になるところもあります。しかし，自分がその大学に行きたいという強い気持ちをもって努力することで，夢をかなえる大きなチャンスになります。一般選抜の対策と両立させるのは難しいですが，自分はこの大学でこれを絶対に学びたいんだという強い気持ちをもって頑張ってください。

奈良県立医科大学 医学部 医学科
学校推薦型選抜（地域枠）

Message

○ **Y.Y.** さん
2024 年度合格

得意科目…英語

 志望理由書をまとめる上で，苦労したことや工夫したことは？

A　思ったより完成までに時間を要したため，受験勉強に割ける時間が普段と比べて少なくなってしまい，すごく焦った。余裕をもって書き始めたほうがよい。地域枠は緊急医師枠とは違い特有の授業カリキュラムなどがほとんどないため，地域枠に出願する理由を書くのが少し難しかった。ウェブサイトを中心に奈良県立医科大学の授業や取り組みを調べて，それをもとに奈良県立医科大学に入学したい理由を素直に書くとよいと思う。また，学校や予備校の先生方を頼って添削をしてもらったほうがよいと思う。

 どのような面接対策をしましたか？

A　予備校の担任の先生に模擬面接をしてもらった。

やっておいてよかったと思う対策はありますか？

A　早い段階から，奈良県立医科大学特有のトリアージ型の問題を通してやる練習を複数回して，解く順番や時間配分など自分なりの取り組み方を模索しておくとよい。科目間を行き来するのも戦略の一つだと思う。また，直前期も通しの練習をやるべき。直前期用に最新の数年分の過去問はやらずに残しておくとよいかもしれない。また，英語でかなり差がつくと思っていたので，夏頃から自由英作文を予備校の先生に添削してもらって訓練をしていた。自分の癖などは自分では発見しにくいので，英作文は英語の先生に添削をお願いしたほうがよい。数学以外は後期日程も対策をするのに有効。加えて，奈良県立医科大学は共通テストの理科の配点がかなり高いので，しっかり対策するべき。

 面接の内容は？

A　約7分，面接官2人の個人面談。和やかな雰囲気だった。面接官が面接が始まる前に「緊張せずにリラックスしてください」と言ってくださった。
- 理想の医師像
  →患者さんの心の拠り所となれる医師
- 地域医療の課題点
  →専門医の不足など
- 奈良の医療問題
  →南部の医師数の不足など
- 志望理由書に関する質問

時間をうまく使うためにしていた工夫を教えてください。

A　自分が勉強に集中できる場所を早いうちから見つけ，毎日同じリズムの生活を送ることを意識するべきだと思う。私の場合は一浪だったので，毎日必ず予備校に行って朝9時頃から夜の9時頃まで勉強する習慣を1年間続けた。通学時間がかなり長かったので，その時間も英単語や古文単語などの勉強をしていた。また，昼に友達とご飯を食べながら話すことで息抜きをしていた。ずっと勉強ばかりはしんどいので，勉強に多大な影響を及ぼさない程度の息抜きの方法を見つけるとよいと思う。スマホはSNSのアプリは夏頃からはすべて消していた。スマホとの付き合い方も考えるべき。

 受験生へのメッセージをお願いします。

A　奈良県立医科大学は対策をすればするほど学科試験でかなりの点が取れると思います。試験形式や各教科の試験内容が特殊なので，しっかり対策をする時間を確保してください。募集人数も少なく，倍率もかなり高いので，心が折れそうになるときがたくさんあると思うけれど，奈良県立医科大学に入りたいという気持ちを最後まで強くもち続けて対策をしてみてください。みなさんの実力が試験で発揮できるように陰ながら応援しています。

広島大学 医学部 医学科
総合型選抜 II 型

○ R.F. さん
2024 年度合格

得意科目…英語，地理，化学，生物
取得資格…実用英語技能検定準 1 級
課外活動…生物オリンピック　銀賞
　グローバルリンクオンライン 2022　Fine Work Prize
　岐阜県高等学校総合文化祭自然科学系部活動発表・交流会　優秀賞
　第 20 回　高校生・高専生科学技術チャレンジ　佳作
　日本動物学会　高校生ポスター賞
　岐阜市政功労表彰　環境保全功労
　全国野生生物保護活動発表大会　日本鳥類保護連盟会長賞
　第 4 回高校生生き物の"つぶやき"フォトコンテスト　優秀賞

 入試情報を探すときに苦労したことや，効果的な探し方はありますか？

A　受験者が少なく，なかなか情報を得られませんでした。私の場合は先輩が同じ方式で受験していたので運良く情報を得られましたが，そうでなければ SNS の公式アカウントを探したり，現地で情報を得ることが必要だと思います。広島大学の場合，図書館で過去問を数年分閲覧することができるのでオープンキャンパスのついでに確認したほうがよいです。MD-PhD コースは X（旧 Twitter）の公式アカウントだけでなく，マシュマロで質問を募集しているので質問してみてください！

Q　自己推薦書をまとめる上で，苦労したことや工夫したことは？

A　MD-PhD コースの自己推薦書は，希望する研究内容をまとめることが大変でした。私は，大学のウェブサイトで研究室ごとの研究内容を調べ，興味をもったものについてさらに日本の研究 .com というサイトでプレスリリースを調べて，内容を構成しました。もちろん，高校生の知識では足りませんが，調べ上げて自分なりの言葉で書いていくことが重要だと思います。また，研究内容はあくまでも高校生の書くものと割り切って書くことも必要だと思います。

Q　部活動や課外活動に力を注いだ経験や，資格や検定を取得することは，総合型選抜を受験する上で有利になりますか？

A　広島大学では全学部で，英検準1級取得により共通テストの英語の得点が満点とみなされるので，迷わず取得すべきです。日頃から『必携 英単語 LEAP』（数研出版）を使い込むとよいです。また，科学オリンピック系統は単に受験するだけでは中身のないものになってしまうので，何を得たのかはっきり言えるようにしたほうがよいと思います。もちろん，楽しむことが第一ですが。私は生物オリンピックを受験しましたが，化学オリンピックならば受験できる人も多いと思います。

Q　どのような小論文対策をしましたか？

A　日本の研究 .com やブルーバックス，J-STAGE などを使い，情報を得ました。

やっておいてよかったと思う対策はありますか？

A 　まず論文というものに慣れるために，日本の研究.com で情報収集しましょう。プレスリリースが集められているので取っつきやすいと思います。英語の論文も読んだほうがよいですが，最初は自分の好きな分野の論文でよいと思います。また，最新の論文やプレスリリースに触れることで小論文のネタが得られる上に，面接でも利用できて一石二鳥です。日本の研究.com はレベルが高すぎるという人は，『Newton』から始めてみてください。

 面接の内容は？

A 　面接官5人の個人面談。明るい雰囲気で，面接官が気になることを独立して聞いている感じがしました。私は楽しい面接だと思いました。
- MD-PhD コースのメリット・デメリットを教えてください。
- 研究では何が大変でしたか？
- アドミッションポリシーにグローバルな視点とあるがどのようなことが必要だと思いますか？
- サンショウウオは好きなのですか？
- 何故サンショウウオでなく医学を志したのですか？
- ガラガラヘビは，仲間といることでストレスを緩和するのか，実験を計画し，ポスターを作れ。
　→観察とストレスホルモンの検査という2本立てで発表しました。

試験当日の試験場の雰囲気はどのようなものでしたか？

　　　広島大学は駅から2kmと（私の感覚では）近い上にバスや路面
電車が複数あり，試験場に行くのは困りません。ただ，入試日は秋
で観光客が多いので宿泊先の確保には気をつけたほうがよいです。試験場
は，人数が少ないのもあってとても静かです。私はあまり緊張しなかった
のですが，静まりかえった所でプレッシャーを感じる人は試験には無関係
な微分でもしておくとなんで微分なんてやってるんだと馬鹿馬鹿しくなっ
てきて，落ち着けると思います。

合格体験記
募集

　2025年春に入学される方を対象に，本大学の「合格体験記」を募集します。お寄せいただいた合格体験記は，編集部で選考の上，小社刊行物やウェブサイト等に掲載いたします。お寄せいただいた方には小社規定の謝礼を進呈いたしますので，ふるってご応募ください。

• 応募方法 •

下記 URL または QR コードより応募サイトにアクセスできます。
ウェブフォームに必要事項をご記入の上，ご応募ください。
折り返し執筆要領をメールにてお送りします。

※入学が決まっている一大学のみ応募できます。

☞ http://akahon.net/exp/

• 応募の締め切り •

総合型選抜・学校推薦型選抜	2025年2月23日
私立大学の一般選抜	2025年3月10日
国公立大学の一般選抜	2025年3月24日

 受験にまつわる川柳を募集します。
入選者には賞品を進呈！
ふるってご応募ください。

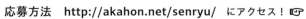
応募方法　http://akahon.net/senryu/　にアクセス！☞

2023 年度

問題と解答

旭川医科大学　医学部　医学科

■総合型選抜［北海道特別選抜］（共通テストを課す）

▶選抜方法

　自己推薦書，調査書，課題論文および個人面接によって，志願者の能力，北海道における医療に貢献する強い意欲および適性等と大学入学共通テストの成績を総合的に審査し判定する。

　なお，大学入学共通テストの合計点（1200点満点）が「当該選抜試験の受験者の中央値以上」であった者を選抜の対象とする。

　また，面接の評価が著しく低い場合は，不合格とすることがある。

▶大学入学共通テストの利用教科・科目

教　　科	科　　　　　　　　目
国　　語	「国語」
地理歴史	「世界史Ｂ」，「日本史Ｂ」，「地理Ｂ」 ⎫
公　　民	「倫理，政治・経済」　　　　　　　　 ⎭ から1
数　　学	「数学Ⅰ・数学Ａ」（必須）　　　　　　　　　　　　　　　　 ⎫
	「数学Ⅱ・数学Ｂ」，「簿記・会計」，「情報関係基礎」から1 ⎭ 計2
理　　科	「物理」，「化学」，「生物」から2
外 国 語	「英語（リスニングを含む）」，「ドイツ語」，「フランス語」，「中国語」，「韓国語」から1
	［5教科7科目］

（注）

- 数学の科目のうち「簿記・会計」または「情報関係基礎」を選択解答できる者は，高等学校または中等教育学校において，これらの科目を履修した者および文部科学大臣の指定を受けた専修学校高等課程の学科の修了（見込み）者に限る。
- 地理歴史・公民から2科目を受験している場合は，第1解答科目の成績を採用する。

▶試験科目・評価項目

科　　目	評　価　項　目
課題論文	課題発見能力，論理的思考力・判断力，文章表現力，知識・技能，応用力等をみる。
個人面接	論理的コミュニケーション能力，意欲，課題発見能力，協働性，知識・技能，応用力等を問う。 特に，将来，医学の分野で北海道の医療および社会に貢献する強い意欲を持っている者を選抜する。

（注）　課題論文のテーマは，最近の医学，医療，福祉および社会一般の事象に関する内容とする。

▶配　点

大学入学共通テスト					試験科目		計
国語	地歴・公民	数学	理科	外国語	課題論文	個人面接	
200	100	300	300	300	200	200	1600

（注）　外国語の「英語」は，リーディング（100 点満点）とリスニング（100 点満点）の合計 200 点を素点として利用する。リーディングまたはリスニングのどちらかを受験しなかった場合は，「英語」を受験した者とならない。ただし，リスニングを免除された者は，リーディングのみを利用する。

▶同点者の順位決定基準

　　同点者の順位は，試験科目の得点の高い順とする。

$$\boxed{\text{問 題 編}}$$

◀課 題 論 文▶

（120 分）

（注）字数制限のある解答の場合、句読点は１字とする。ただし、アルファ
　　ベット・算用数字・記号等は２字を１字分としてもよい。

　　以下の文章は、酒井シヅ『病が語る日本史』（講談社、2008 年）から抜
粋したものである。この文章を読んで、後の問いに答えなさい。なお、出
題にあたり縦書きを横書きに変更して、一部表記を改めたところがある。

　　脚気は脚の神経麻痺で始まる急性末梢性神経炎であるが、炎症が心臓
に及ぶと、衝心と呼ばれ、致死率の高い病気に変化する。原因がビタミン
B₁の欠乏でおこる栄養障害であるが、このことがわかったのは明治の半
ばを過ぎてからであった。

　　しかし、それ以前から脚気の治療に穀類などが効果をあげることを経
験的に知っていた。たとえば、脚気の名医と評判が高かった漢方医遠田澄
庵の処方の主成分は、穀類や豆類であった。経験から見つけた食品であっ
たが、そこには大量のビタミンB₁が含まれていた。

　　現代では標準的な食事をしていれば脚気になることはない。しかし、精
米で胚芽が除かれた白米だけを食べて、副食をおろそかにすると脚気に
なる。

　　症状は手足のしびれ感に始まり、知覚異常が現れ、下肢が重く感じるよ
うになる。全身倦怠感を覚え、つま先が上がらなくなり、つまずいてころ
びやすくなるなど歩行に障害がおこる。よく知られているように膝の腱
をたたいても反応しない。末梢神経が麻痺している症状である。脚気が怖
いのは、胸のどきどきが激しくなり、息切れがひどくなり、胸に圧迫感が
現れ、低血圧になり、下肢や顔面がむくみ、脈が速くなるなどの症状が現
れたときである。このとき突然、死が訪れる。俗にいう衝心脚気である。

（中略）

　明治に入って、脚気は国民病といわれるほど、大きな社会問題になっていた。軍隊や寮で集団生活をする若者の間で脚気が大発生したからである。

　農村から江戸に出てきた青年にとって、白い米飯はご馳走であった。副食がなくても白い米飯を食べられれば満足したのであった。

　明治19年(1886)の日本橋越後屋(現在の三越)の使用人の1日の食事の献立を見ると、朝食は味噌汁、茄子、沢庵、米飯。昼食は蚕豆、砂糖、醤油、沢庵、米飯。夕食は沢庵と米飯であった。主食は米飯。副食は沢庵とほんの少しの野菜であった。魚などタンパク質はほとんど含まれていなかった。夕食のおかずは各自が買って食べるように現金が渡されたからである。だが、少しでも節約して、親元に仕送りをした使用人たちは、米飯と沢庵ですませていたために、脚気になったのである。

　軍隊も状況は同じであった。徴兵されて全国から集まった兵士にとって最大のご馳走が白い米飯であった。東大の学生寮でも限られた食費のために、食事を沢庵と米飯ですませていた苦学生が多かった。

　脚気が集団生活の中で多発することから、東大のお雇い教師のドイツ人ベルツは脚気を伝染病と考えた。同じころ、京都府療病院に来ていたお雇い教師ショイベも、脚気を感染症と考え、2人は明治14年(1881)に、脚気伝染病説を発表した。

　偏食が脚気の原因であることに気づかなかった。脚気伝染病説と発表されると、脚気菌探しが始まった。東京大学と密接な関係にあった陸軍では、脚気の伝染病説に従って、兵隊の環境を整備した。

　海軍でもはじめは同じであった。明治11年から16年までの統計によると、兵隊の3割が脚気になっていた。そればかりではない。明治15年にオーストラリアに遠洋航海した筑波艦は帰国までに333人の乗組員中88名が脚気に倒れた。また、同年、朝鮮事変のために仁川湾で清国軍と対峙していた日本海軍の軍艦では、たくさんの兵員が脚気で倒れ、戦闘どころではない状態になった。

　この事態を憂慮した首脳部は、脚気対策を緊急の課題にした。そのとき、英国留学から帰っていた高木兼寛が、脚気が西洋で発生しない事実から、脚気になる兵員と食事の関係を考えて、遠洋航海で兵食を洋食に切り替える提案をした。それが実践された結果、脚気患者が激減した。はじめて食事と脚気の関係を実証したのである。

　しかし、このとき陸軍では、ドイツに留学中の森鷗外が兵隊の食事について研究していた。まだビタミンの発見されていない時代である。栄養学上、兵食を分析したところ、米食でも四大栄養素が足りているという結論になった。それで陸軍では米食を続けていた。

　なお、森鷗外は陸軍は常に移動しているので、大きなパン焼きがまをもって移動することができないと海軍と事情が違うことも指摘している。

　このころ、バタビア在住のオランダ人エイクマンが鶏の餌を白米だけにすると、脚気によく似た末梢神経炎がおこることを見つけた。しかも、白米を玄米に替えると治ることも見つけた。そして玄米に脚気に必要なオリザニン(ビタミンB₁が主成分)があることを1910年に農芸化学者鈴木梅太郎が発見したのである。

問　脚気が大きな社会問題となった理由について述べなさい。また、脚気という問題の解決のためにどのような対応が必要であったかも述べなさい。解答の字数は800字以内とする。

解 答 編

◀課題論文▶

解答例　脚気が明治期に大きな社会問題となった理由は，軍隊や寮等で集団生活を送る若者の間で大発生したことにある。脚気は，神経麻痺による歩行障害を起こし，炎症が心臓に及んだ場合，致死率の高い病気に変化する。それにもかかわらず，明治半ば過ぎまで原因不明であったという点も社会問題化した背景にあったと考えられる。実際，海軍では一時期，兵隊の３割がかかったことで，戦闘に支障が生じ，首脳部が脚気対策を喫緊の課題とするに至った。

　脚気の直接的原因はビタミン B_1 の欠乏による栄養障害である。当時の地方出身の若者の食事は，三食とも白飯と沢庵中心の偏った内容で，副食がおろそかになりがちだったことがビタミン B_1 欠乏につながった。こうした食事になった要因として，白い米飯は，兵士や青年たちにとってご馳走で，満足度が高かったうえ，苦学生には食費の節約にもなったという事情がある。

　以上の当時の状況を踏まえて，脚気問題を解決するために必要であった対応としては，食事の改善が考えられる。実際，遠洋航海での兵食を洋食に切り替えた結果，脚気患者が激減したとの記述もある。とはいえ，明治期には，現代のように様々な食材が手軽に調達できるわけではなく，貧しい家庭や苦学生が安価に洋食をとるのは難しかったであろう。また，課題文での森鷗外の指摘のように，移動の多い陸軍では，パンを常食とするのは難しい。そこで取り入れるべき食材として，第一に，玄米が挙げられる。課題文に書かれているように，玄米には，ビタミン B_1 を主成分とするオリザニンが含まれている。第二に，当時から漢方医が経験的な知見に基づいて，処方していたという穀類や豆類である。これらにもビタミン B_1 が豊富に含まれる。脚気問題を解決するには，白米を玄米に切り替え，穀類や豆類を副食に追加するという食事対応が必要であったと考えられる。

（800字以内）

解　説

《明治期の脚気問題》

　(1)脚気が大きな社会問題になった理由，(2)脚気という問題を解決するためにどのような対応が必要であったか，について述べる。

　(1)の理由については，（中略）直後の第5段落第2文に「軍隊や寮で集団生活をする若者の間で…大発生したから」とある。ただし，単なる風邪が流行したとしても大きな社会問題にはならないはずなので，背景にある事情や遠因（脚気特有の症状等）を，課題文の内容に即して掘り下げるとよいだろう。

　(2)の解決のための対応策を考えるには，まず，脚気の原因を特定すべきである。直接的な原因は第1段落第2文にあるように「ビタミンB₁の欠乏」であり，さらにビタミンB₁が欠乏した原因は，第3段落第2文で指摘されている「副食をおろそかに」した食事内容である。

　次に，「どのような対応が必要であったか」とあるので，課題文から読み取れる当時の状況に照らして現実的な対応策を提示しなければならない。その意味で，まず第2段落第2文にあるように，「穀類や豆類」を食事で摂取することが求められよう。これらは実際に当時，治療に用いられていた食材である。次に，最終段落第2文にあるように「白米を玄米に替える」対応も必要と考えられる。玄米は，同段落第3文にあるように，ビタミンB₁を摂取できるし，洋食（パン食）に切り替える必要もないからである。

　比較的読みやすい課題文であるが，記述量が多いので，まず骨格を作り，要点を挙げたうえで，補足的な情報を肉付けしていくとまとめやすいだろう。

富山大学　医学部　医学科

■総合型選抜 II ［富山県一般枠］［富山県特別枠］
（共通テストを課す）

▶選抜方法

　入学者の選抜は，書類審査（自己推薦書，調査書），試験当日に課す小論文と面接の結果ならびに大学入学共通テストの成績を総合して行う。

　ただし，小論文または面接において，評価が合格に達しない場合は，合格者の対象としない。

▶大学入学共通テストの利用教科・科目

教　科	科　　　　　　　　目
国　語	「国語」
地理歴史	「世界史B」，「日本史B」，「地理B」 ⎫
公　民	「倫理，政治・経済」 ⎭ から1
数　学	「数学I・数学A」，「数学II・数学B」
理　科	「物理」，「化学」，「生物」から2
外国語	「英語（リスニングを含む)」，「ドイツ語」，「フランス語」，「中国語」，「韓国語」から1

［5教科7科目］

（注）「地理歴史」と「公民」から2科目を受験した場合は，第1解答科目の成績を採用する。

▶大学入学共通テストの配点

教　科	国　語	地歴・公民	数　学	理　科	外国語	計
配　点	200	100	200	200	200	900

（注）外国語における「英語」は，リーディング（100点満点）の得点を160点満点に，リスニング（100点満点）の得点を40点満点に換算し，その合計得点200点満点をそのまま利用する。なお，リスニングの免除を許可された者の外国語における「英語」は，リーディング（100点満点）の得点を200点満点に換算する。また，外国語のその他の科目は，筆記（200点満点）の得点をそのまま利用する。

▶教科等

小論文	100 点
書類審査・面接	150 点

■学校推薦型選抜II［地域枠］（共通テストを課す）

▶選抜方法

　入学者の選抜は，大学入学共通テスト，推薦書，調査書，志願理由書，小論文および面接の結果を総合して行う。

▶大学入学共通テストの利用教科・科目

教　科	科　　　　　目
国　　語	「国語」
地理歴史	「世界史B」，「日本史B」，「地理B」 ⎫
公　　民	「倫理，政治・経済」 ⎭ から1
数　　学	「数学I・数学A」，「数学II・数学B」
理　　科	「物理」，「化学」，「生物」から2
外 国 語	「英語（リスニングを含む)」，「ドイツ語」，「フランス語」，「中国語」，「韓国語」から1
	［5教科7科目］

（注）「地理歴史」と「公民」から2科目を受験した場合は，第1解答科目の成績を採用する。

▶大学入学共通テストの配点

教　科	国　語	地歴・公民	数　学	理　科	外国語	計
配　点	200	100	200	200	200	900

（注）外国語における「英語」は，リーディング（100点満点）の得点を160点満点に，リスニング（100点満点）の得点を40点満点に換算し，その合計得点200点満点をそのまま利用する。なお，リスニングの免除を許可された者の外国語における「英語」は，リーディング（100点満点）の得点を200点満点に換算する。また，外国語のその他の科目は，筆記（200点満点）の得点をそのまま利用する。

▶教科等

小論文	100 点
面接	100 点

問 題 編

◀小　論　文▶

$\binom{60分}{解答例省略}$

設問

　平成 27 年 10 月に富山県が公表した「富山県人口ビジョン」では，図のパターン1のとおり 2060 年における人口は約 65 万人と予測されている。また本図には，出生率上昇を仮定した場合（シミュレーション1）と，出生率上昇に加えて純移動率（県外への移動率）をゼロと仮定した場合（シミュレーション2）の予測が示されている。

　人口減少に対する対策として，①富山県の医療界が貢献できること，②あなた自身が貢献できることをあわせて 800 字以内で述べよ。

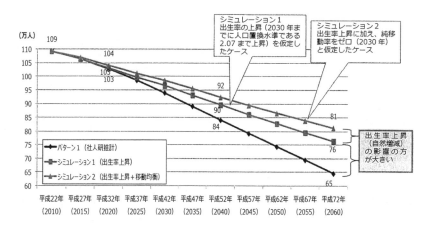

（出典：平成 27 年 10 月　富山県人口ビジョン　図 I-48 シミュレーションによる推計結果）

＊社人研：国立社会保障・人口問題研究所のこと。

浜松医科大学 医学部 医学科

■学校推薦型選抜（共通テストを課す）

▶選抜方法

　大学入学共通テスト，小論文，適性検査，面接，推薦書，志願理由書および調査書により学力やその他の資質を総合的に評価し，合格者を決定する。

　また，個別試験において，いずれかの成績が著しく悪い場合は不合格とすることがある。

▶大学入学共通テストの利用教科・科目

教　科	科　　　　　目
国　　語	「国語」
地理歴史	「世界史B」，「日本史B」，「地理B」
公　　民	「現代社会」，「倫理」，「政治・経済」，「倫理，政治・経済」　　}から1
数　　学	「数学Ⅰ・数学A」
	「数学Ⅱ・数学B」
理　　科	「物理」，「化学」，「生物」から2
外 国 語	「英語（リスニングを含む）」
	［5教科7科目］

（注）「地理歴史」「公民」において2科目受験した場合には，第1解答科目の成績を合否判定に利用する。

▶個別学力検査等

実施項目	備　　考
小 論 文	主として物事の判断，論理的思考，解決等の能力を評価するものである。
適性検査	問題を発見し，これを理解して発展させ，論理的解決に導く能力を見るものである。それには，自然科学の素養等が含まれる。
面　　接	面接とプレゼンテーションにより，将来，医学・医療に従事する人として活躍できるかどうかの適性を評価する。

▶配　点

大学入学共通テスト					個別学力検査等			計
国　語	地歴・公民	数　学	理　科	外国語	小論文	適性検査	面　接	
200	100	200	200	200	100	300	150	1450
900					550			

（注）　大学入学共通テストの「英語」は，リーディング100点，リスニング100点をリーディング150点，リスニング50点の200点満点に換算する。リスニングを免除された場合は，リーディング200点満点とする。

問　題　編

◀小　論　文▶

（80分）

次の文章を読み，以下の問に答えなさい。

　日本語には，触覚に関する二つの動詞があります。

① さわる

② ふれる

　英語にするとどちらも「touch」ですが，それぞれ微妙にニュアンスが異なっています。

　たとえば，怪我をした場面を考えてみましょう。傷口に「さわる」というと，何だか痛そうな感じがします。さわってほしくなくて，思わず患部を引っ込めたくなる。

　では，「ふれる」だとどうでしょうか。傷口に「ふれる」というと，状態をみたり，薬をつけたり，さすったり，そっと手当てをしてもらえそうなイメージを持ちます。痛いかもしれないけど，ちょっと我慢してみようかなという気になる。

　虫や動物を前にした場合はどうでしょうか。「怖くてさわれない」とは言いますが，「怖くてふれられない」とは言いません。物に対する触覚も同じです。スライムや布地の質感を確かめてほしいとき，私たちは「さわってごらん」と言うのであって，「ふれてごらん」とは言いません。

　不可解なのは，気体の場合です。部屋の中の目に見えない空気を，「さわる」ことは基本的にできません。ところが窓をあけて空気を入れ替えると，冷たい外の空気に「ふれる」ことはできるのです。

　抽象的な触覚もあります。会議などで特定の話題に言及することは「ふれる」ですが，すべてを話すわけではない場合には，「さわりだけ」になります。あるいは怒りの感情はどうでしょう。「逆鱗にふれる」というと怒りを爆発させるイメージがありますが，「神経にさわる」というと必ずしも怒りを外に出さず，イライラと腹立たしく思っている状態を指します。

　つまり私たちは，「さわる」と「ふれる」という二つの触覚に関する動詞を，状況に応じて，無意識に使い分けているのです。もちろん曖昧な部分もたくさんあります。「さわる」と「ふれる」の両方が使える場合もあるでしょう。けれども，そこに私たちは微妙な意味の違いを感じとっている。同じ触覚なのに，いくつかの種類があるのです。

　哲学の立場からこの違いに注目したのが，坂部恵です。坂部は，その違いをこんなふうに論じています。

　　　　　〔中略〕

　「ふれる」が相互的であるのに対し，「さわる」は一方的である。ひとことで言えば，これが坂部の主張です。

　言い換えれば，「ふれる」は人間的なかかわり，「さわる」は物的なかかわり，ということになるでしょう。そこにいのちをいつくしむような人間的なかかわりがある場合には，それは「ふれる」であり，おのずと「ふれ合い」に通じていきます。逆に，物としての特徴や性質を確認したり，味わったりするときには，そこには相互性

は生まれず，ただの「さわる」にとどまります。

伊藤亜紗『手の倫理』講談社

問　医療においては，最後の段落で述べられる「さわる」と「ふれる」の両方の側面が重要である。どのような場合に「さわる」と「ふれる」が重要になるかを，その理由とともに 800 字以内で述べなさい。

◀適 性 検 査▶

（120分）

I 次の（文1）と（文2）を読み，問いに答えよ。

（文1）　新型コロナウイルス感染症に対する対策として，感染の有無を調べる
さまざまな検査法がある。なかでも抗原検査キットを用いた簡易抗原検査は，特
別な装置を必要とせず，自宅でも実施できるため広く用いられている。

　簡易抗原検査に使われる抗原検査キット（一例）の原理を図1に示した。この
キットは，(1) 抗体を用いたクロマトグラフィーによって，抗原である新型コロナ
ウイルスの有無を判別できる。感染の有無を調べようとする人から採取した鼻腔
ぬぐい液（鼻の粘膜を綿棒などでぬぐって得られる液）や唾液などの検体を左端
の検体滴下部に滴下すると，検体は毛細管現象により分離膜を右側に移動し，最
終的に右端の液体吸収部に吸収される。検体滴下部の右側にある着色抗体保持部
には，新型コロナウイルスの特定のタンパク質と結合することができる抗体が含
まれており，この抗体は赤色に着色されている（着色抗体）。検体に新型コロナウ
イルスが含まれていた場合，ウイルス粒子は着色抗体と結合したまま毛細管現象
により分離膜を右側に移動していき判定部に達する。判定部1には新型コロナウ
イルスと結合することができる抗体が移動できないように固定されており，判定
部2には着色抗体と結合することができる別の抗体が固定されている。判定部に
十分な量の着色抗体が集まっていることは赤色のラインとして目視できる。

　抗原検査のほかに，PCR法や抗体検査なども検査法として用いられている。
(2) PCR法は抗原検査と同じく鼻腔ぬぐい液や唾液に含まれている新型コロナウ
イルスの有無を調べるのに対し，(3) 抗体検査は血液中に含まれる新型コロナウイ
ルスに対する抗体の有無を調べる方法である。

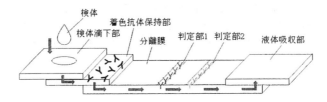

図1

問1　下線部 (1) について，抗体のタンパク質としての名称を答えよ。

問2　下線部 (1) について，体内で抗体をつくる細胞の名称を答えよ。

問3　図1に示されている抗原検査キットについて，検体が陽性であった場合と陰性であった場合のそれぞれで検査結果はどのようになるか，判定部1と判定部2における赤色ラインの有無について解答欄の正しい方を選び丸で囲め。また，判定部1に加えて判定部2が設けられている理由を説明せよ。

問4　下線部 (2) について，抗原検査と比較して PCR 法が優れている点を挙げ，その理由を説明せよ。

問5　下線部 (3) について，血液中に含まれる新型コロナウイルスに対する抗体の有無を調べることで何がわかるか，鼻腔ぬぐい液や唾液に含まれている新型コロナウイルスの有無を調べることと対比して説明せよ。

問6　新型コロナウイルス感染症においては，新たな変異株が次々と生じて感染が収束しないことが大きな問題となっている。新たな変異株に迅速に対応するには，抗原検査と PCR 法のいずれがより優れているか，理由とともに述べよ。

（文2）　動物の体は多数の細胞から構成されているが，もとはといえば1個の受精卵が体細胞分裂を繰り返すことによって作られたものである。細胞分裂を繰り返す細胞では，分裂が終わってから次の分裂が終わるまでの過程を細胞周期という。1回の細胞周期は，分裂を行う分裂期と，分裂の準備を行う　ア　期に分けられる。分裂期はさらに，　イ　期，　ウ　期，　エ　期，　オ　期の4期に分けられる。　ア　期はさらに，　カ　期，　キ　期，　ク　期の3期に分けられる。

動物の卵は受精すると活発な細胞分裂を短い周期で繰り返す。この発生初期にみられる体細胞分裂を特に　ケ　という。卵に含まれる栄養成分である　コ　などの量と分布は動物種によって異なり，　ケ　の様式も動物種によって違いが見られる。

問7　（文2）の　ア　～　コ　の空欄を入る最も適切な語を記せ。

問8　動物の細胞において，DNA はタンパク質と共に染色体として存在し，染色体構造は細胞周期に伴って変化する。細胞周期の分裂期および　ア　期に

おける染色体の構造の違いを簡潔に説明せよ。

問9　動物の体細胞分裂の分裂期において，染色体の両極への分配や細胞質分裂には，細胞骨格とモータータンパク質が大きな役割を果たしている。それぞれに働く細胞骨格とモータータンパク質の名称を記せ。

問10　図2は，動物の体細胞分裂における細胞あたりの DNA の相対量の変化である。細胞周期の区切りの位置はどこか，解答欄の図中に<u>実線</u>で書き入れよ。さらに，分裂期と ⬜ ア 期の区切りの位置を<u>破線</u>で書き入れよ。なお，横軸の1区間は ⬜ イ 期〜 ⬜ ク 期のいずれか1つに相当する。
〔解答欄〕図2に同じ。

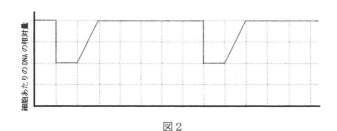

図2

問11　動物の初期発生の ⬜ ケ の際にみられる細胞あたりの DNA の相対量の変化を解答欄の図に書き入れよ。解答欄には ⬜ ケ <u>2回分</u>のグラフを書くこと。また，細胞周期の区切りの位置はどこか，解答欄の図中に<u>実線</u>で書き入れよ。さらに分裂期と ⬜ ア 期との区切りの位置を<u>破線</u>で書き入れよ。なお，横軸の1区間は ⬜ イ 期〜 ⬜ ク 期のいずれか1つに相当する。
〔解答欄〕図2に DNA の相対量の変化の実線がないもの。

問12　動物の ⬜ ケ では，短時間で細胞が増殖し，細胞がどんどん小さくなる。なぜ短時間に細胞分裂を繰り返すことができるのかを簡潔に説明せよ。

問13　哺乳類の卵は ⬜ コ が少ないが，他の動物種と異なり，生まれる個体は卵の大きさよりもはるかに大きい。胚発生過程において，胚がなぜ卵よりも大きな個体に成長できるのかを簡潔に説明せよ。

Ⅱ　次の（文1）と（文2）を読み，問いに答えよ。

（文1）　物理学では，力，質量，エネルギーのような物理量とよばれる物理概念を使って自然現象を理解し，記述する。物理量は，基準となる量（単位）と比較して，その何倍であるかで表す。たとえば，橋の長さは，長さの基準である1 m の物差しの長さと比べて 150 倍の場合に 150 m のように表される。つまり，物理量は「数値」×「単位」という形をしている。

　力と運動の物理学である力学にあらわれる物理量は，長さの単位**メートル**(m)，質量の単位 **キログラム** (kg)，時間の単位 **秒** (s) の3つの基本単位で表され，これらを基本単位として定めた単位系（単位の集まり）を MKS 単位系とよぶ。ここで，物理量の中には，その単位を上記の3つの基本単位のいずれかでは表すことができないものがある。これらの物理量については，基本単位を乗法・除法で組み合わせた単位（組立単位）で表す。例えば，「速さ」＝「移動距離」÷「 ア 」なので，その単位（組立単位）は MKS 単位系では イ と表される。なお，電気と磁気が関わる現象を考察する物理学である電磁気学では，4番目の基本単位として電流の単位の**アンペア**(A)を加え，これを MKSA 単位系という。

　単位と密接な関係がある概念に次元がある。例えば，物理量 X の単位が $m^a \, kg^b \, s^c$（a, b, c は必ずしも整数とは限らない数）である場合，長さの次元を L，質量の次元を M，時間の次元を T と定義し，物理量 X の次元を，$[X] = L^a M^b T^c$ と表し，これを次元式という。例えば，速度の次元式は，$[速度] = LT^{-1}$，体積の次元式は，$[体積] = $ ウ と表される。

　次に，図3に示すような単振り子について，物理量を次元の観点から考えてみよう。図3のように，質量が無視できる長さ ℓ の糸に取り付けられた質量 m の小さなおもりが微小な角度で振動する場合を考える。振り子の周期 T が糸の長さ ℓ，おもりの質量 m，重力加速度 g の関数として次の式で表されるとする。

$$T = A \times \ell^x \times m^y \times g^z \ (A \text{ は無次元の定数}) \qquad (1)$$

ここで, 物理量が従う関係式において
は, 両辺の次元が一致する必要があ
る。式 (1) の左辺の次元は時間の次元
T なので, 右辺の次元も T でなけれ
ばならない。したがって, 式(1) は次
の関係を満たす必要がある。

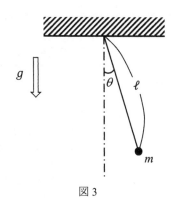

図 3

$$T = L^x \times M^y \times (\boxed{\quad \text{エ} \quad})^z \qquad (2)$$

式 (2) から得られる連立方程式を解

くと, $x = \boxed{\quad \text{オ} \quad}$, $y = \boxed{\quad \text{カ} \quad}$, $z = \boxed{\quad \text{キ} \quad}$ であることがわかる。

　このような解析を次元解析とよぶ。

問1　$\boxed{\quad \text{ア} \quad}$ ～ $\boxed{\quad \text{キ} \quad}$ に適切な数値, 数式, または語句を入れて文を完成せ
　　　よ。

問2　距離 r だけ離れた 2 つの物体の間にはたらく万有引力の大きさ F は, そ
　　　れらの質量を m, M とすると, 次の式で表される。

$$F = G\frac{mM}{r^2} \qquad (G は万有引力定数) \qquad (3)$$

　　　万有引力定数 G の次元, $[G]$ を L, M, T を用いて表せ。

（文2）　熱の出入りがないようにして行う状態の変化を断熱変化という。理想
気体が逆行可能な断熱変化をするとき, 圧力 p と体積 V の間には
　　　　　　$pV^\gamma = $ 一定
の関係がある。ここで γ は比熱比と呼ばれ, 定圧比熱の定積比熱に対する比で
ある。
　　空気をモル質量 28.8 g/mol, 比熱比 $\gamma = 1.40$ の理想気体として以下の問いに答
えよ。ただし, 数値の有効数字は, 問 3 ～ 5 は 2 桁, 問 6 は 3 桁とせよ。必要な
ら $2^{0.20} = 1.15$, $0.90^{17} = 0.985$ を用いよ。なお, 理想気体の標準状態（絶対温度
273 K, 圧力 1.01×10^5 Pa）におけるモル体積は 22.4 L/mol である。

問3　空気の断熱変化における絶対温度 T と体積 V の関係には，次式が成り立つ。δ の値を求めよ。

$$TV^{\delta} = 一定$$

これより 300 K の空気の体積を断熱的に 1/8 に圧縮した場合の絶対温度を求めよ。

問4　理想気体の断熱変化では，外力のした仕事はすべて温度変化に使われる。問3のように，300 K，2.0 L の空気の体積を 1/8 に断熱圧縮した場合の仕事が 660 J だったときの空気の定積比熱 c_V [J/(g·K)] を求めよ。

問5　大気は上空に行くと圧力が低くなり温度も下がる。この温度変化の主な理由は空気の上昇による断熱的膨張である。1 km 上昇するごとに大気圧が 10 % だけ低下するとした場合，地上で 288 K の空気の温度は 1 km 上空で何 K 低下するか。

問6　気体の比熱比 γ の値は，音速 v の測定から求められる。気体の音速については次式の関係が知られている。

$$v = \sqrt{\frac{\gamma p}{\rho}}$$

ここで，p は気体の圧力，ρ は密度である。標準状態の二酸化炭素（モル質量 44.0 g/mol）中での音速を 258 m/s として，二酸化炭素の比熱比 γ の値を求めよ。

Ⅲ 次の（文1）と（文2）を読み，問いに答えよ。

（文1）　酸素の単体には酸素 O_2 とオゾン O_3 の2つの　ア　がある。O_2 は空気中に体積比で約 21 ％存在し，生物の呼吸に不可欠である。水の電気分解によって得られるほか，工業的には液体空気の　イ　によって製造される。O_3 は，O_2 中で無声放電を行うか，強い紫外線を O_2 に照射すると，次の2つの反応によって生じる。

$$O_2 \longrightarrow 2O$$
$$O + O_2 \longrightarrow O_3$$

　O_3 は特異臭のある　ウ　色の有毒な気体で，分解されやすく，強い酸化作用を示す。たとえば，ヨウ化カリウム水溶液に O_3 を通じると，ヨウ化物イオンが酸化される。

問1　ア　～　ウ　に当てはまる適当な語句を記せ。

問2　下線部に関係する反応の化学反応式を記せ。

問3　オゾン O_3 分子は折れ線形の構造をしており，結合距離（共有結合をする二原子の原子核間の距離）は 0.128 nm，結合角（分子内で隣りあう2つの共有結合のなす角度）は 117°である。酸素 O_2 分子の結合距離は 0.121 nm であり，O_3 よりも短い。これらのことを踏まえて，以下の問いに答えよ。

　　（1）考え得る O_3 分子の電子式を1つ記せ。電子を表す記号「・」を大きく明確に記すこと。
　　（2）O_3 分子の共鳴構造式を ←→ を用いて記せ。

（文2）　大気中には，さまざまな植物から揮発性の有機化合物が放出されている。そのなかにはイソプレンなどの炭化水素化合物やアセトアルデヒドなどの酸素原子を含む化合物がある。これらの化合物には独特の匂いがあり，森林の香りは，それらが複合して作り出されている。

　イソプレンの重合体である天然ゴム（生ゴム）は，ゴムノキの樹皮に切りつけて，そこから流出する乳白色の樹液を原料としている。この樹液は　ア　溶液であり，酸を加えると　イ　して沈殿する。天然ゴムは，分子量数千～数百

万のポリイソプレンであり，イソプレン単位ごとにシス型の二重結合が存在す
るために弾性が生じる。また，数パーセントの加硫をおこなうと，ポリイソプレ
ン分子が(1)硫黄原子により架橋され，弾性が増す。硫黄の含有率が，約30パー
セントになると弾性を失った　ウ　とよばれる物質になる。

　また，ポリイソプレンは触媒を用いてイソプレンを重合させることにより合
成ゴムとして作ることもできる。イソプレン以外にも(2)ブタジエン，クロロプ
レン，アクリロニトリル，テトラフルオロエチレン，ヘキサフルオロプロピレン
などを原料にした合成ゴムが製造されている。

問4　イソプレンの異性体を構造式で2つ記せ。なお，1つの異性体は臭化水素
　　　の付加反応を行った場合，副生成物が生成しない化合物を選ぶこと。

問5　　ア　にあてはまるものを以下の語群から選べ。　イ　と　ウ　に
　　　はあてはまる適切な語句を記せ。

　　　　[語群]　疎水コロイド　親水コロイド　会合コロイド　保護コロイド

問6　下線部(1)について，インスリンは2本のポリペプチド鎖が硫黄原子で
　　　架橋された構造をもつ。この架橋構造を形成する部分の単量体の名称は何か。

問7　下線部(2)にあげた化合物のうち，これらを用いて付加重合をおこなっ
　　　た場合，生成物である高分子の繰り返し単位に二重結合を含まないものをす
　　　べて記せ。

問8　同じ分子量のポリイソプレンの説明文として，正しいものをすべて選び，
　　　記号で答えよ。
　　　　(ア)イソプレン単位の二重結合がシス型のものは，トランス型のものと
　　　　　　比べて，弾性に優れている。
　　　　(イ)イソプレン単位の二重結合がトランス型のものは，シス型のものと
　　　　　　同様に酸化される。

　　　（ウ）イソプレン単位の二重結合がシス型のものは，天然ゴムも合成ゴム
　　　　　　も同様の弾性を示す。

　　　（エ）イソプレン単位の二重結合がトランス型のものは，熱可塑性がない。

問9　イソプレンとスチレンの共重合で得られる高分子について，その構成単
　　位の数の比がイソプレン：スチレン＝3：1の場合，分子量$3.08×10^4$の共重
　　合体の1分子中に，イソプレン構成単位をいくつ含むか。なお，必要ならば，
　　次の数値を用いよ。

　　H=1，　C＝12，　N＝14，　O＝16，　S=32

解 答 編

◀ 小 論 文 ▶

解答例　　課題文では，「さわる」は，痛そうな感じ，一方的かつ物的なかかわりであり，物としての特徴や性質を確認したり，味わったりするときの行為であると述べている。一方で，「ふれる」は，状態をみたり，薬をつけたり，さすったり，そっと手当てをしてもらえたりしそうで，相互的かつ人間的なかかわりであるとしている。そのどちらもが医療では重要である。

　まず「さわる」ことが重要になるのは，患者の怪我や疾患を正確に診断し，治療する場面である。病態を正確に捉えその治療法を探るためには，科学の対象として患者の体を「物体」として客観視し，物的なかかわりをもつことが求められる。医療者は触診などで患部のしこりや肌の状態などを「さわる」ことで患者の身体の状態を確認することが必要となる。そのようなプロセスを経ない治療は，医学的知識を十分に活用することができない処置となってしまう。そうすると，病態の捉え損ねによって，誤った治療法を選び，結果として患者を苦しめてしまう可能性がある。つまり，科学的な根拠に基づいた適切な治療のためには正確な診断が前提として必要であり，その遂行において「さわる」ことは重要である。

　一方「ふれる」ことが重要になるのは，患者の痛みや苦しみの軽減のためのケアを行う場面である。医療においては，単に診断し治療するだけでなく，患者の痛み，苦しみ，不安や恐怖の軽減のために患者と全人的にかかわることが必要となるからだ。そのようなケアを行う医療者には，患者が痛みに苦しむ場合はその患部にそっと「ふれる」ことや，さすったり，手をにぎったりといったいつくしみをこめた行為が求められる。患者は「物体」ではなく，痛みや苦しみを抱えた「人間」であることを忘れず，患者に共感し，相手の声を聴くとともに，言葉にならない不安や恐怖をも和らげるための配慮を行ったうえで「ふれる」ことで患者を癒やす。これも医療の重要な側面であると考える。（800字以内）

解　説

《医療における「さわる」と「ふれる」》

　医療において，どのような場合に「さわる」と「ふれる」が重要になるか，その理由とともに述べる問題である。課題文では「さわる」と「ふれる」について以下のように述べている。

「さわる」
- 傷口に「さわる」だと「痛そうな感じ」。「さわってほしくなくて，思わず患部を引っ込めたくなる」。
- 一方的であり，「物的なかかわり」。「物としての特徴や性質を確認したり，味わったりするとき」。

「ふれる」
- 傷口に「ふれる」だと「状態をみたり，薬をつけたり，さすったり，そっと手当てをしてもらえそうなイメージ」。
- 相互的であり，「いのちをいつくしむような人間的なかかわり」。「ふれ合い」に通じる。

　以上から，それぞれが医療において重要視される側面を考えると，「さわる」は，患者の体を物体として客観視し，専門的な知識をもとに科学の対象として病態を正確に捉え，その治療法を探ったり治療を行ったりする際に重要になると捉えられる。一方で，「ふれる」は，患者をいつくしみ共感すべき人間として捉え，相手の痛みや苦しみをおもんぱかりつつ，手当てを行うような場合に重要と捉えられる。つまり，「さわる」は医療の「キュア」的側面，「ふれる」は「ケア」的側面で必要であるといえる。課題文から，まずこの点を読み取ろう。

　その上で，「さわる」が診断や治療の「キュア」，「ふれる」が患者の痛みや苦しみの軽減のための「ケア」の場面で，なぜ重要になるかについて説明することが求められる。〔解答例〕では，「さわる」必要性について，「触診」や「処置」においては科学的知識を活用して正確な遂行が求められるという点，「ふれる」必要性について，患者の痛み，苦しみ，不安や恐怖の軽減のためには共感と人間的なかかわりこそが求められるという点を中心に，それぞれ理由を述べた。解答においては，「さわる」「ふれる」行為が具体的にそれぞれの場面になぜ必要かが説明できていればよい。たとえば，自身が怪我や病気をした際の体験などを具体例として挙げて，診

断・治療の場面やケアの場面での「さわる」「ふれる」の重要性を説明してもよいだろう。いずれの場合も，課題文の記述をもとに，「さわる」＝「キュア」的側面，「ふれる」＝「ケア」的側面で必要となることを押さえたうえで論を展開しよう。

◀ 適 性 検 査 ▶

Ⅰ 解答

問 1． 免疫グロブリン

問 2． 抗体産生細胞（形質細胞）

問 3． 〔陽性〕判定部 1 一有，判定部 2 一有

〔陰性〕判定部 1 一無，判定部 2 一有

理由：判定部 2 が設けられているのは，着色抗体が正常に移動していることを確認するためで，判定部 2 に赤色ラインがない場合，検体や着色抗体が正常に移動していない可能性も考えられ，判定部 1 のラインの有無で，陽性，陰性の判定ができないことになるから。

問 4． PCR 法では，抗原検査と比較して，検査に必要な核酸の量を大量に増幅することが可能なので，検体に含まれるウイルスの量がごく微量であっても，その有無をより正確に判定できる。

問 5． 抗体検査では，血液中に含まれる抗体を検査するので，過去に新型コロナウイルスに感染したことがあるかどうかがわかるが，現在被験者がウイルスに感染した状態にあるのかどうかについては，新型コロナウイルスの有無を調べる場合と異なり，判断することはできない。

問 6． 抗原検査で新たな変異株に対応した抗体を作製することは，PCR 法で変異株に対応するプライマーを作るよりはるかに困難であると考えられるので，変異株に迅速に対応するには PCR 法の方が優れていると言える。

問 7．ア． 間　**イ．** 前　**ウ．** 中　**エ．** 後　**オ．** 終

カ． DNA 合成準備（G1）　**キ．** DNA 合成（S）　**ク．** 分裂準備（G2）

ケ． 卵割　**コ．** 卵黄

問 8． 間期で分散していた染色体は，分裂期ではクロマチン繊維が凝縮して太く短くなり，光学顕微鏡で観察できるようになる。

問 9． 〔染色体の両極への分配〕細胞骨格：微小管

　モータータンパク質：キネシン，ダイニン

〔細胞質分裂〕細胞骨格：アクチンフィラメント

　モータータンパク質：ミオシン

問10.

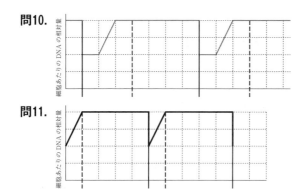

問11.

問12. 卵割では，母性因子などの発生初期の分裂に必要な物質はすでに合成されているため，間期が短く，細胞が成長せずに次々と分裂するので，短時間に細胞分裂を繰り返すことができる。

問13. 胚発生の過程で子宮内に着床し，胎盤で母親から栄養を受け取り成長するので，卵よりもはるかに大きな個体に成長できる。

=== 解　説 ===

《新型コロナウイルスの検査，動物の体細胞分裂と卵割》

問3. 抗原検査キットの判定部1では，着色抗体と結合したウイルスが移動してきた場合にウイルスが抗体と結合して移動が止まり，赤色のラインができると考えられる。一方，判定部2では，着色抗体が移動してきた場合に抗体と結合して，赤色のラインができると考えられる。判定部1に加えて判定部2が設けられているのは，着色抗体が正常に移動していることを確認するためで，移動していなければ判定部1のラインがなくても陰性とは判断できない。着色抗体が正常に移動し判定部2で赤いラインがあり，判定部1で赤いラインが見られなければ，陰性と判断できることになる。

問4. 抗原検査では検体内のウイルスをそのまま用いるので，量が少なければ赤いラインが出ず，正確な判定ができないが，PCR法ではDNAを増やすことができるので，ウイルスが少量でも検査が可能である。ただし，増やすための操作が必要なので抗原検査に比べると時間がかかり，より精密な機器などが必要になる。

問5. 抗体は，新型コロナウイルスに感染してから，一定の時間を経て作られる。よって，抗体の有無を調べる検査では，検査時点において被験者の体内にウイルスが存在するかどうかを判定することはできない。鼻孔ぬ

ぐい液などを用いての検査は，確実にその検査箇所における，その時点でのウイルスの有無を確認できる。

問6． PCR 法では，新型コロナウイルスの変異株の変異箇所に対応した新しいプライマーを設計できれば，塩基配列の変更なので，すぐに変異株に対応した検査ができ，その新しいプライマーを作ることも比較的容易である。一方，抗原検査では，変異株に結合するタンパク質の抗体を作らねばならないが，新型コロナウイルスの変異に対応した抗体を作るためには抗原と結合する部位の構造を変更する必要があり，その作製は非常に困難である。

問7． イ〜オ，カ〜クの各時期の名称については，特に指定はされていないが，前・中・後・終期，G1・S・G2 期の順で答えればよい。

問8． 分裂期における染色体の凝縮について書けばよい。

問10． 細胞周期については，細胞質分裂の終了から，次の終了までをその区切りとすればよいだろう。分裂期と間期の区切りは，横軸の1区間がイ〜ク期のいずれか1つとあるので，G2 期と前期の間に破線を描けばよい。

問11． 卵割では G1 期，G2 期を欠くので，G1 期，G2 期のないグラフを描く。

問12． 通常の体細胞分裂と異なり，卵割では分裂に必要な物質などがすでに卵の中に蓄えられている。そのため，G1 期，G2 期がなく，細胞が成長せずに分裂するので，短時間に細胞分裂を繰り返すことができる。その結果，分裂により生じる割球は，分裂のたびに小さくなっていく。

問13． 哺乳類の卵は，卵黄の少ない等黄卵で，卵割は全割で等割である。また，哺乳類は胎生なので，受精卵は発生の過程で，胚盤胞と呼ばれる胞胚に相当する時期に，母体の子宮に着床する。その後胎盤を通じて，母体から栄養などを受け取って成長するので，卵よりはるかに大きな個体に成長できる。

II 　**解答**　問1．**ア**．時間　**イ**．m/s　**ウ**．L^3　**エ**．LT^{-2}

オ．$\dfrac{1}{2}$　**カ**．0　**キ**．$-\dfrac{1}{2}$

問2．$[G] = L^3 M^{-1} T^{-2}$

問3．$\delta = 0.40$　絶対温度：6.9×10^2〔K〕

問4．$c_V = 7.2 \times 10^{-1}$〔J/(g·K)〕

問5．8.6K

問6．$\gamma = 1.29$

━━━━━━ 解　説 ━━━━━━

《次元解析，断熱変化》

問1．**エ**．重力加速度の次元は LT^{-2} である。

オ〜キ．$T = L^x \times M^y \times (LT^{-2})^z = L^{x+z} \times M^y \times T^{-2z}$ の両辺の次元を比較して

　　Lについて　　　$0 = x + z$

　　Mについて　　　$0 = y$

　　Tについて　　　$1 = -2z$

　　よって　　$x = \dfrac{1}{2}$，$y = 0$，$z = -\dfrac{1}{2}$

問2．$[G] = L^x M^y T^z$ とする。$[F] = LMT^{-2}$ であるので

　　　$LMT^{-2} = L^x M^y T^z \times M^2 L^{-2}$

　　Lについて　　　$1 = x - 2$　　　$x = 3$

　　Mについて　　　$1 = y + 2$　　　$y = -1$

　　Tについて　　　$-2 = z$　　　$z = -2$

　　よって　　$[G] = L^3 M^{-1} T^{-2}$

問3．ボイル・シャルルの法則 $\dfrac{pV}{T} = （一定）$ と $pV^\gamma = （一定）$ より p を消去して

　　　$TV^{\gamma - 1} = （一定）$

δ の値は

　　　$\delta = \gamma - 1$

空気は $\gamma = 1.40$ であるから，これを代入すると

　　　$\delta = 0.40$

300 K の空気の体積を V〔m³〕，求める温度を T〔K〕とすると

$$300 \times V^{0.40} = T \times \left(\frac{V}{8}\right)^{0.40}$$

$$T = 300 \times 8^{0.40} = 300 \times (2^3)^{0.40} = 300 \times 2^{1.20}$$

$$= 300 \times 2 \times 2^{0.20} = 300 \times 2 \times 1.15$$

$$= 690 = 6.9 \times 10^2 \,\text{〔K〕}$$

問4. 空気の圧力を 1.01×10^5 Pa として，空気 2.0L の質量は

$28.8 \times \dfrac{1.01 \times 10^5 \times 2.0}{300 \times R}$〔g〕である（$R$〔Pa·L/(mol·K)〕は気体定数）。

R は以下の式から求まる。

$$R = \frac{1.01 \times 10^5 \times 22.4}{273} \fallingdotseq 8.29 \times 10^3$$

したがって，空気 2.0L の質量は 2.34 g となる。よって

$$660 = (690 - 300) \times 2.34 \times c_V$$

$$c_V = 0.723 \fallingdotseq 7.2 \times 10^{-1} \,\text{〔J/(g·K)〕}$$

問5. ボイル・シャルルの法則 $\dfrac{pV}{T} = (\text{一定})$ と $pV^\gamma = (\text{一定})$ より V を

消去して

$$\frac{p^{\frac{\gamma-1}{\gamma}}}{T} = (\text{一定})$$

地上での気圧を p_0〔Pa〕，1 km 上空での温度を T'〔K〕とすると

$$\frac{p_0^{\frac{1.40-1}{1.40}}}{288} = \frac{(0.9 p_0)^{\frac{1.40-1}{1.40}}}{T'}$$

$$T' = 288 \times 0.9^{\frac{0.40}{1.40}} = 288 \times 0.9^{\frac{2}{7}} = 288 \times (0.9^{\frac{1}{7}})^2 = 288 \times 0.985^2$$

$$\fallingdotseq 279.4$$

よって温度低下は　　　$288 - 279.4 = 8.6$〔K〕

問6. 標準状態の二酸化炭素の密度は $\dfrac{44.0 \times 10^{-3}}{22.4 \times 10^{-3}}$ kg/m³ であるから，与

式を変形して，数値を代入すると

$$\gamma = \frac{v^2 \rho}{p} = \frac{258^2 \times \dfrac{44.0 \times 10^{-3}}{22.4 \times 10^{-3}}}{1.01 \times 10^5} = 1.294 \fallingdotseq 1.29$$

Ⅲ 【解答】

問1. **ア.** 同素体　**イ.** 分留　**ウ.** 淡青

問2. $O_3 + 2KI + H_2O \longrightarrow 2KOH + O_2 + I_2$

問3. (1) $: \overset{..}{O} :: \overset{..}{O} : \overset{..}{O} :$

(2)

問4. $CH_2=CH-CH=CH-CH_3$,

問5. **ア.** 疎水コロイド　**イ.** 凝析(凝集)　**ウ.** エボナイト

問6. システイン

問7. アクリロニトリル，テトラフルオロエチレン，ヘキサフルオロプロピレン

問8. (ア)・(イ)・(ウ)

問9. 300

───────── 解　説 ─────────

《オゾンの反応と構造，イソプレンの構造・異性体・反応，共重合》

問1.　イ. 液体空気は2種類以上の液体成分を含むので，そこから沸点の違いを利用して酸素O_2を分離する操作は分留である。なお，固体が溶解した液体から液体成分を分離するときに蒸留という語を用いることが多いので，解答としては用いないほうがよい。

ウ. オゾンO_3は生臭い臭気をもつ淡青色の気体である。

問2. オゾンおよびヨウ化カリウムKIの酸化還元反応におけるイオン反応式は次のとおりである。

$$O_3 + 2H^+ + 2e^- \longrightarrow O_2 + H_2O \quad \cdots\cdots ①$$

$$2I^- \longrightarrow I_2 + 2e^-$$

2つの式の和をとると

$$O_3 + 2I^- + 2H^+ \longrightarrow O_2 + I_2 + H_2O$$

ここで，与えられた反応は中性の水溶液中で生じているから，式①におけるH⁺はH₂Oによって与えられると考えられる。また，I⁻はKIによって与えられる。よって，求める反応式は，両辺のH₂Oを相殺して

$$O_3 + 2KI + H_2O \longrightarrow 2KOH + O_2 + I_2$$

〔注〕　O_3 の3つの酸素原子すべてが酸化剤として作用するわけではない。1つが酸化剤となり，他の2つは安定な酸素分子 O_2 となる。

問3.（1）電子式でオゾンの構造を表す場合，構造式の O=O→O（→は配位結合）をもとに考えると，$\ddot{\text{:}}\ddot{\text{O}}\text{::}\ddot{\text{O}}\text{:}\ddot{\text{O}}\text{:}$ となり，これはオクテット則を満たしている。

（2）（1）で示した電子式には，別に $\ddot{\text{:}}\ddot{\text{O}}\text{:}\ddot{\text{O}}\text{::}\ddot{\text{O}}\text{:}$ も考えられる。この2種類の共鳴構造式は次のようになる。

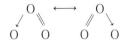

問4.　イソプレン C_5H_8 の異性体のうち，鎖状構造のものはいずれも C=C を2つまたは C≡C を1つもつ必要がある。これらの不飽和結合に臭化水素 HBr が付加すると，マルコフニコフ則（C=C のどちらの C 原子に HBr の H 原子が付加した生成物が主生成物であるかを示す）により必ず主生成物と副生成物の2種類の構造異性体が生成する。その一例が，〔解答〕の CH_2=CH-CH=CH-CH_3（1,3-ペンタジエン）である。たとえば，左側の C=C に HBr が付加すると，次の2種類の異性体が生成し，上側の化合物が主生成物となる。

$$CH_3-CHBr-CH=CH-CH_3$$

$$CH_2Br-CH_2-CH=CH-CH_3$$

その他の解答として，CH_2=CH-CH_2-CH=CH_2 や側鎖をもつ炭化水素などが考えられるが，いずれも副生成物が生成する。

一方，題意にある副生成物が生成しない化合物は，C=C のどちらの C 原子に Br 原子が付加しても（他方には H 原子が付加），生成物が同一の構造をもつ場合である。これを満たす化合物には，環構造1つと C=C を1つもち生成物が対称性を有する化合物となる，もう1つの〔解答〕のシクロペンテンがあてはまる。

$$H_2C\begin{matrix}CH_2\\\ \end{matrix}CH_2+HBr \longrightarrow H_2C\begin{matrix}CH_2\\\ \end{matrix}CH_2 \quad\quad H_2C\begin{matrix}CH_2\\\ \end{matrix}CH_2$$

（a）のC原子とBr、（b）のC原子とBr

（a）　　　　　　　　　　（b）

(a)，(b)は不斉炭素原子をもたず同じ化合物である。

なお，それ以外の，炭化水素基の側鎖をもつシクロブテン，シクロプロペンはBr原子が付加したC原子が不斉炭素原子となったり，マルコフニコフ則により副生成物が生成したりする。

問5.　ア. 炭化水素であるイソプレンは極性の基をもたない。よって，その重合体であるコロイド粒子のポリイソプレンは水和の程度が低く疎水コロイドである。また，ゴムノキから得られる懸濁液（ラテックスと呼ばれるエマルション）にはイソプレンの付加重合によるコロイド粒子が存在するから分子コロイドであり，セッケンのような会合コロイドではない。

イ. 疎水コロイドの凝集沈殿を凝析という。

問6. 酵素であるインスリンには，構成成分のアミノ酸として複数のシステイン $HS-CH_2-CH(NH_2)-COOH$ が含まれるが，その $HS-$ どうしがジスルフィド結合 $(2HS- \longrightarrow -S-S-+2H^++2e^-)$ することで架橋構造を形成している。一般に，タンパク質のジスルフィド結合はシステインが担う。

問7. 各単量体の付加重合反応は次のとおりである。単量体がC=Cを2つ含まないと，生成物の繰り返し単位にC=Cは存在しない。

1,3-ブタジエン　$nCH_2=CH-CH=CH_2 \longrightarrow \{CH_2-CH=CH-CH_2\}_n$

クロロプレン　$nCH_2=CCl-CH=CH_2 \longrightarrow \{CH_2-CCl=CH-CH_2\}_n$

アクリロニトリル　$nCH_2=CH-CN \longrightarrow \left[\begin{matrix}CH_2-CH\\|\\CN\end{matrix}\right]_n$

テトラフルオロエチレン　$nCF_2=CF_2 \longrightarrow \{CF_2-CF_2\}_n$

ヘキサフルオロプロピレン　$nCF_2=CF-CF_3 \longrightarrow \left[\begin{matrix}CF_2-CF\\|\\CF_3\end{matrix}\right]_n$

問8. (ア)　正文。トランス型のポリイソプレンはグッタペルカと呼ばれ，弾性に乏しい硬いプラスチック状の物質である。

(イ)　正文。イソプレンのシス型もトランス型も，分子内に多数のC=Cを

もつので，空気中の酸素やオゾンによって酸化される。

㈹　正文。シス型のポリイソプレンである限り，天然・合成を問わず，いずれのゴムも同様の弾性を示す。

㈼　誤文。トランス型のポリイソプレン分子はシス型と同じく鎖状構造をしているので，他の鎖状合成樹脂と同様に熱可塑性がある。

問9. 与えられた高分子の構造は，次のように考えられる。

$$\{(イソプレン)_3-(スチレン)\}_n$$

また，この共重合による重合反応は付加反応であるので，繰り返し構造の式量は，イソプレン C_5H_8，スチレン〈◯〉$-CH=CH_2$ の分子量が，それぞれ 68，104 であるから

$$68 \times 3 + 104 = 308$$

よって，重合度 n の値は

$$308 \times n = 3.08 \times 10^4 \qquad n = 100$$

したがって，この共重合体1分子が含むイソプレン構成単位は

$$3 \times 100 = 300$$

島根大学　医学部　医学科

■学校推薦型選抜Ⅱ（共通テストを課す）

▶入試方法

第1次選考：志願者数が募集人員のおおむね4倍を超えた場合に実施する。
　学校長の推薦書，調査書および自己推薦書により書類選考を行う。

第2次選考：第1次選考の合格者に対して，小論文および面接を課し，この成績と第1次選考結果および大学入学共通テストの結果とを総合して選考する。
　ただし，大学入学共通テストの成績が大学の定める基準に満たない場合，あるいは，面接評価が著しく低い場合は，不合格とする。

▶大学入学共通テストの利用教科・科目，配点

教　科	科　　　　　　　　　目	配　点
国　語	「国語」	100
地　歴	「世界史B」，「日本史B」，「地理B」 ⎫ から1	100
公　民	「現代社会」，「倫理」，「政治・経済」，「倫理，政治・経済」 ⎭	
数　学	「数学Ⅰ・数学A」（必須） ⎫ 計2	300
	「数学Ⅱ・数学B」，「簿記・会計」，「情報関係基礎」から1 ⎭	
理　科	「物理」，「化学」，「生物」から2	300
外国語	「英語（リスニングを含む）」	200
	［5教科7科目］	

（注）
1　地理歴史・公民から2科目を受験している場合は，第1解答科目を採用する。
2　数学の「簿記・会計」および「情報関係基礎」を選択解答できる者は，高等学校においてこれらの科目を履修した者に限る。
3　「英語（リスニングを含む）」については，リーディング（100点満点）を200点に，リスニング（100点満点）を50点に換算し，さらに，換算後の合計得点（250点満点）を200点満点に圧縮して利用する。なお，リスニングが免除された場合には，リーディングの換算点（200点満点）をそのまま利用する。
4　大学入学共通テストの成績は，基礎的な学習の達成の程度をみるものである。

▶個別学力試験等

項　目	内容，採点・評価基準	配　点
小論文	出題された文章等に対し，主として論述式により解答を行う問題を課す。 単なる作文ではなく，主として物事の判断，論理的思考，分析・考察，問題解決等の能力を評価する。	200
面　接	各志願者に対して数名の面接委員による25分程度の個人面接を行う。 人物，能力，意欲等の観点から，将来，医学・医療に従事する者としての適性をみる。	200

（注）　調査書，推薦書，自己推薦書は面接時の参考とする。

▶備　考

　地域枠学校推薦型選抜，緊急医師確保対策枠学校推薦型選抜（両選抜とも小論文200点，面接600点）も小論文は同じ問題である。

問 題 編

◀小 論 文▶

（150 分）

問題1　次の文章読んで、設問に答えなさい。

　2021年10月。この年のノーベル生理学・医学賞の受賞者のもとに、色とりどりのタバスコソースのセットが届けられた。ファミリーレストランで見かけるような、卓上サイズのビンが化粧箱に並んで入っている。お祝いの品ならもっと豪華でもよさそうだが、今年のプレゼントはどうしてもこれでなければならなかった（下線１）。送り主は世界で最も有名なタバスコソースのメーカー、マキヘルニーだ。ギフトには小さな付箋がついていて、手書きの文字でこう記されていた。「あなた方のトウガラシの研究が、ノーベル賞の栄誉に輝いたことを祝して」。（文中敬称略）

　2021年のノーベル生理学・医学賞の受賞テーマは「温度受容体と感触受容体の発見」だった。なんだか、一見トウガラシとなんの関係もないタイトルだ。しかし、受賞者であるカリフォルニア大学サンフランシスコ校教授のジュリアス（David Julius）と、米スクリプス研究所教授のパタプティアン（Ardem Patapoutian）の研究を語る上でトウガラシは欠かせない。舌の奥深くにひそむ、トウガラシの辛み成分を感知するセンサー「TRPV1（トリップ・ブイワン）」の発見は、私たち人間とスパイスの関係を見つめ直す新たな視点を提供した。

　そもそも、辛い味には他の味と比べて大きな違いがある。後から水を飲んでも薄まらないことだ（下線２）。酸っぱさや塩からさは水を飲めばすぐにおさまるが、激辛のものを食べた後はしばらく舌がヒリヒリし続け、にっちもさっちもいかなくなる。

　酸味や塩味といった味が舌の表面にある味蕾と呼ぶ感覚器官で捉えられるのに対して、辛い味──特にトウガラシのカプサイシンを感知するセンサーは舌の内部にある。カプサイシンは脂溶性の物質なので、舌の組織の内部まで浸透していく。辛みを感じている時にはすでにカプサイシンは舌の中に潜り込んでいるので、水を飲んで舌の表面を洗っても辛みはおさまらないというわけだ。

　味蕾で捉え、味覚神経を通じて脳に運ばれるのが味覚の情報だ。辛みは一般的によく「辛味」と表記されることもあるが、実は味覚ではない。

　辛みセンサーTRPV1が見つかった経緯をひもとけば、それがより明確になる。TRPV1

の発見に至る一連の研究は、舌はおろか、食事とは全く関係ない分野で始まった。

　カプサイシンを捉える感覚神経研究の端緒を開いたのは、ハンガリーの薬理学者ヤンチョー（Nicholas Jancsó Jr.）だった。ヤンチョーは1949年、ブダペストで開かれたハンガリー生理学会の年次総会で、ラットやモルモットの目にカプサイシンの溶液を繰り返し入れた実験について報告した。ラットは初めのうちは刺激物が目に入るのを嫌がっていたが、そのうち刺激を感じなくなって、まるで麻酔をかけた時のようにカプサイシンに対してへっちゃらになった。

　その後もヤンチョーは実験を続け、同じ手法でカプサイシンの刺激を感じなくなった実験動物が、他の物理的な刺激には普通に反応できることを確かめた。カプサイシンの刺激が感覚神経を見境なく傷つけているのではなく、むしろ感覚神経の末端で、カプサイシンの刺激を受け止める特別な仕組みが働いている（下線3）ことをヤンチョーは突き止めた。

　この時、世の中に数多ある刺激物の中からヤンチョーがカプサイシンを選んだのは偶然ではなかった。彼はハンガリー人であり、ハンガリーはトウガラシの一種であるパプリカの一大産地だからだ。ハンガリーの名物である色鮮やかな煮込み料理のグヤーシュには、パプリカがたっぷり使われている。ビタミンCに関する研究でハンガリー出身の科学者セント＝ジェルジ（Albert Szent-Györgyi）が1937年のノーベル生理学・医学賞を受賞したのも、同氏がある日の夕食に出たパプリカにヒントを得て、当時精製の難しかったビタミンCをパプリカから集めることに成功したからだった。―中略―

　辛みセンサーを発見したジュリアスの研究もまた、トウガラシ文化の上に成り立っている。ただ、ジュリアスは直接トウガラシを研究していたわけではなく、「痛みを感じるメカニズムを突き止めたい」というテーマに取り組む中でカプサイシンに着目した。ジュリアスがこのテーマに取り組んでいた1990年代には、ヤンチョーの研究に端を発し、実験動物に痛みを感じさせたいときにはカプサイシンで感覚神経を刺激するのが一般的な実験法になっていた。ただ、カプサイシンがどんなメカニズムで感覚神経を刺激しているのかについては、相変わらず謎のままだった。

　ジュリアスらはまず、感覚神経の細胞で働く1万6000種類もの遺伝子をコピーした大量のDNAを用意した。この中にきっと、カプサイシンの刺激に反応するタンパク質の遺伝子があるはずだ。これとは別に大量の培養細胞を用意して、これらのDNAを培養細胞に入れて働かせることにした。もし、培地にカプサイシンをふりかけた時に変化を起こす細胞があれば、その細胞には「カプサイシンセンサー」のタンパク質を作るDNAが入っているとわかる。

　ジュリアスラボにおいて実際にこの実験を実施し、カプサイシンを感知するタンパク質の発見に貢献したのが、現在日本で生理学研究所の教授を務める富永真琴だ。富永は当時、ジュリアスの研究室に留学中だった。

　実験の大半が、1997年の間に驚くべきスピードで行われた。約3か月で1万6000個の中か

らカプサイシンを感知するタンパク質の遺伝子を絞り込み、続く3カ月でその機能を突き止めた。急いだのにはわけがある。ジュリアスのラボだけでなく、当時世界中の研究機関や製薬会社が同じ目標（下線4）を掲げて遺伝子の特定を急いでいた。カプサイシンを感知する仕組みを解明することは、つまり痛みを感じる仕組みを明らかにすることだ。それは、新たな鎮痛剤のヒントになると考えられた。

　ジュリアスと富永たちはこのレースに勝利し、投稿した論文は1997年10月23日の*Nature*誌に掲載された。同誌の表紙を、真っ赤な（　A　）の写真が彩った。

　不思議なことに、特定した遺伝子がコードするタンパク質の構造はハエが持つ光を感じるタンパク質と構造が似ていた。TRPV1のTRPとは「Transient Receptor Potential」の略で、1989年にショウジョウバエで見つかっていた視覚に関する遺伝子の名前だ。視覚とカプサイシンでは何の関係もなさそうだが、どちらも外界の刺激を感知するという意味では似た役割を担っていると言える。全く異なる種類の生き物の間で、その体に備わる部品に思いもよらぬ共通点（下線5）が見いだされるのは、生物学の醍醐味だ。

　TRPV1は筒のような形をしていて、感覚細胞の表面に埋め込まれた「イオンチャンネル」と呼ぶタンパク質だ（図1）。カプサイシンがくっつくと筒が開いて細胞の外にある（　B　）が細胞内に流れ込み、それがきっかけになって神経の電気信号が発生する。

　感覚神経は皮膚の直下だけでなく、舌の内部にも伸びている（三叉神経と呼ぶ）。トウガラシを食べると舌の中へ浸透したカプサイシンが感覚細胞表面のTRPV1にくっつき、電気信号が発生する。この信号は、味覚神経ではなく三叉神経を経て（　C　）へ届き、痛みの情報として処理される（図1）。だから辛みは（　D　）ではなく、痛みなのだ。TRPV1の特定によって、そのことが明確に示された。

図1.

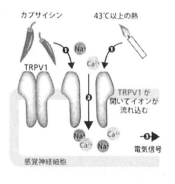

図2.

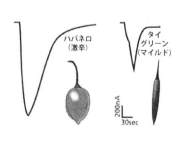

編集部注：実際の問題はカラー印刷

　TRPV1が特定された後、ジュリアスは研究室内のミーティングでこう話した。「トウガラシを食べると口の中が熱く感じる。TRPV1は、ひょっとしたら（　E　）にも反応するかもしれない」。素朴な思いつきに見えて、これは大胆な発想だった。当時すでにイオン

チャンネルは多数見つかっていたが、どれも化学物質との結合がきっかけで働くものと相場が決まっており、温度で変化するものは知られていなかった。

　ところが実験をしてみると、TRPV1はまるで温度計のように、周囲の温度が43℃を超えた途端に活発な反応を見せた。

　43℃といえば、風呂に入るときには熱すぎる温度だ。実はサルを用いた実験で、熱を（　F　）として感じる温度が43℃であることが知られている。体は体温を明らかに上回る43℃以上を異常な温度とみなし、TRPV1が反応して脳へ情報を伝えることで、回避行動を取れるようにしているのだ（図1）。富永は「辛さと熱さは英語で書けばどちらも"hot"だが、それを感じるセンサーも同じだった」と話す。辛さとは痛さであり、そして熱さでもあるのだ。

―以下省略―

「辛い！の科学：痛みが美味しさに変わるメカニズム」

（日経サイエンス 2022年5月号）より改変して引用

設問1.
下線1について、その理由を80字以内で説明しなさい。

設問2.
下線2について、その理由を「カプサイシン」、「感覚神経細胞」、「TRPV1」、「脂溶性」という言葉を用いて110字以内で説明しなさい。

設問3.
ヤンチョーが下線3の結論に至った理由について、80字以内で説明しなさい。

設問4.
下線4について、「同じ目標」とは何か。50字以内で説明しなさい。

設問5.
下線5が示す内容について、具体的に説明しなさい（80字以内）。

設問6.
ジュリアスと富永らはTRPV1が働いている細胞に様々なトウガラシの抽出物をふりかけ、電流の変化を調べた。図2の結果はTRPV1のどのような特徴を示しているか。25字以内で説明しなさい。

設問7.
（A）から（F）に適切な言葉を入れなさい。

問題2　次の文章を読んで設問に答えなさい。

母の袖を握り「話を聞こうよ」と娘が涙　遺伝外来で母が出した答えは

　　私が担当し、忘れられない経験となった、ある相談事例を振り返ります。
　　相談者は当時の私より少し年上の40代女性、中学1年生の娘を連れて来談されました。相談内容は、娘に＿＿＿＿＿＿＿＿＿＿＿＿＿＿＿＿＿＿＿＿＿＿＿（設問1）というものでした。
　　まず、X連鎖性遺伝疾患を説明します。
　　X連鎖性遺伝疾患は、X染色体上にある遺伝子の配列変化が原因で発症するものです。女性の多くはX染色体を2つ持つため、女性は片方のX染色体に変化した遺伝子があっても、もう片方の正常な遺伝子の働きによって無症状か、男性ほど症状がはっきりしません。一方で、男性の多くは＿＿＿＿＿＿＿＿＿＿＿＿＿＿＿＿＿（設問2）であるため、変化した遺伝子を補うことができません。そのため、X連鎖性遺伝疾患の場合、症状がはっきりと出るのは男性がほとんどです。
　　ただ、女性であっても、症状のある男性と近親の女性は「保因者」かもしれません。その場合、罹患（りかん）男児や再び保因女児を授かる可能性があります。ちなみに、保因女性では、個々の事例や疾患の重症度にもよりますが、あらかじめ調べておいて罹患のある受精卵を移植しない着床前検査や、＿＿＿＿＿＿＿＿＿＿＿＿＿＿＿＿＿＿＿＿＿＿
＿（設問3）を調べる出生前検査の検討がなされることもあります。
　　話を戻します。
　　相談者の兄は、幼少期にその疾患になり、関連症状によって高校生で他界されています。相談者自身も保因者である可能性があり、だとすれば、娘も同じ状況かもしれず、娘が罹患男児を授かることもありうるのではとご心配されていました。

　相談者は、幼い頃から兄の様子を近くで感じ、多感な時期に兄の死に接しました。ご自身は健康で、夫、そして長男、長女に恵まれましたが、恋愛、結婚、妊娠、出産の際には、常に疾患が身近にあるという恐怖におびえてきたようです。

　「自分と同じ思いはさせたくない、はっきりさせてやりたい」と、初経を迎えた大切な我が子に保因者診断（遺伝子検査）を受けさせたいと思ったとのことでした。

　来談時点で、娘の検査をしてもらえると確信しているかのようなご様子でした。<u>ただ、未成年者に対して非発症保因者診断をするかどうかは慎重でなければなりません。ガイドラインもあり、「原則として本人が成人し自律的に判断できるまで実施を延期すべきで、両親等の代諾で検査を実施すべきではない」とされています。</u>（設問４）

　相談者がひととおり話されたところで、切り出しました。

「お嬢さんの検査は、いまご希望ですか？」（カウンセラー：以下カ）

「はい。娘もそのつもりで来ています」（相談者：以下相）

　娘にも聞きました。「今日、検査するつもりで来ましたか？」（カ）

　娘はうつむきながら、「はい……」と答えました。

「そうなんですね。ですが……、申し訳ありませんが現状では、検査をお勧めできません。お嬢さん本人にこの疾患のことをきちんと知っていただく必要もあるし、ご自身の状況・可能性を踏まえて、今後どうしていきたいのか考えていただきたいです。その上で、ご自分の意思で保因者検査をしたいと思ったときに行いませんか？」（カ）

　そのあたりから、相談者の表情はこわばってきました。「親の私が娘のために必要だと言っているのに、受けさせてくれないんですか？」（相）

　「ご心配はごもっともだと思います。ただ、お嬢さんが検査をして明らかにすることが今必要かどうかは分からないです。もう少し状況を整理したいのであれば、お母様自身が保因者検査をなさるのはいかがですか？」（カ）

　「今さら自分のことは知りたくないです。娘には大事なことだからお願いしているんです」（相）

　「確かに、お嬢さんはいつか、保因者診断について、そして保因者だった場合に妊娠・出産に際してどのような選択をしたいのか、悩む日が来るかもしれません。でも、実際に検査をしてその結果を引き受けていただくのが、今でよいのかどうか、わかりませんよね」（カ）

　だんだんと語気が強まってきます。

　「でも、いつ妊娠するかなんて分からないじゃないですか。レイプされるかもしれないじゃないですか……」（相）

「想定外に妊娠することは、そもそも好ましくはありません。すべての女性が、望ましい計画のもと妊娠できるよう、教育されるべきです。不測の事態に備えるために保因者診断を行うというものではありませんよね。お嬢さん自身も、授かる子に疾患があるかどうかという事とは別に、不用意に妊娠した場合にどうなるのかは、他の生殖可能女性と同じように考えておくことは大事だと思います」（カ）

しばらく沈黙がつづきました。娘はずっとうつむいたままです。

「受けさせてくれないんですね。分かりました。もういいです。帰ります」（相）

相談者は席を立とうとしました。娘は、相談者の服の袖を引っ張って、座ったまま小さな声でこう言いました。「ちゃんと話を聞こう……」

ですが、相談者は怒ったままです。「この人たちはね、お仕事なの。私たちのことを本当に心配してくれてるんじゃないから」（相）

結局、診察室をあとにされました。気になって待合室を見ると、娘は涙があふれ待合室のいすに座り、動けずにいます。

「もう一度、中でお話ししませんか？」（カ）

「いえ、いいです。連れて帰ります」（相）

「お母さん、お会計を済ませて、また戻ってきていただけませんか？」（カ）

相談者が席を外された所で、娘に、当施設のパンフレットを手渡しました。

「つらかったね。これ、持って帰ってくれる？　いつかまた、話をしに来てくれてもいいし、もちろんお母さんと一緒じゃなくてもいいし、電話だけくれてもいいし」（カ）

小さくうなずいていました。

まもなく相談者が迎えに来て、手をつないで帰宅されました。

以降、相談者からも娘からも連絡は来ていません。

この事例に対して、どう対応すれば良かったのか、もう少し何とかならなかったのか、と何度も考えます。

相談者（母）は、ご自身の思いを受け入れてもらえず、検査の希望も通らず失望されたと思います。もっともっと、傾聴し、共感を示すことができたら……。

そして、母のそばで、うつむき小さくなっていた娘さん。母の服の袖を握った手、「話を聞こうよ」と振り絞って出した声、そして涙、これらは精いっぱいの意思表示だったのかと思います。そんな彼女に対しても何の力になれなかったな、と繰り返し思います。

それでも、この親子に何か伝わったらなと願う気持ちもあります。相談者の、「仕事でやっているんだから。本当に心配してくれてるんじゃないから」という言葉は、ある部分、事実かもしれません。確かに私達は当事者ではなく、ただの専門職として接してい

す。ですが、その前に一人の人間として真摯に対応したつもりです。それぞれの命そのものを、生き様を、そして多様な価値観を大切にしたいし、応援したいという思いは強く持っています。これが遺伝カウンセリングで求められる大事な姿勢だとも思っています。

　この親子が、ここではないどこかで、そんな遺伝カウンセリングの場が与えられているといいなと、ぼんやり思っています。

朝日新聞アピタル　健康ガイド　おなかの中の命をみつけて（浜之上はるか）　より抜粋

設問1　空欄を30字以内で埋めなさい。

設問2　空欄を20字以内で埋めなさい。

設問3　空欄を20字以内で埋めなさい。

設問4　「原則として本人が成人し自律的に判断できるまで実施を延期すべきで、両親等の代諾で検査を実施すべきではない」とされている理由について100字以内で述べなさい。

設問5　外来受診後の相談者の気持ちについて80字以内で述べなさい。

```
┌─────────────────────┐
│      解 答 編        │
└─────────────────────┘
```

◀小　論　文▶

① 解答例

設問1. この年ノーベル賞を受賞した研究が，トウガラシの辛み成分カプサイシンを感知するセンサーの発見に関するものであり，タバスコはトウガラシを原料とするから。（80字以内）

設問2. カプサイシンは脂溶性なので，舌の組織の内部まで浸透する。舌の内部の感覚神経細胞にある TRPV1 とカプサイシンが結合することによって辛みが知覚されるので，後から水を飲んで舌の表面を洗っても辛みはおさまらない。（110字以内）

設問3. カプサイシンの刺激を感じなくなった動物でも他の物理的刺激には反応したので，感覚神経に異常が生じてカプサイシンの刺激を感じなくなったわけではないと考えられるから。（80字以内）

設問4. 遺伝子を特定し，新たな鎮痛剤のヒントともなる，カプサイシンの痛みを感知する仕組みを解明すること。（50字以内）

設問5. ラットなど実験動物においてカプサイシンを感知する受容体のタンパク質の構造が，ショウジョウバエにおいて光を感知するタンパク質の構造と類似していたこと。（80字以内）

設問6. カプサイシン量に依存して電流量が変化する。（25字以内）

設問7. A. トウガラシ　**B.** 陽イオン　**C.** 脳（大脳）　**D.** 味
E. 温度（熱）　**F.** 痛み

══════════════ 解　説 ══════════════

《辛さと熱さの感覚のメカニズム》

設問1. 下線1を含む段落の最後の「あなた方のトウガラシの研究が…」の部分がヒントになっている。次の段落にも，「トウガラシの辛み成分を感知するセンサー…の発見」とあるので，その関連でまとめればよい。

設問2. 下線2を含む段落と続く2つの段落の内容をまとめればよい。水を飲んで味蕾がある舌の表面を洗うことにより，酸味や塩味など他の味は

薄まるという点と，脂溶性のカプサイシンは舌の組織内部まで浸透し，舌の内部にあるセンサーに感知されるという点が，ポイントである。

設問3. 下線3を含む段落と，1つ前の段落の内容をまとめればよい。カプサイシンの刺激を繰り返すと，その刺激を感じなくなるが，他の感覚については正常であるということがポイントである。

設問4. 下線4を含む段落，特に下線4を含む文の，次の文がポイントになる。

設問5. 「具体的に」とあるので，下線5を含む段落にあるショウジョウバエの視覚に関する遺伝子 TRP と，この段落までに記述されている実験動物のカプサイシン（痛み）を感じる仕組みである TRPV1 の関係をまとめればよい。

設問6. 設問文に「電流の変化を調べた」とあることから，図2は，図1に示されたような陽イオン（Ca^{2+}，Na^{+}）の流れを電流として測定したものと考えられる。激辛とマイルドという辛さの違いは，カプサイシン含有量の違いである。したがって，TRPV1 の特徴としては，カプサイシン量に依存して電流量が変化することが考えられる。

設問7.　A. 空欄の直前に「真っ赤な」とあるので，リード文全体から考えて「トウガラシ」が正解と判断される。

B. 神経細胞の活動電位では，Na^{+} が流入するが，この場合図1から Ca^{2+} も流入していることがわかるので，「陽イオン」が正解となる。実際 TRPV1 は非選択的陽イオン（カチオン）チャネルとして機能している。

C. 感覚の中枢なので，「脳（大脳）」が正解と考えられる。

D. 空欄の前の文に「味覚神経ではなく」とあるので，「味」が正解と考えられる。

E. 空欄の2つ後の文に「温度で変化」とあるので，「温度」や「熱」が正解と考えられる。

F. 空欄の後の文に「TRPV1 が反応して」とあるので，「痛み」が正解と判断される。

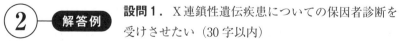

② **解答例** **設問1.** X連鎖性遺伝疾患についての保因者診断を受けさせたい（30字以内）

設問2. 変化した遺伝子があっても，X染色体が1本（20字以内）

設問3． 子宮内の胎児について，罹患の有無（20字以内）

設問4． 遺伝子検査の結果は，生涯変わることはなく，本人の人生に大きな影響を与える可能性もある。検査を受けないという選択肢もあるので，本人が，自分で責任をもって判断すべきことがらだと考えられるから。（100字以内）

設問5． 相談者は本当に娘のためを思って相談に来たのに，否定的なことを言われて，怒りや不満を感じるとともに，心配してもらえなかったと感じて悲しみを感じていただろう。（80字以内）

━━━━━━━━━━━━━ 解　説 ━━━━━━━━━━━━━

《X連鎖性遺伝疾患の遺伝外来での相談事例》

設問1． リード文全体や，設問4の下線の1つ前の段落に，「我が子に保因者診断（遺伝子検査）を受けさせたいと思った」とあり，娘の保因者診断に関する相談であったと判断できる。

設問2． X連鎖性遺伝疾患は，潜性（劣性）遺伝子の場合，女性ではX染色体を2本持つので症状が出にくいが，男性は性染色体がXYでX染色体を1本しか持たないので，症状がはっきりと出ることになる。この内容に基づき，文章の前後に合うように解答を考えればよい。

設問3． 出生前検査には，母体から血液を採取することで，血液中のDNA断片から胎児の染色体異常を推定するものや，将来胎盤となる絨毛細胞や子宮内の羊水を採取することで，胎児の染色体を直接調べるものがある。

設問4． 遺伝子検査は，その結果が生涯変わることもないし，子どもや血縁者にも関係する結果となるため，その意味を十分理解し判断できる成人になってから，本人が自己の責任において判断すべきことだと考えられる。また，結果を知らないで生きていく権利という視点も重要である。

設問5． 設問4の下線の後には，相談者とカウンセラーとのやりとりが記されている。発言内容や行動から相談者の気持ちを推察し，考えられることを自由に述べればよい。

香川大学 医学部 医学科

■学校推薦型選抜Ⅱ（共通テストを課す）

▶選抜方法

　学校長から提出される推薦書・調査書の内容および小論文・面接の結果を総合的に判断し，大学入学共通テストの成績を参考にして合格者を決定する。

▶大学入学共通テストの利用教科・科目

教　科	科　　　　　目
国　語	「国語」
地理歴史	「世界史Ｂ」，「日本史Ｂ」，「地理Ｂ」
公　民	「現代社会」，「倫理」，「政治・経済」，「倫理，政治・経済」 } から1
数　学	「数学Ⅰ・数学Ａ」
	「数学Ⅱ・数学Ｂ」
理　科	「物理」，「化学」，「生物」から2
外国語	「英語（リスニングを含む）」

［5教科7科目］

（注）
- 「地理歴史」および「公民」について2科目受験している場合は，第1解答科目の成績を用いる。
- 「英語」は，リーディングおよびリスニングの成績を利用する。ただし，リスニングを免除された者は，リーディングのみとする。
- 大学入学共通テストは高等学校における基礎学力の修得度をみるために利用する。

▶個別学力検査等

科　目	内容，採点・評価基準	配点
小論文	小論文は，単なる作文力のテストではなく，学校長から提出される推薦書および調査書の記載内容等を補完するとともに，大学入学共通テストではみることができない論理的思考力，倫理観，社会性等をみるために行う。 小論文の出題は，英語による問題（小論文Ⅰ）と日本語による理科系の論述式問題（小論文Ⅱ）とする。なお，小論文Ⅱは出題3題のうち2題を選択して解答とする。	300
面　接	医師および医学研究者となるにふさわしい適性をみるために行う。 志望理由書，推薦書，調査書を面接の重要な資料として用いる。	150

（注）　地域枠（学校推薦）にあっては，通常の面接に加え，香川県による面接を受ける必要がある。

▶合否判定基準

　小論文と面接評価の総合点で順位を決定する。ただし，小論文または面接のいずれか一方を受験していない場合は，合格者とはならない。

　大学入学共通テストの成績が大学の定める基準に満たない者は，総合点の如何にかかわらず不合格とする。また，面接の結果をもって総合点の如何にかかわらず不合格となることがある。

※地域枠（学校推薦）にあっては，上記に加え香川県による面接の結果を参考として合否を決定する。

問 題 編

◀ 小 論 文 Ⅰ ▶

（75 分）

以下の文を読んで、次の問いに日本語で答えなさい。

School closure has been extensively used worldwide against the COVID-19 pandemic. The first wave resulted in many countries going into strict lockdowns, closing schools for long periods of time, and their reopening has been continuously challenged by successive waves and the need for physical-distancing restrictions. In Europe, depending on the country, students lost from 10 weeks to almost 50 weeks of school from March, 2020, to October, 2021, due to partial or total school closures. Strategies were affected by the limited understanding of viral circulation in children and their contribution to transmission.

COVID-19 outbreaks in schools are difficult to document, as infections in children are mostly asymptomatic or present mild non-specific symptoms. Despite the lower susceptibility[1] to infections in children than in adults, viral circulation can occur in school settings, especially in secondary schools. Accumulating evidence is consistent with increased transmission in the community if schools are open, and model-based findings suggest that school closure might be used as an additional brake against the COVID-19 pandemic if other physical-distancing options are exhausted or undesired.

Keeping schools safely open remains a primary objective that goes beyond educational needs, affecting the social and mental development of children, as well as reducing inequality. Several countries implemented[2] safety protocols at schools, including the use of facemasks, hand hygiene, and staggered arrival and breaks. Regular testing was introduced in a few countries as an additional control measure. Vaccination was extended to the population aged 5 years and older in Europe, yet it was reported to have progressed slowly in the majority of countries as of January, 2022. School protocols were challenged by the rapid surge of[3] cases due to the delta (B.1.617.2) and omicron (B.1.1.529) variants in the 2021–22 winter season in Europe, threatening classroom safety. Assessing vaccination and protocols in schools is therefore key to maintaining schools open in light of a continuously evolving pandemic. Here, through an agent-based transmission model parameterised[4] on empirical contacts at schools and fitted to field screening data in schools, we estimated the school-specific effective reproductive number (R) of SARS-CoV-2. We then evaluated intervention protocols combining school closures and screening, under varying immunity profiles of the school population, and accounting for age-specific differences in susceptibility to infection, contagiousness[5], contact patterns, and vaccine effectiveness.

（中略）

Regular testing would also reduce student-days lost up to 80% compared with reactive class closures. Moderate vaccination coverage in students would still benefit from regular testing for additional control —ie, weekly testing 75% of unvaccinated students would reduce cases compared with symptom-based testing only, by 23% in primary schools when 50% of children are vaccinated.

The COVID-19 pandemic will probably continue to pose a risk to the safe and normal functioning of schools. Extending vaccination coverage in students, complemented[6] by regular testing with good adherence, are essential steps to keep schools open when highly transmissible[7] variants are circulating.

出典：The Lancet Infectious Diseases vol 22 July 2022　一部改変
URL:https://www.thelancet.com/journals/laninf/article/PIIS1473-3099(22)00138-4/fulltext

（注）
1）susceptibility：感受性　　　　　　2）implemente：実行する
3）surge of：急増　　　　　　　　　　4）parameterise：パラメーターとする
5）contagiousness：伝染　　　　　　　6）complement：補完する
7）transmissible：伝染しうる

問1　学校で COVID-19 の感染拡大を捉えにくい理由を 100 字以内で述べなさい。

問2　COVID-19 の感染拡大のなかで、学校を開き続けることの有用性は、どのように述べられているか。箇条書きで 3 点述べなさい。

問3　この研究により推測し得た結果を 2 つ、比較の対象を明らかにして、数値を用いて、それぞれ 100 字以内で述べなさい。

問4　学校を閉鎖しない状況を継続させるために、筆者は何が必要と述べているか。箇条書きで 2 点述べなさい。

問5　この研究を 300 字以内で批判的に吟味しなさい。

◀小 論 文 Ⅱ▶

(75 分)

(注) 問題〔Ⅰ〕〔Ⅱ〕〔Ⅲ〕は選択問題である。3つのうち2つを解答すること。
3問全てを解答してはいけない。

〔選択問題〕
〔Ⅰ〕　次の文章を読み、以下の問1〜問4に答えなさい。

　2020年5月、アメリカの民間企業が開発した宇宙船がアメリカのフロリダ州にある
ケネディ宇宙センターから打ち上げられた。これは世界初の民間企業による有人宇宙飛
行で、宇宙開発の歴史に新たな一歩が刻まれることとなった。

問1　宇宙船や人工衛星の打ち上げはケネディ宇宙センターのようにできるだけ赤道
　　　に近い場所から行われる。その理由を50字以内で述べなさい。

問2　地球周回軌道上の宇宙船が地球から受ける万有引力の大きさは、地球の中心から
　　　の距離 r の2乗に反比例する。一方、宇宙船に生じる遠心力の大きさは r の何乗に
　　　比例するか導出過程を含め答えなさい。

問3　宇宙船内の無重力空間において、物質の質量を測定する方法について数式を用い
　　　100字以内で説明しなさい。ただし宇宙船は十分に質量が大きいものとする。

問4　宇宙エレベーター（軌道エレベーター）とは、地上と宇宙ステーションとをケー
　　　ブルで結び、ケーブルに沿って上下するエレベーターで人や荷物を行き来させると
　　　いうものである。その構造を維持するための原理について図を用い説明しなさい。

〔選択問題〕

〔Ⅱ〕　次の文章を読み、以下の問1～問4に答えなさい。

　アミノ酸の一般式は図のように表され、アミノ酸がペプチド結合によってつながることでペプチドとなる。このとき、ペプチド結合に含まれないアミノ基をもつアミノ末端を左端とし、同様にペプチド結合に含まれないカルボキシ基をもつカルボキシ末端を右端とする。いま、5個のアミノ酸（A、B、C、D、E）がA-B-C-D-Eのように順番にペプチド結合したペプチドXがある。このペプチドXをアミノ酸単位にまで分解すると表の5種類のアミノ酸が生じた。ペプチドXのアミノ酸配列を決定するために実験1～4を行った。

図

$$H_2N-\overset{\displaystyle R}{\underset{\displaystyle H}{\overset{|}{\underset{|}{C}}}}-COOH$$

表

α-アミノ酸	側鎖 (R) の構造
グリシン	$-H$
アスパラギン酸	$-CH_2-COOH$
システイン	$-CH_2-SH$
チロシン	$-CH_2-\langle\text{benzene}\rangle-OH$
リシン	$-(CH_2)_4-NH_2$

実験1：ペプチドXのアミノ末端のアミノ酸は不斉炭素をもたない。

実験2：ペプチドXを塩基性アミノ酸のカルボキシ基で形成されるペプチド結合を切断する酵素で処理すると、3個のアミノ酸からなるペプチドYと2個のアミノ酸からなるペプチドZが生じた。

実験3：ペプチドYとペプチドZに以下の反応を行った。
　反応1：水酸化ナトリウム水溶液を加えて加熱した後、酢酸鉛(II)水溶液を加えると、ペプチドYのみ黒色沈殿を生じた。
　反応2：濃硝酸を加えて加熱した後、アンモニア水を加えるとペプチドZのみ橙黄色を示した。

実験4：ペプチドXの酸性アミノ酸のアミノ基で形成されるペプチド結合を切断すると、ペプチドYとペプチドZが生じた。

問1　表の中から酸性アミノ酸と塩基性アミノ酸を答えなさい。

問2　反応1と反応2では表のどのアミノ酸が検出できるか答えなさい。

問3　ペプチドX、Y、Zのうち、ビウレット反応を示すものを理由とともにすべて答え
　　　なさい。

問4　実験1〜4を順番に行ったとする。ペプチドXの配列がどのように導かれるかを
　　　説明しなさい。また、決定されたペプチドXの配列を例に習って答えなさい。
　　　例)
　　　アミノ末端　　アスパラギン酸 ― グリシン ― リシン　　　カルボキシ末端

〔選択問題〕
〔Ⅲ〕　次の文章を読み、以下の問1〜問3に答えなさい。

　培養肉※の生産に用いる食用の足場材料の新しい作製方法について報告する論文が、
Nature Food に掲載された。この足場材料は、組織状ダイズタンパク質から作られてお
り、人間が食べる牛肉に似た製品の生産に用いることができる。この牛肉似の製品は、
暫定味見試験で、好成績をあげた。

　培養肉は、進化途上の技術であり、畜産を行わずに食肉を生産できる。培養組織の作
製には、3次元の足場材料が必要で、これが、作製された細胞の支えとなり、動物の筋
肉が成長する環境を模倣する。また、この足場材料は、食用に適していることと適切な
栄養価と食感が必要とされる。

　この論文で、Shulamit Levenberg たちは、費用効果が高く、食用に適しており、多孔
質タンパク質材料である組織状ダイズタンパク質から足場材料を作製する新しい方法
について記述している。Levenberg たちは、この足場材料の大部分が、ウシ衛星細胞（筋
細胞の元となる細胞）に覆われていることを発見した。この衛星細胞は、組織状ダイズ
タンパク質の足場内に散らばって、増殖して組織を形成する。また、この時、ウシ平滑
筋細胞と共培養した場合と、ウシ平滑筋細胞とウシ内皮細胞（血管を構成する細胞の一
種）と共培養した場合に細胞外高分子が多く産生されるようになり、肉のような食感も
改善された。その後、ボランティアがこの製品を調理して、試験を行い、本物の肉に典
型的な味、香り、食感があると報告した。

　今回の研究結果は、培養肉をスケールアップして、人間が消費するタンパク質の新た

な供給源を生み出して、畜産への依存を減らすための手段をもたらすと考えられると Levenberg たちは結論付けている。

※培養肉（ばいようにく）とは、動物の個体からではなく、可食部の細胞を組織培養することによって得られた肉のこと。

出典追記：Nature 関連誌注目のハイライト「食品科学：牛肉に似た培養肉の作製に役立つ足場材料」Nature Food 2020 年 3 月 31 日，一部改変
https://www.natureasia.com/ja-jp/research/highlight/13266
©2020 Springer Nature Japan K. K. Part of Springer Nature Group.

問1　組織は単なる細胞の塊ではなく、細胞外組織を足場にし、これに接着して機能している。この論文で報告された新しい足場材料は、動物組織における細胞外基質を模したものであるが、どうしてウシの体内に存在しない大豆のタンパク質をウシの細胞の細胞外基質として機能させることができたのか、その理由について考えるところを 100 字以内で記しなさい。

問2　下線部、培養肉の開発によってなぜ人間が消費するタンパク質の新たな供給源を生み出して、畜産への依存を減らすための手段をもたらす必要があるのか、社会、経済、倫理、健康などあらゆる面から考え得る必要性を 150 字以内で記しなさい。

問3　今回の培養肉開発技術は、食の領域だけでなく医療、創薬、工学技術への応用でも注目されている。どのような応用が考えられるか、考え得る応用例を 150 字以内で記しなさい。

解答編

◀小論文Ⅰ▶

解答 **問1.** 子どもは新型コロナウイルスに感染していたとしても，大半の場合はその自覚症状がなく，またすでに何らかの症状が出ていたとしても，それは穏やかで，さほど特徴的なものとは言えないから。（100字以内）

問2. •教育上の需要を満たすこと。

•子どもの社会的・精神的発達に良い影響を与えること。

•不平等の是正になること。

問3. •定期的に（PCR）検査をすることで，流行に応じて学校を閉鎖する場合より，生徒が学校に通えなくなる日数を80％まで減少させることができるだろうということ。（100字以内）

•生徒の50％がワクチン接種済みの小学校という環境なら，未接種の生徒の75％を毎週（PCR）検査することで，自覚症状のある生徒だけを検査する場合と比べ，生徒の罹患を23％減らすことができるだろうということ。（100字以内）

問4. •生徒のワクチン接種率を上げていくこと。

•定期的な（PCR）検査を遵守させること。

問5. 〔解答例〕この研究は，未知のウイルスに襲われ国中がパニック状態に陥っている最中に，「コロナ禍において，どうすれば安全に学校を開き続けることができるか」を模索した善意の研究である。だがその研究対象は，学校の生徒に限定されているゆえに，感染拡大の実情把握の面で難点があると言わざるを得ず，論証の精度に限界がある。そのうえ，生徒の家族のワクチン接種状況や学校以外の公共の場での防疫手段の向上などの他の予防施策の影響などの変数が考慮されていない。また，モデルの構築にあたり，欧州のデータに偏っている可能性があり，普遍的な妥当性を有さない可能性がある。（300字以内）

====== 解 説 ======

《コロナ禍において学校を開き続けるためにすべきことに関する研究》

問1. 第2段第1文で, COVID-19 outbreaks in schools are difficult to document「学校での COVID-19 の感染拡大は立証しにくい」と書かれ, 続いてその〈理由〉として, as infections in children are mostly asymptomatic or present mild non-specific symptoms「子どもの感染には自覚症状がない, あるいは, 穏やかで特徴的ではない症状を示すので」と書かれている。よって, 本問で問われている「学校で COVID-19 の感染拡大を捉えにくい理由」は上記の〈理由〉の部分を制限字数（100字以内）内にまとめたものとなる。

問2. 第3段第1文前半で, Keeping schools safely open remains a primary objective「学校を安全な状態で開き続けることが主要な目的であることに変わりはない」と書かれ, 続く形容詞節の部分 that goes beyond educational needs, affecting the social and mental development of children, as well as reducing inequality で, その「目的」の具体的内容が3点（「教育上の需要を満たすこと」「子どもの社会的・精神的発達に良い影響を与えること」「不平等の是正になること」）挙げられている。これらが本問で問われている「COVID-19 の感染拡大のなかで, 学校を開き続けることの有用性」であるとは直接的には言及されてはいないが, この「目的」の具体的内容（3点）以外に解答の該当箇所となりそうな箇所は見当たらないので, これら3点を「箇条書き」で答えるのが正解だろう。

問3. まず本問は, 設問文にある「この研究」が本文内のどの内容を具体的に指示しているのかが不明瞭である。本文内で, 唯一「研究」と呼べそうなものは第3段第7文（Here, through an …）以降で説明されているものである。さらに, 「この研究により推測し得た結果」に関しては, 本文内にそうとはっきり記述されている部分はない。したがって, 設問文にある「比較の対象を明らかにして」と「数値を用いて」という指示を手がかりに, 「この研究により推測し得た結果」とみなせる部分を探すと, 第4段全体がそれに当たると考えられる。その根拠は, 段全体が〈推量〉を示すと考えられる〈would を用いた仮定法〉で書かれていること, 「比較の対象」と「数値」とみなせるものが記述されていることである。この第4段全体で述べられている内容を, 「比較の対象を明らかにして, 数値を

用いて」2つ，制限字数（それぞれ100字以内）内でまとめたものが解答
となるだろう。

問4. 第5段第2文で，Extending vaccination coverage in students,
complemented by regular testing with good adherence, are essential
steps to keep schools open「生徒のワクチン接種率を上げていきつつ，
定期的な検査を遵守させることが学校を開き続ける必須の手順である」と
書かれているので，本問で問われている「学校を閉鎖しない状況を継続さ
せるために，筆者」が「必要と述べている」ことは，この2点（「生徒の
ワクチン接種率を上げていくこと」「定期的な検査を遵守させること」）を
「箇条書き」でまとめたものとなる。

　なお，第3段第6文で，Assessing vaccination and protocols in
schools is therefore key to maintaining schools open「それゆえ，学校
でのワクチン接種とプロトコルの効果を見定めることが学校を開き続ける
上でカギとなる」とも書かれているので，これを解答の該当箇所とした解
答を作ることもできるだろう。ただし，本問が問3ではなく「問4」であ
ること，「箇条書きで2点述べなさい」と指示されていることを考えると，
やはり真の該当箇所はこの第3段第6文ではなく，前述の第5段第2文だ
と考えるのが妥当だろう。

問5. まず，本問での「この研究」とは，同じ「この」という指示語を用
いている以上，問3で問われた「この研究」と同じものであると考えるべ
きだろう。さらに，その「研究」の具体的な内容はここまでの設問では問
われていないが，本問を解くにあたっては，それをある程度以上明確に把
握しておく必要がある。概略的に述べると，この「研究」は，〈学校とい
う特定の場で，新型コロナウイルスが拡散し生徒が集団感染していく可能
性が高い中，マスクの着用，手洗い，分散登校といった世界的に提唱され
ている「プロトコル」や，学校の閉鎖，定期的な（PCR）検査，ワクチン
接種といった対抗手段が，どの程度効果的なのかを現実的な数値で表そう
としたもの〉，つまり〈学校で，コロナが流行するのをどうすれば防げる
のかを探ろうとしたもの〉である。

　さらに，本問は上記の「研究」を「批判的に吟味」せよというものなの
で，この研究が持つ否定的な部分を挙げるべきだろう。〔解答例〕では，
大きく2点について言及した。1点目は，当該研究が，学校の生徒に対象

を限定したものであることのデメリットを挙げるもの。生徒のコロナ感染は生徒間のみで生じるのではなく，生徒の家族との接触状況や，他の社会生活の場における他者との接触にも左右される。そのため，生徒の感染状況を左右する因子には，たとえば，家族のワクチン接種状況や公共の場での防疫手段なども含まれる。つまり，感染の実情をより多角的に掘り下げる視点が十分に担保されていないという批判である。2点目は，当該研究におけるエージェントモデルの構築にあたり利用されたと考えられるデータの性質について言及するもの。第1段第3文（In Europe, …）や第3段第4文（Vaccination was extended …）の記述から，本研究は欧州をベースにしてなされたものと推察できる。であるなら，そのデータから構築されたモデルには地域的な偏りがあり，欧州と大きく異なるコロナ対策をしている地域や人種的な差異が大きい地域などでは妥当性が低くなる可能性がある。研究の精度や有効性をより高めるには，より広範囲から得られたデータを用いるべきだという含意のある指摘である。

　研究の批判には，その研究が前提としている問いは妥当か，研究のプロセス（具体的な調査手法など）は適切か，研究が提示している結論は妥当か，など様々な観点からの考察が必要となる。〔解答例〕では，調査手法の課題への言及を主としたが，いずれにしてもなぜそのような批判が可能なのか，説得力のある論拠が不可欠。さらに，その批判的検討により研究がよりよいものになる，というところまで提示できれば，非常にレベルの高い批判となろう。

　なお，〔解答例〕には，まったく新しい「未知のウイルス」として必要以上に恐れられていたコロナ禍の最中に行われた「研究」であるということを考慮し，「批判」だけでなく，「擁護」する部分も前置きとしてあえて含めることで，この研究の全否定を避ける形でこの研究を吟味するように努めた。

◀小 論 文 Ⅱ▶

Ⅰ **解答**　**問1．**ロケットの速度は地面に対する速度と自転の速度の和で，赤道に近いほど自転の速度が大きいので有利だから。（50字以内）

別解　赤道付近は遠心力が大きくなり重力が小さくなる。ロケットの打ち上げに必要なエネルギーが小さくなるから。（50字以内）

問2．質量 m の宇宙船が地球を周回する角速度を ω とすると，宇宙船に生じる遠心力は $mr\omega^2$ である。

　　よって，遠心力の大きさは r の1乗に比例する。　……（答）

問3．ばね定数 k のばねにとりつけられた質量 m の物体の単振動の周期 T は

$$T = 2\pi\sqrt{\frac{m}{k}}$$

すなわち

$$m = \frac{kT^2}{4\pi^2}$$

宇宙船は十分に質量が大きいので，上の式が成り立つ。物体を宇宙船内で単振動させて周期を測定すれば質量が求まる。（100字以内）

問4．宇宙ステーションよりケーブルAを地球に向かって下ろす。この部分が地球から受ける万有引力の大きさは，遠心力の大きさより大きい。したがって宇宙ステーションは地球に向かう合力 $\vec{F}$ を受ける。これを打ち消すために，ケーブルBを外側に伸ばす。Bが受ける遠心力の大きさは万有引力の大きさより大きい。合力を $\vec{F'}$ とする。$F = F'$ になるようにケーブルBを伸ばせば，宇宙ステーションは一定の軌道に留まることができる。

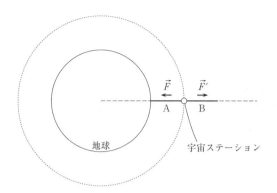

地球　　　　　　　　　　　宇宙ステーション

───────────────　解　説　───────────────

《宇宙船，宇宙エレベーター》

問 1 · 2. ロケットの速度は，地面に対する速度 $\vec{V}$ と自転の速度 $\vec{v}$ の和 $\vec{V}+\vec{v}$ になる（左下図参照）。また，重力は万有引力と遠心力の合力であり，赤道付近で最も小さくなる（右下図参照）。

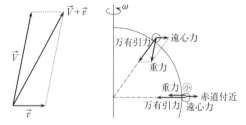

問 3. 単振動の周期は重力によらない。

問 4. 宇宙ステーションより内側の部分では

（万有引力の大きさ）＞（遠心力の大きさ）　……(ア)

外側の部分では

（万有引力の大きさ）＜（遠心力の大きさ）　……(イ)

を示しておこう。

地球の質量を M，宇宙ステーションの質量を m，軌道半径を R，角速度を ω，万有引力定数を G とすると

$$G\frac{Mm}{R^2}=mR\omega^2 \quad \cdots\cdots①$$

(ア)について

半径 r（$r<R$）のところを角速度 ω でまわる質量 m' の物体が受ける力

の合力 F は，内向きを正にとると

$$F = G\frac{Mm'}{r^2} - m'r\omega^2 \quad \cdots\cdots ②$$

①，②より ω を消去して F を求める。
$r<R$ であるので

$$F = GMm'r\left(\frac{1}{r^3} - \frac{1}{R^3}\right) > 0 \quad \cdots\cdots ③$$

内向きであることがわかる。

(イ)について

③において $R<r$ とすると

　$F<0$

外向きであることがわかる。

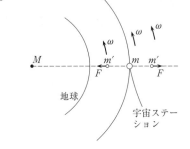

宇宙ステーションから地上に向けてケーブルを垂らすと，宇宙ステーションの地球に向いている側，つまり宇宙ステーションの下部が受ける力の合力は地球へ向かう向きとなり，このままでは徐々に地球に引かれて落下してしまう。そこで，反対側にもケーブルを伸ばしてバランスをとれば，宇宙ステーションは静止軌道の高度を維持することができる。

Ⅱ **解答** 問1．酸性アミノ酸：アスパラギン酸
塩基性アミノ酸：リシン

問2． 反応1：システイン　反応2：チロシン

問3． X・Y 〔理由〕ビウレット反応は，2つ以上のペプチド結合を有するペプチド（トリペプチド以上のペプチド）が示すから。

問4． 実験1：ペプチドXについて，次のようにアミノ酸配列を考える。

　　アミノ末端　A－B－C－D－E　カルボキシ末端

　すると，Aは不斉炭素をもたないグリシンである。

実験2：YとZのアミノ酸配列は，次の(1)と(2)の2通りが考えられる。

(1)　Y：A－B－C　Z：D－E　このときCがリシンである。

(2)　Z：A－B　Y：C－D－E　このときBがリシンである。

実験3：反応1より，Yはシステインを含む。

　反応2より，Zはチロシンを含む。

　しかし，(2)ではZについて，A：グリシン，B：リシンとすでに決まっ

ているので，チロシンは**Z**には存在し得ない。よって，⑴のみを考えてよい。

　この段階で，**Y**について，**A**：グリシン，**B**：システイン，**C**：リシンと決定できる。

実験4：⑴を前提に考えると，**D**が酸性アミノ酸のアスパラギン酸だとわかる。すなわち，**E**がチロシンとなる。

　よって，ペプチド**X**の配列は次のとおり。

アミノ末端　　　グリシン－システイン－リシン－アスパラギン酸

　　　　　　　　　　　　　　　　　－チロシン　　　カルボキシ末端

======= 解　説 =======

《ペプチドのアミノ酸配列決定》

問1. 側鎖にカルボキシ基をもつアスパラギン酸は酸性アミノ酸，アミノ基をもつリシンは塩基性アミノ酸である。

問2. 反応1は硫黄の検出反応で，黒色沈殿は PbS である。反応2は，ベンゼン環の検出反応であるキサントプロテイン反応である。ベンゼン環がニトロ化されると橙黄色を示す。

Ⅲ　解答例　**問1.** ウシの細胞外基質は，コラーゲンなどのタンパク質に細胞膜のインテグリンが結合することで足場として機能しているが，ダイズタンパク質でもウシ培養細胞のインテグリンが結合することで同様に機能したと考えられる。(100字以内)

問2. 畜産の維持には，多くの労働力と広い土地や多量の飼料，水などが必要で，地球環境への負荷が大きく，生命倫理から動物食に対する反対もある。しかし今後も増加する人口の維持にタンパク質供給は必須であり，健康維持のための良質なタンパク源の確保も必要なので，新たな供給源として培養肉の開発が必要と考えられている。(150字以内)

問3. iPS 細胞等を用いた再生医療研究が進んでいるが，現状では微小な構造しか再生できていない。培養肉開発技術は，組織として完全な構造を持つ臓器の再生に寄与するため，移植臓器の作製や創薬時の薬物動態研究に応用できる可能性がある。また，工学的には細胞を利用したセンサーなどの開発に応用できる可能性もある。(150字以内)

===== **解 説** =====

《培養肉の生産研究とその意義》

問1. ウシの体内では，細胞外基質としてコラーゲンなどのタンパク質があり，これらが足場になる。それに細胞のインテグリンなど細胞接着に関わる物質が結合することで，組織の構造が作られている。

問2. 動物食の場合は，植物食に比べて食物連鎖の過程で失われるエネルギーが大きい。そのため，より多くの人口を養うためのタンパク質源としての畜産は，必要とする土地や飼料，水なども含め，地球環境への負荷が大きい。また，倫理的にも動物食に反対する人たちもいる。そこで昆虫食なども研究されているが，より人工的にコントロールが可能で，健康のための良質なタンパク質生産につながる可能性のある培養肉の開発が求められている。「あらゆる面から」という題意に従い，150字しかないが，色々な角度から述べるようにしたい。

問3. iPS細胞やES細胞の研究により，再生医療への期待が近年非常に高まっているが，今のところはオルガノイドと呼ばれる微小な構造を作るのが限界である。本問の培養肉開発技術は，より元の臓器に近い組織を作ることに応用できる可能性がある。そのようにして作られた組織は，移植医療に利用されるほか，薬の機能や代謝についての研究，また製造に利用できる可能性がある。さらに，工学面では細胞を利用したセンサーやモーターなど新たなロボット構造の研究に応用できる可能性があると考えられる。「考え得る応用例」とあるので，できるだけ多角的な視点から応用できる例を考えたい。

高知大学 医学部 医学科

■総合型選抜Ⅰ（共通テストを課さない）

▶選抜方法
第1次選抜：学力試験により選抜し，募集人員の約2倍を限度として，第1次選抜合格者を決定する。

第2次選抜：第1次選抜合格者に対して，態度・習慣領域評価を課すとともに，面接を行う。自己推薦書，活動報告書，調査書は面接の資料とする。態度・習慣領域評価と面接の結果に基づき最終合格者を決定する。ただし，第1次選抜試験の結果を参考として用いることがある。

▶試験科目

	科 目	内 容
第1次選抜	小 論 文	理解力，表現力，論理的思考力等を評価する。
	総合問題Ⅰ	高等学校もしくは中等教育学校における主要教科に関する基礎的知識（大学において医学教育を受けるのに必要な基礎的知識）を有した上で，与えられた題材に基づいて総合的に問題を解決する能力を評価する。
	総合問題Ⅱ	総合問題Ⅰは数学および英語，総合問題Ⅱは物理，化学および生物（うち2科目選択）から出題する。〈総合問題Ⅰの英語（大問Ⅳ・Ⅴ）は省略〉
第2次選抜	態度・習慣領域評価	医師となるのに基本的に不可欠な，長期間をかけて培われた能力を評価する。
	面 接	冒頭に医学科への志望理由と高知大学を選んだ理由を3分程度で話してもらい，その後，過去3年間で継続的に取り組んだ活動（課題研究，部活動，ボランティアなど）についての具体的な状況を質問する。自身が一番熱心に取り組んだ活動を明確にしておくこと。

問 題 編

◀ 小　論　文 ▶

$$\left(\begin{array}{c}\text{150 分}\\\text{解答例省略}\end{array}\right)$$

問題1　次の文章は2度のノーベル賞を受賞した科学者，ライナス・ポーリングについて論述したものである。この文章を読み，設問に答えなさい。

ノーベル賞受賞者の蹉跌(さてつ)

現代のビタミン製造業者が年間数十億ドルを売り上げる商売が出来るのは，一人の男のおかげだ。その人物は，ノーベル賞を受賞した科学者で，自分の専門分野とは全く畑違いの領域で，サプリメントでビタミンをたくさん取れば，健康に長生きできると世間に信じさせた。しかし実際のところは，がんと心臓病のリスクを高めるだけだった。

ライナス・ポーリング

ライナス・ポーリングは，天才だった。1931年，ポーリングは米国化学会誌で「化学結合の本質」と題した論文を発表した。当時の化学界では，化学結合は2種類だとされていた。一つの原子が別の原子に電子を与えるイオン結合と，原子間で電子が共有される共有結合だ。ポーリングは，化学結合は必ずしもそのどちらかに分類されるわけではなく，中間的な結合も存在すると言った。これは，衝撃的なまったく新しい考え方だった。量子力学と化学が初めて一つになったのだ。ポーリングが提唱した化学結合モデルは，あまりに斬新で，あまりに時代の先を行っていたため，学会誌の編集者は査読を引き受けられそうな研究者を探すために苦労することになった。「私には難しすぎる」とアルベルト・アインシュタインは言った。この一つの論文で，ライナス・ポーリングは米国で最も優れた化学者に贈られるラングミュア賞を受賞し，科学者同士で選出する，最高の栄誉である米国科学アカデミーの会員に選ばれ，科学・工学分野では世界最高峰のカリフォルニア工科大学の正教授に就任した。このときの彼は，弱冠30才だったが，これは始まりにすぎなかった。

1949年，ポーリングは『サイエンス』誌で「鎌状赤血球貧血症：分子病」という題名の論文を発表した。当時，激しい痛みを伴う鎌状赤血球症は，通常は丸くふっくらした円盤状の赤血球細胞が，細長い鎌のような形に変わるために起こることが知られていたが，なぜ赤血球がそのような形になるのかはわかっていなかった。ポーリングは，鎌状赤血球症の患者では，赤血球細胞に含まれ，肺から

体中に酸素を運ぶヘモグロビン分子の電荷が通常とはやや異なることを示した。分子レベルで病気が解析されたのはこれが初めてであり，分子生物学という新たな分野が誕生するきっかけとなった。

　1951 年，ポーリングは米国科学アカデミー紀要で「たんぱく質の構造」と題した論文を発表した。このときもポーリングはアインシュタインの先を行き，たんぱく質は決まった構造に折りたたまれることを示した。論文が発表された当時，たんぱく質が鎖状に並ぶアミノ酸で構成されていることはわかっていたが，たんぱく質の三次元構造がどのような姿になっているのかは誰も知らなかった。しかし，ポーリングはその姿を明らかにすることができた。ポーリングが解明したたんぱく質構造の一つは α ヘリックスと呼ばれるもので，ジェームズ・ワトソンとフランシス・クリックが生命の設計図である DNA 構造を思いつくヒントになった。

　1954 年，化学結合とたんぱく質の構造に関する研究が認められ，ライナス・ポーリングはノーベル化学賞を受賞した。

　ポーリングは研究以外の活動にも精力的に取り組んでいた。1950 年代から 1960 年代にかけて，ライナス・ポーリングは世界で最もよく知られた平和活動家の一人に数えられるまでになった。彼は原子爆弾の製造に反対し，政府の高官に原子核から放出される放射線が人間の DNA を傷つけることを認めさせた。彼の努力は，初めての核実験禁止条約という形で報われた。さらに，彼は 2 つ目のノーベル賞となる，ノーベル平和賞を受賞した。ライナス・ポーリングは，異なる分野で 2 つのノーベル賞を受賞した最初の（そして現時点では唯一の）人物となった。1961 年，ポーリングは史上最も偉大な科学者の一人として『タイム』誌の表紙を飾った。

　しかし，1960 年代半ばに，ライナス・ポーリングの転落が始まった。

転落の始まり

　ポーリングを知る人々にとっては，彼が厳密さに欠けることは周知の事実だった。最初に兆候が表れたのは，彼の科学研究だった。

　1953 年，ポーリングは米国科学アカデミー紀要誌で「推定される核酸の構造」と題した論文を発表した。ポーリングは DNA が三重らせん構造になっていると主張した。（それから 1 年も経たないうちに，ワトソンとクリックがかの有名な二重らせん構造モデルを提唱した。）これは，ポーリングが研究人生のなかで犯した最大の過ちだった。そして，周囲も彼の失敗に容赦しなかった。たんぱく質の構造を考えつくまでにポーリングは何十年もの時間をかけたが，DNA の構造はわずか数カ月で発表に踏み切った。ポーリングの妻，アバ・ヘレンは，のちにこんな感想を漏らした。「そんなに大事な問題だったのなら，どうしてもっとしっかり研究しなかったの？」ジェームズ・ワトソンはもっと辛辣に，「大物研究者が大学生レベルの基礎化学を忘れていた」ことを知ったときの驚きを振り返っている。「学生がこんな間違いをしでかしたら，（ポーリングが教授を務めていた）カルテク（カリフォルニア工科大学の略称）の化学科で学ぶ資格はないと思われただろう」と彼は言う。

　しかし，ライナス・ポーリングの底知れぬ転落が本格的に始まったのは，1966 年 3 月のある日，彼が 65 才のときのことだった。ポーリングは，科学的功績により授与されたカール・ノイベルグ賞の授賞式に出席するためにニューヨーク市にいた。会話のなかでポーリングは，あと 25 年生きて，いくつかの科学研究の進展を見届けることが自分の唯一の望みだと話した。のちに，ポーリングはこ

う書いている。「私がカリフォルニアに戻ると，話をしていた場に居合わせた生化学者のアーウィン・ストーンから手紙が届いた。彼は3000ミリグラムのビタミンCを摂取するという自分が考案した健康法を実践すれば，25年どころか，もっと長生きできるだろうと書いてよこした」。

　ポーリングはストーンの勧めに従って，所要量の10倍，20倍，300倍と服用するビタミンCの量を増やし，最終的には1日に1万8000ミリグラム（18グラム）を摂取していた。効果は表れた。ポーリングは，以前に比べて元気が出て，体調も気分もよくなったと言った。長年，悩まされていたひどい風邪にもかからなくなった。若返りの泉を見つけたと思い込んだライナス・ポーリングは，2度のノーベル賞受賞者という自分の地位を利用し，先頭に立ってビタミン大量摂取を勧めるメガビタミン療法を全米に広める活動に乗り出した。自分の限られた個人的な体験をもとに，ポーリングは精神疾患，肝炎，ポリオ，結核，髄膜炎，いぼ，脳卒中，潰瘍，腸チフス，赤痢，ハンセン病，骨折，高山病，放射線障害，ヘビにかまれた傷，ストレス，狂犬病，その他ありとあらゆる人間の病気に効くとして，メガビタミン療法と様々なサプリメント（栄養補助食品）を推奨した。療法にのめり込んでいたライナス・ポーリングは，間違いを指摘する研究結果がどんどん出てきたにもかかわらず，それらに目を向けようとしなかった。これこそが誰の目にも明らかな，彼の大きな過ちだった。

アーウィン・ストーン

　ライナス・ポーリングと，アーウィン・ストーンの出会いは，米国のビタミン・サプリメントの大流行における歴史的な転換点だった。この2人はまったく正反対だったからこそ，より一層の効果が生まれたともいえる。ポーリングは，正統的な専門教育を受け，化学と物理学に精通していた。ポーリングは大らかにストーンを「生化学者」として扱ったが，彼はロサンゼルス・カイロプラクティック・カレッジで化学を2年ほど学んで名誉学位を与えられてはいたものの，博士号を取得したと称していたドンスバッハ大学とはカリフォルニア州の非公認の通信教育機関だった。ポーリングが固く閉ざされていた自然の秘密をいくつも明らかにすることができたのは，粘り強くきちんとした証拠——一流の科学雑誌で発表され，ノーベル賞受賞に値するような証拠——を追い求めたからだ。ストーンには科学者としての経歴はなく，医学誌や科学誌に論文を発表したこともなかった。ロサンゼルスであらゆる病気は背骨の歪みが原因だと教える教育課程を修了しただけだった。それでも，ポーリングはストーンの思いつきを，批判することなくそのまま受け入れた。

一日の所要量の500倍

　1970年，ライナス・ポーリングは初めての著書『ビタミンCとかぜ』を出版し，一日の所要量のおよそ500倍にあたる3000ミリグラムのビタミンCを毎日摂取するように呼びかけた。この本は，米国内でベストセラーになった。数年のうちに，5000万人——米国人の4人に1人——以上がポーリングのアドバイスを実践するようになった。しかし，科学的な研究結果は，ポーリングの意見を裏づけてはいなかった。

　ポーリングがビタミンCについての本を出版する約30年前の1942年，ミネソタ大学の研究グループが980人の風邪の患者を対象とした研究で，ビタミンCによって症状が軽減されることはないとする結果を『米国医師会雑誌』で発表していた。

　ポーリングが本を出版し，人気を博したことから，メリーランド大学やトロント大学，オランダの研究者たちがボランティアの被験者に1日に2000ミリグラム，3000ミリグラム，3500ミリグラムのビタミンCを摂取してもらい，風邪の予防や治療に役立つかどうかを調べる研究を行った。ここでも，ビタミンCの大量摂取による効果は認められなかった。

　これらをはじめとする様々な研究結果を受けて，風邪の予防や治療を目的とするビタミンCの摂取を勧める医療機関や科学機関や公衆衛生機関はなくなった。残念ながら，動き始めた流れを止めることは難しかった。一度パンドラの箱が開いてしまえば，飛び出してきたものを中に戻すことはできない。一度米国の人々がビタミンCは奇跡の万能薬だと信じてしまえば，元に戻すことはできない。

　そこでライナス・ポーリングはさらなる賭けに打って出た。ビタミンCはがんに効くと言い始めたのだ。

効果を確認できず

　1971年，ポーリングはビタミンCを大量（一日の所要量を大幅に上回る量）摂取すると，米国におけるがんの発生率を10パーセント減らせると書いた。6年後には，ポーリングはこの予測値を75パーセントに釣り上げた。みんなが自分の勧めに従ってビタミンCを摂取すれば，不死身に近い体になれる，これまで以上に長生きできるとポーリングは信じていた。彼は米国人の平均寿命が100年まで延び，いずれは150年まで延びると予測した。『ビタミンCとかぜ』と同じく，彼の本『がんとビタミンC』と『ポーリング博士の快適長寿学』はまたたくまにベストセラーになった。精力的な活動のおかげでライナス・ポーリングはメディアの寵児となり，がん患者たちも彼のアドバイスに耳を傾け始めた。ポーリングの影響力に圧倒された医師たちは，ポーリングが正しいのかどうかを見極めるため，事の推移を見守るしかなかった。

　1979年，ミネソタ州ロチェスターの有名病院，メイヨー・クリニックのチャールズ・モーテルらのグループは150人のがん患者を対象とした研究を行った。患者の半数には毎日1万ミリグラム（一日当たりの栄養所要量のおよそ1500倍）のビタミンCが与えられ，残りの半数には与えられなかった。彼らは，『ニューイングランド医学ジャーナル』に「進行がん患者における高用量ビタミンC療法は効果を確認できず：比較対照試験」と題した論文を発表した。この題名がすべてを物語っている。ビタミンCに効果はなかった。ポーリングはひどく腹を立てた。モーテルのやり方には何か問題があったに違いない。やがて，ポーリングはモーテルの実験の問題点らしきものを見つけた。モーテルがビタミンCを投与した患者は，すでに化学療法を受けており，そのせいでビタミンCの驚くべき治癒効果が減じられたのではないかというわけだ。こうして，ポーリングは化学療法を受けていない患者に対してのみ，ビタミンCは効果を発揮すると信じるようになった。

　ポーリングの主張に納得できないながらも，モーテルはビタミンCの実験を再びやるはめになった。今度は，化学療法を受けたことがない患者が対象になった。1985年，彼は『ニューイングランド医学ジャーナル』に2回目の研究結果を発表し，今回も違いは見られなかったことを示した。今度こそ，ポーリングは真剣に腹を立て，「意図的な不正と虚偽の情報の公開」をしたとしてモーテルを非難した。ポーリングはモーテルを相手に訴訟を起こすことも考えたが，弁護士の説得を受けて断念した。

　ライナス・ポーリングは長い間，優秀で正しい人間として生きてきたため，自分が間違いを犯すなど

とは想像もできなかった。本当に間違いを犯してからも，それを認めることができなかったのだ。伝記作家や他の研究者たちによれば，ポーリングの性格からして，彼の失敗は予想の範囲内だったようだ。

　「ライナス・ポーリングは，人のためになる活動は好きだが，人をあまり大切にしない典型的な人物だ」とポーリングの伝記を手がけたテッド・ゲーツェルとベン・ゲーツェルは書いている。「彼には，親しい友人はほとんどいなかった。政治的には，彼は自らが信ずる真実に向かって行動する活動家であり，他人の意見などは歯牙にもかけなかった」。ゲーツェルらと同じく，ポーリングの研究仲間で，やはりノーベル化学賞を受賞しているマックス・ペルーツは，ポーリングの画期的な研究成果を称えながらも，彼が抱えていた闇についてそれとなく触れている。「ポーリングの人生の最後の25年間で，（ビタミンCが）主な関心事になっていたことは悲劇だったように思う。彼の化学者としての素晴らしい名声が台無しになった。おそらく，このことは彼の最大の欠点とは無関係ではなかっただろう。それは，虚栄心だ。アインシュタインは誰かから反論を受けたとき，指摘された点についてじっくり考え，自分の間違いが見つかれば喜んだ。なぜなら，そのおかげで自分が過ちから抜け出せたとアインシュタインは考えたからだ。だが，ポーリングは自分が間違っているかもしれないなどとは絶対に認めなかった。ポーリングと（ロバート・）コリーのαヘリックスについての論文を読んだ後で，私が（彼らの計算の問題点を）見つけたとき，私は彼が喜んでくれるだろうと思った。しかし，彼は憤然として私を非難した。自分では思いつかなかったαヘリックスの検証を他の誰かが思いついたと考えるだけでも，彼には耐え難いことだったからだ」。

アーサー・ロビンソン

　あえて反対意見を述べ，自分が間違っている可能性を指摘してきた相手に対してポーリングが否定的な態度をとったエピソードのなかでも，アーサー・ロビンソンにまつわる話ほど悲しく，彼の問題の本質を伝える逸話は他にないだろう。

　1973年，ポーリングはカリフォルニア州メンローパークに分子矯正医学研究所を設立し，まもなくライナス・ポーリング研究所と改称した。彼の最大の後ろ盾となっていたのは，医薬品業界の最大手企業にして世界最大のビタミン・サプリメントメーカーのホフマン・ラ・ロシュ社だった。ポーリングは，他の研究者たちがメガビタミン療法に素晴らしい効果があることを示せないなら，自分でそれをやろうと決めたのだ。

　ポーリングが研究所を設立したときに連れてきたのが，アーサー・ロビンソンだった。ポーリングは研究所の所長で，理事長で，取締役会の会長だった。カリフォルニア大学サンディエゴ校をずば抜けて優秀な成績で卒業した化学者のロビンソンは，副所長，理事長補佐，財務担当者になった。ロビンソンの仕事は，ビタミンCに関するポーリングの理論を裏づける結果を実験で出すことだった。しかし，思うような結果は出なかった。

　1977年，アーサー・ロビンソンは皮膚がんにかかりやすい特殊な種類のマウスで実験を行った。彼は，一部のマウスに人間でいえば1日1万ミリグラムに相当する量のビタミンCを与え，他のマウスには余分なビタミンを与えなかった。結果は驚くべきものだった。ビタミンCを大量に与えられたマウスでは，がんのリスクが高まることがわかったのだ。

　ポーリング夫妻が大量のビタミンCを服用していることを知っていたロビンソンは，心配になってポーリングに実験の結果を告げた。そのときのことを，ロビンソンはこう振り返る。「当時（1970

年），ポーリング夫妻は少なくとも1日あたり1万ミリグラムのビタミンCをとっており，今後10年間はそれを続けるつもりでいた。彼女は10年間も胃を大量の変異原性（発がん性）物質づけにすることになると私は指摘した」。（アバ・ポーリングはのちに胃がんを患った。）

ポーリングはこの結果を信じようとせず，マウスの殺処分と，ロビンソンの辞職を迫った。

アーサー・ロビンソンが発見した事実は，マウスに限ったことではなかった。まもなく，ビタミンCを大量摂取すると，人間でもがんのリスクが高まることが他の研究者たちにより示された。

1994年，米国の国立がん研究所はフィンランドの国立公衆衛生研究所と協力して，2万9000人のフィンランド人の男性を対象とする調査を行った。全員が喫煙者で，肺がんのリスクがあった。被験者は，大量のビタミンEが与えられるグループ，βカロテン（ビタミンA前駆体）が与えられるグループ，その両方が与えられるグループ，どちらも与えられないグループに分けられた。結果は予想を裏切るものだった。ビタミンを大量に投与されたグループは，肺がんによる死亡率が下がるどころか，高くなっていた。

1996年，シアトルのフレッド・ハッチンソンがん研究センターで，アスベストに暴露された履歴があり，喫煙者と同様に肺がんのリスクが高いと考えられる1万8000人を対象にした研究が行われた。被験者は，ビタミンAが大量に与えられるグループ，βカロテンが与えられるグループ，両方が与えられるグループ，どちらも与えられないグループに分けられた。しかし，安全性モニタリングにより，メガビタミン療法は肺がんの発生率を大幅に高めるだけでなく（ビタミンを投与されていないグループと比較して28パーセントの上昇），心臓病の発生率も高くなる（17パーセントの上昇）ことが判明したため，研究は途中で打ち切られた。

2004年，コペンハーゲン大学の研究者たちが，計17万人が参加した14回のランダム化試験でビタミンA，C，Eおよびβカロテンの大量摂取により，腸がんの発生率が下がるかどうかを調べる研究の結果をまとめた。肺がんの場合と同様に，ビタミンを大量に投与された被験者は，余分なビタミンを投与されなかった被験者に比べて腸がんにかかる割合が高かった。

2005年，ジョンズ・ホプキンス大学医学部でメガビタミン療法を実践する計13万6000人以上を対象にした19回の調査結果がまとめられ，ビタミンを大量に摂取すると早死にするリスクが高まることが明らかになった。同年，『米国医師会雑誌』にがん予防のためにビタミンEを大量に摂取していた9000人以上を対象とした研究の結果が発表された。ここでも，ビタミンを摂取していた人はがんと心臓病にかかる割合が高いとされた。

2008年，ビタミンを大量摂取していた23万人以上を被験者とするあらゆる研究結果が洗い直され，がんと心臓病のリスクが高まることがわかった。

2011年には，クリーブランド・クリニック（米国オハイオ州）の研究者たちが，ビタミンE，セレン（ミネラルの一種），その両方，どちらもなしというグループに分けた3万6000人の男性を対象にした研究を発表した。ビタミンEを大量に摂取したグループでは，前立腺がんのリスクが17パーセント高まった。

根本的な過ち

ライナス・ポーリングがメガビタミン療法を誤解したのは，彼が根本的な2つの過ちを犯していた

からだ。第一に，彼はいいものは多過ぎても問題にならないと思い込んでいた。

　ビタミンは生きるためには欠かせない栄養素だ。十分なビタミンがとれていなければ，（ビタミンＣ不足による）壊血病や（ビタミンＤ不足による）くる病などの様々な欠乏症を起こす。ビタミンが大切なのは，食べ物がエネルギーに変わることを助ける役割があるからだ。しかし，一つの落とし穴がある。食べ物をエネルギーに変えるときに，体では酸化と呼ばれる処理が行われる。酸化が起こるときに，フリーラジカルと呼ばれる体に非常に有害な作用を及ぼす物質（訳注　不対電子をもつ反応性が高い物質）も生成される。フリーラジカルは結合する電子を求めて，細胞膜やDNA，心臓に血液を供給する動脈などの血管を傷つける。結果として，フリーラジカルはがん，老化，心臓病を引き起こす。私たちが不老不死でいられない最大の理由の一つはフリーラジカルだといわれている。

　フリーラジカルに対抗するために，体内では抗酸化物質が作られる。ビタミンＡ，Ｃ，Ｅ，カロテンなどのビタミンや，セレンなどのミネラル，オメガ３脂肪酸などの物質は，どれも抗酸化作用を持つ。このような理由から，抗酸化物質を多く含む果物や野菜をたくさん食べる人は，がんや心臓病にかかりにくく，長生きする傾向にある。この点に関するポーリングの論理は明快だった。食物に含まれる抗酸化物質でがんや心臓病を予防できるなら，人工の抗酸化物質を大量に摂取しても同じ結果が得られるはずだと踏んだのだ。しかし，ライナス・ポーリングは一つの重要な事実を見落としていた。酸化は，新しいがん細胞を殺し，血管の詰まりを解消するためにも必要なのだ。大量のビタミンやサプリメントを摂取するように人々に勧めたことで，ポーリングは酸化と抗酸化のバランスを大きく抗酸化に傾けることになり，がんや心臓病のリスクを高める結果を招いてしまった。いいことも過ぎれば問題になることは実際に起こりうる。

　第二に，ポーリングはビタミンなどの栄養素は，食物に含まれていても，人工的に精製や加工したものでも変わらないと考えていた。これもまた，間違いだった。ビタミンは植物性化学物質（フィトケミカル），つまり植物に含まれる（「フィト」とはギリシャ語で植物を意味する）。食物中の13種類のビタミン（Ａ，B_1，B_2，B_3，B_5，B_6，B_7，B_9，B_{12}，Ｃ，Ｄ，Ｅ，Ｋ）は，フラボノイド，フラボノール，フラバノン，イソフラボン，アントシアニン，アントシアニジン，プロアントシアニジン，タンニン，イソチオシアネート，カロテノイド，硫化アリル，ポリフェノール，フェノール酸のような長いややこしい名前の数千種類のフィトケミカルと一緒に含まれている。ビタミンと他のフィトケミカルの違いは，ビタミンについては壊血病などの欠乏症が定義されているが，他のフィトケミカルにはそれがないという点だ。しかし，ビタミン以外のフィトケミカルもやはり重要であることは間違いない。自然の状態から切り離して，ビタミンだけを大量に摂取するように勧めていたポーリングは，不自然な行為を推奨していたことになる。例えば，キャサリン・プライスの本『ビタマニア』には，リンゴ半分にビタミンＣはわずか5.7ミリグラムしか含まれていないが，1500ミリグラムのビタミンＣに匹敵する抗酸化作用があると書かれている。それは，ビタミンＣと一緒に含まれるフィトケミカルがビタミンの効果を高めるからだ。他にも，トマトに含まれるリコピン（赤い色素物質）は，強力な抗酸化物質として知られ，ケチャップからトマトソースまで，あらゆる商品の宣伝に使われる。ラットを使った前立腺がんの研究により，（トマトのあらゆるフィトケミカルを含む）トマトパウダーは，抽出されたリコピンを大量に摂取した場合に比べて，腫瘍を大幅に小さくすることが示された。ライナス・ポーリングはすべてが自然だと言っていたが，とんでもない間違いだったわけ

だ。

怪しげなうまい話

　ポーリングの支援により，ビタミン・サプリメント産業という砂上の楼閣のような危うい業界も誕生した。GNC 社（訳注　全米に展開するビタミン・サプリメントのチェーン店）のセンターに行けば，ビタミンが体にいいという根拠を示してもらえるが，ここは怪しげなうまい話が次々に飛び出してくる場所だ。メガビタミン療法とサプリメントはどれも，心臓の健康維持，前立腺肥大防止，コレステロール低下，記憶力向上，短期間でのダイエット効果，ストレス軽減，育毛・増毛，美肌効果などをうたっている。すべては1本のビンでかなう。ビタミン・サプリメント産業には規制が設けられていないという事実に注目する人はほとんどいないようだ。その結果，企業は安全性や効能を裏づける証拠を必要としない。もっと悪いことに，ラベルに記載されている原材料には，ビンの中身が正しく書かれていないことがある。そして，私たちは毎週のようにこれらのサプリメントの少なくとも1つに有害性が見つかり，棚から姿を消しているという事実を黙殺したがっているように思える。

　ライナス・ポーリングが残したもののなかには，いいものもあれば，悪いものもある。彼は初めて量子力学と化学を融合させ，分子生物学と進化生物学を結びつけ，赤狩りや核拡散に抵抗した数少ない人間の一人だった。しかし，その後の人生でライナス・ポーリングは年間320億ドルの売上を生み出すビタミン・サプリメント業界の生みの親となり，地方の市に出没する押し売りや，100年前のいんちき薬売りと変わらなくなってしまった。「ライナス・ポーリングは，たぐいまれな才能の持ち主だったが，その才能を終わらせる場所を間違えた」と歴史学者のアルギス・バリウナスは書いている。「彼が引き際を知ってさえいれば，どれだけ素晴らしい業績が彼のものになったのかを考えずにはいられない」。

（ポール・A・オフィット「禍いの科学　正義が愚行に変わるとき」（Japanese Edition），Kindle 版，日経ナショナルジオグラフィックより一部改変）

設問1．2度のノーベル賞を受賞したほどの有能な科学者，ライナス・ポーリングが誤った治療法である「メガビタミン療法」を推進してしまった原因は何か。あなたが考えることを400字以内で述べなさい。

設問2．科学研究が正しく行われるために，科学者自身が心がけるべきこと，および社会が考慮すべきことについて，あなたが思うところを600字以内で述べなさい。

問題2　以下の文章を読んで，設問に答えなさい。

挫折は人を大きくする。失敗は人を強くする

　私が高校生の時，幼少期から実兄のように遊んでくれていたお兄ちゃんが，人生初のピンチに直面した日があった。

　就活当初から，迷うことなく足繁く通い，多くの味方もでき，本人の能力や人格も認められ，内定確実と言われていた就職先から，発表前日にまさかの内定取り消しの連絡が入ったのだ。

　その日，お兄ちゃんは昼食も夕食もとらず，部屋から一歩も出てくることなく，夜になった。こんなことははじめてだった。

　あんなに頑張っていた，そして自信に満ちていたお兄ちゃんが気の毒だと思っていた私の予想に反して，ご両親は意外なことを言った。

「今まで彼は大きな挫折をしたことがないから，こういう経験も大切よ」

　そうか……。そうなのか？　でも，可哀想だ。

　その日の夜，やっと部屋から出てきたお兄ちゃんから投げかけられた質問の答えを，私はずっと考えている。

「涼子，人って失敗しないとわからないことってあると思う？」

　頭がよくて優秀で，しかもスポーツ万能，優しくて人にも好かれるお兄ちゃんが，私なんかに，何か納得のいく答えを求めている。

　いやきっとコレは自分自身への問いかけなんだ。とにかく慰めになる返答を絞り出さなくては！　一瞬の間に頭が，クレーン・ゲームのクレーンを100倍速で動かしたみたいにフル回転した。

A

　なんとか解答することに必死だった10代の私は，その返答に対するお兄ちゃんの反応までキャッチできる余裕はなかった。果たして，少しでも彼の辛さや悔しさを和らげられたのか，求めていた返事ができたのかはわからない。

　けれど，何事においてもまだ経験も少なく，人生について，他者について，世界について，まだまだ深く考えたことのなかったあの頃の私には，あの返しが精一杯だった。

　今なら少しわかってきたことがある。

　挫折は人を大きくする。失敗は人を強くする。ただし，その<u>マイナスをプラスにできる</u>かどうかは，その人次第。しないほうがいい経験なんて，ひとつもない。

（広末涼子「ヒロスエの思考地図　しあわせのかたち」宝島社，2022年より抜粋）

設問1．　文中の　A　は，当時高校生であった主人公である「私」が「お兄ちゃん」へ答えた内容である。　A　にあてはまる内容を考え，200字程度で答えなさい。

設問 2. 下線部「マイナスをプラスにできる」とはどのような考えか。あなた自身の経験を含めな がら 600 字以内で答えなさい。

◀総合問題Ⅰ▶

（120分）

Ⅰ　クラスＡの生徒 m 人のテストの得点のデータを x_1, x_2, …, x_m とし，その平均点を $\bar{x}$，分散を $S_x{}^2$ とする。また，クラスＢの生徒 n 人のテストの得点のデータを y_1, y_2, …, y_n とし，その平均点を $\bar{y}$，分散を $S_y{}^2$ とする。いま，2つの平均点の間には不等式 $\bar{x} < \bar{y}$ が成り立ち，2つの分散の間には等式 $S_x{}^2 = S_y{}^2$ が成り立っているとする。さらに，クラスＡとクラスＢのデータを合わせた大きさ $m + n$ のデータの平均点を $\bar{w}$，分散を $S_w{}^2$ とする。このとき，以下の問いに答えよ。

設問1　$\bar{x} < \bar{w} < \bar{y}$ が成り立つことを示せ。

設問2　a を定数とする。このとき，
$$(x_1 - \bar{x} + a)^2 + (x_2 - \bar{x} + a)^2 + \cdots + (x_m - \bar{x} + a)^2 = m(S_x{}^2 + a^2)$$
が成り立つことを示せ。

設問3　$S_x{}^2 < S_w{}^2$ が成り立つことを示せ。

Ⅱ　3点 P$(4, -5)$，Q$(0, 3)$，R$(7, 4)$ を通る円を C とする。次の問いに答えよ。

設問1　円 C の中心の座標と半径を求めよ。

設問2　点 S$(-4, 0)$ を通り，傾き m の直線を l とする。直線 l が円 C と2つの交点をもつような傾き m の範囲を求めよ。

設問3　傾き m が設問2の範囲にあるとき，直線 l と円 C の2つの交点の中点の軌跡はある円の一部分であることを示し，その軌跡を求めよ。

III *a* を実数とする。θ が

$$\frac{1}{\sin\theta} - \frac{1}{\cos\theta} = a$$

をみたしているとき，次の問いに答えよ。ただし，$0° < \theta < 45°$ とする。

設問1 $\cos\theta - \sin\theta$ を *a* を用いて表せ。

設問2 $a = \dfrac{4}{3}$ のとき，$\cos\theta$ の値を求めよ。

設問3 $a = \dfrac{4}{3}$ のとき，θ と 25° の大小を比べよ。

IV，V （省略）

◀総合問題Ⅱ▶

（120分）

（注）問題冊子には**3種類の問題（Ⅰ，Ⅱ，Ⅲ）**があります。この中の**いずれか2問を選択し**，解答してください。

Ⅰ

> 問題を解答するにあたって，原子量，定数などは以下の値を用いなさい。
>
> H = 1.00，C = 12.0，N = 14.0，O = 16.0，S = 32.0，Cu = 63.5，Zn = 65.4，
> Ca = 40.0，Cl = 35.5
> アボガドロ定数 $N_A = 6.02 \times 10^{23}$/mol，気体定数 $R = 8.31 \times 10^3$ Pa・L/(mol・K)
> ファラデー定数 $F = 9.65 \times 10^4$ C/mol

Ⅰ-1　以下の設問に答えなさい。

設問1　市販の濃硫酸は，質量パーセント濃度は 98 % で密度は約 1.8 g/cm³ である。水で薄めて 9.0 mol/L の希硫酸 400 mL をつくりたい。何 mL の濃硫酸が必要か。有効数字 2 桁で答えよ。ただし，各元素の原子量は H = 1.0，O = 16，S = 32 とする。

設問2　金属の結晶構造である面心立方格子，体心立方格子，六方最密充填のうち，最密構造でないものはどれか。

設問3　ハロゲン元素に関する以下の文章のうち，正しいものをすべて選び，記号で答えなさい。

(ア)　周期表の 17 族に属する元素をハロゲン元素という。

(イ)　ハロゲン元素の原子は 1 個の価電子をもち，1 価の陰イオンになりやすい。

(ウ)　ハロゲン元素の単体は酸化力があり，原子番号が小さいほど酸化力が強い。

(エ)　ハロゲン元素の単体は全て二原子分子である。

(オ)　次亜塩素酸ナトリウムは塩酸と反応すると強酸の次亜塩素酸を遊離する。

(カ)　フッ素は塩素や臭素と比べて沸点が高く，常温では気体の状態で存在する。

(キ)　単体の臭素やヨウ素は有機化合物中の二重結合や三重結合に対して容易に付加反応を起こす。

設問4　フェノール類に関する文章中の（　①　）～（　④　）に入る適当な語句を答えなさい。

　　　　フェノール類は（　①　）環に（　②　）基が直接結合した化合物である。フェノール類
　　　は水にあまり溶けないが，水溶液中で（　②　）基の（　③　）原子がわずかに電離して弱
　　　酸性を示す。また，フェノール類に（　④　）を加えると，呈色反応を示す。

設問5　触媒について述べた，下の文の空欄に当てはまる語句を記入しなさい。

　　　　化学工業では，触媒が有用である。触媒は，反応速度を律する『　①　』エネルギーを低
　　　減する。このため，触媒を用いる事で，より温和な反応条件で目的物質を生産できる。さら
　　　に触媒は，その物質量が反応の前後で『　②　』という特長がある。アンモニアの工業的生
　　　産に用いられるハーバー・ボッシュ法においては，『　③　』が触媒として用いられる。ま
　　　た，アンモニアから硝酸を作る『　④　』法では白金が触媒となる。

設問6　水250 gに塩化カルシウムを1.11 g加えて溶解させた希薄溶液を調製した。この水溶液の
　　　凝固点（℃）を有効数字3桁で答えよ。ただし，水のモル凝固点降下は1.85（K・kg/mol），
　　　CaとClの原子量はそれぞれ40.0，35.5とし，塩化カルシウムはすべて電離するものとする。

I-2　以下の設問に答えなさい。

設問1　次の熱化学方程式を用いて，水蒸気 H_2O の生成熱（kJ/mol）を求めよ。

　　　　C（黒鉛）+ H_2O（気）= CO（気）+ H_2（気）− 131 kJ

　　　　C（黒鉛）+ O_2（気）= CO（気）+ $\frac{1}{2}O_2$（気）+ 111 kJ

設問2　水素の燃焼熱が286 kJ/mol（生成する H_2O が液体になる場合）であるとき，水 H_2O の蒸発
　　　熱（kJ/mol）を求めよ。また，この反応がア）発熱反応か，イ）吸熱反応か，記号で答えよ。

設問3　次の熱化学方程式を用いて，二酸化炭素 CO_2 の生成熱（kJ/mol）を求めよ。また，一酸化
　　　炭素 CO の燃焼熱（kJ/mol）を求めよ。

　　　　C（黒鉛）+ $2H_2$（気）= CH_4（気）+ 75 kJ

　　　　CH_4（気）+ $2O_2$（気）= CO_2（気）+ $2H_2O$（液）+ 891 kJ

設問4　酸素のO=O，二酸化炭素のC=O，水蒸気のO−Hの結合エネルギーをそれぞれ
　　　494 kJ/mol，799 kJ/mol，459 kJ/molとするとき，メタン CH_4 の結合エネルギー（kJ/mol）
　　　を整数値で求めよ。

I-3　次の文章を読んで，後の設問に答えなさい。なお，電離平衡の式に関しては，第一段階の電離
のみを考えなさい。

細胞培養は，恒温器の中に置かれた密閉していない容器に入れられた培養液という特殊な水溶液中で行われる。恒温器は，内部の①二酸化炭素の分圧と温度を一定に保つことができる。二酸化炭素の分圧 5.00×10^3 Pa，温度 37 ℃ に保たれた恒温器の中の培養液について考える。培養液には，②炭酸水素ナトリウムと③フェノールレッドが含まれている。なお，培養液中の他の試薬や成分の影響については考えなくてよいこととする。

設問1　下線部①と②の役割について，以下の問いに答えなさい。

(1)　二酸化炭素が水に溶け込んだ時の電離平衡の式を書きなさい。

(2)　培養液中の炭酸水素ナトリウムの電離平衡の式を書きなさい。

(3)　水に酸や塩基を少量加えるとそのpHは大きく変動するが，培養液中では，pHはほぼ一定に保たれる。こうした作用をもつ水溶液の名称を答えなさい。

設問2　下線部③の物質を使用する目的について，次の文章の（ア）と（イ）に適当な語句を入れなさい。

　　細胞培養には，培養液中のpHが細胞にとって適切に保たれている必要がある。pHの正確な値は（　ア　）を用いて測定することができるが，常に培養液のpHを測定し続けることは困難である。フェノールレッドは，メチルオレンジやブロモチモールブルー（BTB）などと同じ（　イ　）の1つである。フェノールレッドを添加しておくことで，培養液が適切なpHの範囲内に保たれているかを色調の変化によって常に知ることができる。

設問3　培養液の炭酸水素ナトリウムの濃度が 2.40×10^{-2} mol/L，恒温器内の二酸化炭素の分圧が 5.00×10^3 Pa の場合について，培養液のpHを以下の手順で求めなさい。なお，例えば物質Aのモル濃度は[A]と表すものとする。気体は全て理想気体としてあつかう。問題を解くのに必要であれば，次の数値を用いなさい。　　$\log_{10} 2 = 0.301$，$\log_{10} 5 = 0.699$

(1)　**設問1**(1)で答えた電離平衡の電離定数 K を表す式を答えなさい。

(2)　水のモル濃度はいずれの溶質の濃度よりもはるかに大きいため，ほぼ一定と見なすことができる。そこで，$K[\mathrm{H_2O}]$ を Ka とおく。$pKa = 6.08$ であるときのこの培養液のpHを有効数字3桁で答えなさい。ただし，炭酸水素ナトリウムは培養液中で完全に電離しているものとし，二酸化炭素の水に対する溶解度は 37 ℃，1.00×10^5 Pa において 2.40×10^{-2} mol/L であるとする。また，pKa は Ka の逆対数である。計算の過程を示すこと。

設問4　ある時，恒温器の故障で二酸化炭素の分圧が変化し，培養液のpHが通常より大きくなっていることに気づいた。培養液のpHが大きくなった理由を2～3行で答えなさい。解答には，気体の圧力と溶解度との関係を示す法則名を含めること。

I-4 次の文章はある種の染料の合成経路を述べたもので，A～Eは主な生成物である。各化合物A～Eの名称と構造式を書け。

　ベンゼンに濃硝酸と濃硫酸の混合物を加え加熱すると，化合物Aを得る。
　化合物Aにスズと塩酸を作用させ還元すると，水によく溶ける化合物Bを得る。
　化合物Bに水酸化ナトリウムの水溶液を加えると，水に溶けにくい化合物Cが上層に遊離する。
　化合物Cの希塩酸溶液を冷やしながら亜硝酸ナトリウムと作用させると，化合物Dを得る。この化合物Dは低温でのみ安定である。
　フェノールと水酸化ナトリウム水溶液に木綿の布を浸し，これに化合物Dを滴下すると，化合物Eが生じ，布が赤橙色に染色される。

Ⅱ

Ⅱ-1 次の文章を読んで，後の設問に答えなさい。

　遺伝子組換え技術を用いて，ヒトの骨や筋肉の発達を促進するタンパク質Xの大量生産を試みた。

【手順】

1) タンパク質Xを発現しているヒトの細胞からRNAを抽出した。
2) 1)で抽出したRNA，mRNAの3′末端に付加されている塩基配列（「a」が繰り返された塩基配列）に相補的なプライマーと逆転写酵素を混ぜて逆転写を生じさせることで，抽出したRNAに相補的なDNA（cDNA）を合成した。
3) 2)で合成したcDNAと(A)タンパク質XのcDNAに特異的なプライマーを使ってPCRを行った。
4) 3)のPCR産物を電気泳動で分離して，タンパク質XをコードするDNA断片を抽出した。
5) 4)で抽出した(B)タンパク質XをコードするDNA断片をベクターに挿入し（図1），そのベクターを大腸菌に導入した。
6) 5)で調製した(C)大腸菌をアンピシリン注1)が添加された寒天培地で培養し，その培地に形成されたコロニー注2)の1つを選択して大量培養した。
7) 6)で大量培養した大腸菌を破砕して，タンパク質Xを抽出した。

注1) アンピシリン：「抗生物質」と呼ばれる，殺菌作用を持つ化学物質の1種。
注2) コロニー：ここでは大腸菌が集まって形成される円形の塊を指す。肉眼で観察できる。

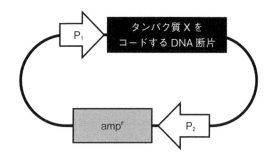

図1　タンパク質 X をコードする DNA 断片を挿入したベクターの構造（模式図）

ampʳ：アンピシリンを分解する酵素をコードしている遺伝子，
P₁：組み込んだ DNA 断片の発現を促進するプロモーター，
P₂：ampʳ の発現を促進するプロモーター。

設問1　下線部 (A) について，後の問いに答えなさい。必要であれば，表1を使用しなさい。

表1　タンパク質 X をコードする遺伝子から転写された mRNA の塩基配列
　　　白抜きの塩基配列は，開始コドンまたは終止コドンを示している。

番号	塩基配列					
1	cagcucaccu	agcugca**aug**	uucccaacca	uucccuuauc	caggcuuuuu	gacaacgcua
61	ugcuccgcgc	ccaucgucug	caccagcugg	ccuuugacac	cuaccaggag	uuugaagaag
121	ccua**u**auccc	aaaggaacag	aaguauucau	uccugcagaa	ccccagacc	ucccucuguu
181	ucucagaguc	uauuccgaca	cccuccaaca	gggaggaaac	acaacagaaa	uccaaccuag
241	agcugcuccg	caucucccug	cugcucaucc	agucguggcu	ggagcccgug	caguuccuca
301	ggagugucuu	cgccaacagc	cuggguguacg	gcgccucuga	cagcaacguc	uaugaccucc
361	uaaaggaccu	agaggaaggc	auccaaacgc	ugauggggag	gcuggaagau	ggcagccccc
421	ggacugggca	gaucuucaag	cagaccuaca	gcaaguucga	cacaaacuca	cacaacgaug
481	acgcacuacu	caagaacuac	gggcugcucu	acugcuucag	gaaggacaug	gacaaggucg
541	agacauuccu	gcgcaucgug	cagugccgcu	cuguggaggg	cagcugguggc	uuc**uag**cugc
601	ccggguggca	ucccugugac	ccccuccccag	ugccucuccu	ggcccuggaa	guugccacuc
661	cagugcccac	cagccuuguc	cuaauaaaau	uaaguugcau	caaaaaaaaa	aaaaaaaaa

(1)　使用したプライマーの組み合わせとして最も適当なのはどれか。**ア〜エ**から1つ選び，記号で答えなさい。

プライマー I：5'- atgttcccaaccattcccctt - 3'

プライマー II：5'- ttcccttaccaacccttgta - 3'

プライマー III：5'- ctagaagccacagctgccct - 3'

プライマー IV：5'- tcccgtcgacaccgaagatc - 3'

　　　　　　　ア．プライマーⅠとプライマーⅢ

　　　　　　　イ．プライマーⅠとプライマーⅣ

　　　　　　　ウ．プライマーⅡとプライマーⅢ

　　　　　　　エ．プライマーⅡとプライマーⅣ

(2)　(1)で解答したプライマーを用いた時，下線部(A)で増幅されるDNAの塩基対の数はいく
　　　つか。整数で答えなさい。

設問2　下線部(B)で使用した2種類の酵素を表2にまとめた。空欄①～④に入る適当な語句を答え
　　　なさい。ただし，①と④は漢字2字，②は化学物質の名称とする。

表2　下線部(B)で使用した2種類の酵素

名称	働き
制限酵素	DNAの特定の塩基配列を認識して，その部分でDNAを（　①　）する。
DNAリガーゼ	DNAを構成する糖である（　②　）において，その3番目（3'）の炭素のヒドロキシ基（水酸基）とそのすぐ隣に位置する（　②　）の5番目（5'）の炭素の（　③　）基を（　④　）する。

設問3　下線部(C)の際，ベクターがうまく導入されて形質転換した大腸菌だけが増殖した。その理
　　　由を50字以上70字以内で説明しなさい。

設問4　設問1の表1で示した塩基配列のうち，□で囲った125番目の塩基が「a」に置換される
　　　と，タンパク質Xの一次構造にどのような変化が生じるか。また，その変化が生じる理由は
　　　何か。それぞれ説明しなさい。必要であれば，表3を使用しなさい。

表3　遺伝暗号表

2番目の塩基					
	u	c	a	g	
u	フェニルアラニン	セリン	チロシン	システイン	u
					c
	ロイシン		終止コドン	終止コドン	a
				トリプトファン	g
c	ロイシン	プロリン	ヒスチジン	アルギニン	u
					c
			グルタミン		a
					g
a	イソロイシン	トレオニン	アスパラギン	セリン	u
					c
	開始コドン		リシン	アルギニン	a
					g
g	バリン	アラニン	アスパラギン酸	グリシン	u
					c
			グルタミン酸		a
					g

（左端：1番目の塩基／右端：3番目の塩基）

Ⅱ-2　次の文章1と2を読んで，それぞれ後の設問に答えなさい。

文章1

　体液は，排尿や発汗，呼吸などによって失われる。

　体液中の電解質は失われず　 a 　のみが失われた場合，体液の浸透圧は上昇する。これを脳が感知すると　 b 　の分泌が促進される。　 b 　は間脳の（　①　）に細胞体をもつ神経分泌細胞で産生され，長く伸びた軸索を通じて（　②　）の毛細血管に分泌される。分泌された　 b 　は血流を介して腎臓の（　③　）に作用し，　 a 　の再吸収を促進する。これにより尿量が減少し，体液量は回復する。このことから，　 b 　は抗利尿ホルモン（尿量を減少させるホルモン）とも呼ばれる。

　体液が失われると，体内を循環する血液量（循環血液量）が減って血圧が下がる。これを腎臓が感知すると（　④　）から鉱質コルチコイドが分泌される。鉱質コルチコイドは腎臓に作用し，　 c 　の再吸収を促進，これにつられて　 a 　の再吸収も促進する。その結果，体液量は回復，循環血液量が増えて血圧も回復する。

　体液が失われると，ホルモン以外による調節の仕組みも働く。例えば，体液の浸透圧上昇を間脳が感知すると口渇感（喉の渇き）が生じ，（　⑤　）行動が誘導される。その結果，　 a 　の摂取量が増え，体液量が増えてその回復に貢献する。また，体液が失われて血圧が下がると，これを頸動脈（心臓から脳へ血液を送る血管）や大動脈が感知し，脳幹を介した反射によって自律神経のうち（　⑥　）の活動が優位になる。その結果，心臓の収縮力や拍動数が増加することで血圧が上昇し，血圧の回復に貢献する。

設問1 空欄 a ～ c に入る適当な物質名を答えなさい。ただし，a は化学式とする。

設問2 空欄①～⑥に入る適当な語句を答えなさい。ただし，①～④は器官の部位名，⑤は漢字2字とする。

文章2

　夏休みのある日の午前中，高校生の A さんは体育館で友人らとバスケットボールに興じた。お昼を過ぎた頃，帰宅準備のためにロッカールームに戻った。この時「ずいぶんと汗をかいたのに水分補給をしていなかったな」と思い，あまり喉は渇いていなかったが，ペットボトル1本分（500 mL）のミネラルウォーターを飲んだ。その数分後に「おしっこ」をしたくなったためトイレに行って排尿したところ，めまいがしてその場に倒れ込んでしまった。治療に当たった医師から，その原因が脱水（体液量が不足している状態）であるとの説明を受けた。

設問3 下線部「ミネラルウォーター」について，後の問いに答えなさい。

　(1) ミネラルウォーターの代わりにスポーツドリンクのような（　⑦　）を多く含む飲料を飲めば，A さんが経験した脱水を防ぐことができたと考えられる。空欄⑦に入る適当な語句を，**文章1**から抜き出して答えなさい。

　(2) スポーツドリンクのような（　⑦　）を多く含む飲料を飲むことで A さんの脱水を防ぐことができるのはなぜだと考えられるか。その仕組みを，「抗利尿ホルモン」という語句を使って50字以内で説明しなさい。

II-3 次の文章を読んで，後の設問に答えなさい。

　炭素と窒素は，生態系の(A)エネルギーの流れと物質循環に重要な役割を果たしている。

　(B)炭素は生命活動に必須の元素である。大気中に約 0.04 % の割合で含まれている（　①　）は，植物が行う「太陽の（　②　）エネルギーを利用した炭素同化作用」によってブドウ糖などの有機物に変換される。植物により作られた有機物は動物に食べられ，（　③　）を通じたエネルギー獲得の過程で分解され，（　①　）となって大気に戻る。陸上生態系では動植物の遺体は土壌に入り，土壌に生息する菌類・細菌や動物によって分解され，（　①　）が大気中へ放出される。このように陸上生態系の炭素循環は大気―動植物―土壌の間の流れのバランスが保たれていたが，最近の人類の活動は生態系の炭素循環のバランスを壊し，(C)大気中の（　①　）濃度を上昇させ，地球温暖化をもたらしていると考えられている。

　窒素もまた生命活動に必須の元素である。大気中には約 78 % の窒素ガスが含まれているが，(D)普通の生物はこの窒素を利用することができない。窒素の循環は，植物が根からアンモニウムイオンや（　④　）イオンの形で窒素を吸収し，アミノ酸を合成することから始まる。動植物の遺体は，土壌微生物の分解によりアンモニウムイオンになり，酸化条件では（　⑤　）菌の働きにより（　④　）

イオンに変えられ，植物に再び吸収される。利用されずに土壌に残った（　④　）イオンは水に溶け
て溶脱したり，ある細菌の働きにより（　⑥　）され，窒素ガスとして大気に戻る。農地の化学肥料
や生活排水由来の窒素化合物が河川に流れ込むと（　⑦　）が起こり，赤潮などの原因となる。

設問1　空欄①〜⑦に入る適当な語句を漢字で答えなさい。

設問2　二重下線部「菌類・細菌」について，後の問いに答えなさい。

　(1)　菌類に属する生物を1つ挙げ，その名称を答えなさい。

　(2)　菌類と細菌の間で生物学的に異なる特徴を1つ挙げ，文章で説明しなさい。

設問3　下線部(A)「エネルギー」と下線部(B)「炭素」との間には，生態系における循環と言う観点
　　　で異なる特徴が見られる。その相違を60字以内で説明しなさい。

設問4　下線部(C)について，（　①　）の他に温室効果を持つ気体を1つ挙げ，その名称（化合物
　　　名）を答えなさい。

設問5　以下の文章は，下線部(D)の例外の1つについて述べたものである。空欄⑧に入る適当な語
　　　句を漢字2字で答えなさい。

　　　下線部(D)の例外の1つとして，マメ科の植物が挙げられるだろう。その理由は，マメ科の
　　植物の根には（　⑧　）菌が共生していて，この（　⑧　）菌が大気中の窒素ガスをアンモ
　　ニウムイオンにすることができるからである。

III

III-1　次の文章を読んで，後の設問に答えなさい。

　水がはられた広い水槽の水面上を進む波を考える。波が水面を進む速さは $V\,[\text{m/s}]$ である。波がないときの水面上にお互いに直交する x 軸と y 軸をとり，波の変位はこの水面を基準として鉛直上向きを正とする。波を観測する xy 平面上の点を観測点と呼び，観測による波への影響は生じないものとする。以下の問いに答えよ。必要があれば，次の三角関数の公式を用いても良い。

$$\sin\alpha + \sin\beta = 2\sin\frac{\alpha+\beta}{2}\cos\frac{\alpha-\beta}{2}$$

　波長 $\lambda\,[\text{m}]$，振幅 $A\,[\text{m}]$ の正弦波の平面波 1 が x 軸の正の方向に進んでいる場合を考える。図 1 には，時刻が $t=0\,[\text{s}]$ のときの平面波 1 の山を細い実線で表している。時刻 $t=0$ のとき，x 座標が $x\,[\text{m}]$，y 座標が $y\,[\text{m}]$ の点 (x,y) の平面波 1 の変位は $A\sin\left(-\dfrac{2\pi x}{\lambda}\right)$ である。時刻 $t=0$ 以降の波を観測する。

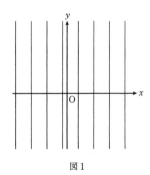

図 1

設 問 1　原点 O で観測点が静止しているとき，観測される波の振動数 $[\text{Hz}]$ と，時刻 $t\,[\text{s}]$ で観測される波の変位 $[\text{m}]$ を V，λ，A，t の中から必要なものを用いて表せ。

設 問 2　観測点を時刻 $t=0$ で原点 O から x 軸の正の方向に一定の速さ $w\,[\text{m/s}]$ で移動させるとき，時刻 t での観測点の x 座標 $[\text{m}]$ と，時刻 t に観測される波の変位 $[\text{m}]$，および観測される波の振動数 $[\text{Hz}]$ を V，λ，A，t，w から必要なものを用いて表せ。ただし，w は V に比べて小さいものとする。

　波長 λ，振幅 A の正弦波の平面波 1 が x 軸の正の方向に進み，波長 λ，振幅 A の正弦波の平面波 2 が y 軸の負の方向に進んでいる場合を考える。図 2 には，時刻が $t=0$ のときの平面波 1 の山を細い実線で表し，平面波 2 の山を細い破線で表している。時刻 $t=0$ のとき，点 (x,y) における平面波 1

の変位は $A\sin\left(-\dfrac{2\pi x}{\lambda}\right)$，平面波 2 の変位は $A\sin\left(\dfrac{2\pi y}{\lambda}\right)$ であり，時刻 $t=0$ 以降の波を観測する。平面波 1 の変位と平面波 2 の変位は重ね合わせの原理が成り立ち，平面波 1 と平面波 2 の合成波を観測するものとする。

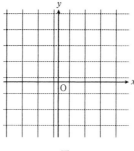

図 2

設問 3　x 軸上の点 $(x, 0)$ の時刻 t での合成波の変位 [m] を V，λ，A，t，x を用いて表せ。また，x 軸上で合成波の変位がつねに 0 [m] となる点のうち x 座標が正のものを原点 O から近い順に 2 つ選び，それらの x 座標を λ を用いて表せ。解答の導出過程も記すこと。

　図 3 のように，原点 O を通り x 軸から 45° 傾いた直線 S をとり，**設問 3** と同じ平面波 1 と平面波 2 を考える。$\sin 45° = \cos 45° = \dfrac{\sqrt{2}}{2}$ である。

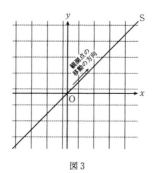

図 3

設問 4　直線 S 上の点 (s, s) の時刻 t での合成波の変位 [m] を V，λ，A，t，s を用いて表せ。また，直線 S 上で合成波の変位がつねに 0 [m] となる点のうち s が正のものを原点 O から近い順に 2 つ選び，それらの s を λ を用いて表せ。解答の導出過程も記すこと。

III-2 次の文章を読んで，後の設問に答えなさい。

　図のように，断面積 $S\,[\mathrm{m}^2]$ で長さ $2L\,[\mathrm{m}]$ の容器が，支持棒のついたピストンによって2つの部屋に分けられている。以下，左側の部屋を部屋 A，右側の部屋を部屋 B と呼ぶ。ピストン，支持棒と容器の間には摩擦ははたらかないものとする。また，容器，支持棒は断熱材でできており，熱容量は無視できるものとする。ピストンは熱を伝える材料でできたものと断熱材でできたものが交換でき，どちらも熱容量は無視できるものとする。図のように右向きを正の向きとして x 軸をとり，容器の中央の x 座標を $x=0$ とする。ただし，座標の単位はメートル（m）とする。

　部屋 A には $2n\,[\mathrm{mol}]$ の単原子分子理想気体，部屋 B には $n\,[\mathrm{mol}]$ の単原子分子理想気体が閉じ込められており，ピストンは支持棒を手で支えることによって固定されている。ピストンの x 座標は $x=0$ であり，部屋 A の気体の温度は $T_A\,[\mathrm{K}]$，部屋 B の気体の温度は $T_B\,[\mathrm{K}]$ である。ただし，$T_A>T_B$ であるとする。この状態を初期状態と呼ぶ。なお，気体定数を $R\,[\mathrm{J/(mol\cdot K)}]$ とし，単原子分子理想気体の定積モル比熱は $\dfrac{3}{2}R$ とする。また，ピストンと支持棒の体積は無視できるものとする。

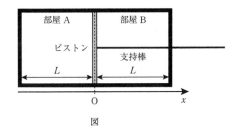

図

設問1 初期状態における部屋 A の気体および部屋 B の気体の圧力を，L，S，n，R，T_A，T_B のうち必要なものを用いて表せ。解答の導出過程も記すこと。

設問2 ここでは，ピストンは熱を伝える材料でできており，座標 $x=0$ に固定されているものとする。部屋 A と部屋 B の気体の状態を初期状態にしたのち，十分時間がたつと，部屋 A と部屋 B の気体の温度は等しくなった。このときの，部屋 A の気体の温度と圧力，および部屋 A の気体から部屋 B の気体へ移動した熱量の大きさを，L，S，n，R，T_A，T_B のうち必要なものを用いて表せ。解答の導出過程も記すこと。

設問3 ここでも，ピストンは熱を伝える材料でできているとする。部屋 A と部屋 B の気体の状態を初期状態にしたのち，支持棒の固定を外し，ピストンが自由に動けるようにしたところ，ピストンは気体からの圧力のみを受けて移動し，十分時間がたつと，ある x 座標で静止した。このとき，部屋 A と部屋 B の気体の温度と圧力は，それぞれ等しくなった。このときの部屋 A の気体の温度と圧力，およびピストンの x 座標を，L，S，n，R，T_A，T_B のうち必要なものを用いて表せ。解答の導出過程も記すこと。

設問4　ここでは，ピストンは断熱材でできている。部屋Ａと部屋Ｂの気体の状態を初期状態にしたのち，支持棒を手で支えながらピストンをゆっくり動かして，部屋Ａと部屋Ｂの気体の圧力を等しくした。このような断熱変化においては，気体の圧力 p と体積 V の間には，$pV^{\frac{5}{3}} = $ 一定，の関係が成立する。このときのピストンの x 座標を $x_1[\mathrm{m}]$ とすると，x_1 は以下のように表すことができる。

$$x_1 = L\left\{ \frac{\boxed{\text{あ}}^{\frac{3}{5}} - 1}{\boxed{\text{あ}}^{\frac{3}{5}} + 1} \right\}$$

$\boxed{\text{あ}}$ に入る最も適切な式を，T_A と T_B を用いて表せ。

III-3　次の文章を読んで，後の設問に答えなさい。

　水平右方向に等加速度運動する電車の中で行う実験を考える。図1のように天井から質量 m のおもりを長さ L の糸でつるしたところ，おもりは鉛直（図の一点鎖線の方向）から θ だけ傾いたところで車内の人から見て静止している。おもりを吊るした糸は質量が無視でき，伸び縮みせず実験中にたるむことはないとする。また空気抵抗や糸の付け根の摩擦は無視できるものとする。θ は0度から45度の範囲にあるとする。重力加速度を g とする。このとき以下の問いに答えよ。**設問1** と **設問2** の答えは m, L, g, θ のいずれかを用いて表せ。

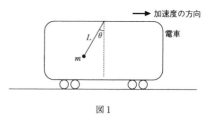

図1

設問1　この電車の加速度 a を求めよ。

設問2　この糸の張力 T を求めよ。

　次に，図2のように同じ車内の人から見ておもりが静止位置（角度 θ）のまわりに振動するという振り子運動を考える。振り子は図の紙面内で振動しているとする。この振り子の静止位置からなす振れ角の最大値は α であるとする。ただし α は0度から45度の範囲にあるとする。**設問3**，**設問4**，**設問5** の答えは m, L, g, θ, α のいずれかを用いて表せ。

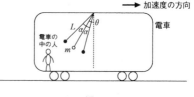

図2

設問3 電車の中の人にとっての見かけ上の重力は糸の付け根からおもりの方向に働いているように見える。このとき見かけ上の重力加速度の大きさ g' を求めよ。

設問4 電車の中の人から見ておもりの振れの速さが最大になったときのおもりの速さ v を求めよ。

設問5 設問4における糸の張力の大きさ T' を求めよ。

$$\boxed{\text{解 答 編}}$$

◀**総合問題Ⅰ**▶

Ⅰ **解答** **設問1.** 題意より $m>0,\ n>0$

$$\overline{x}=\frac{x_1+x_2+\cdots+x_m}{m}$$

$$x_1+x_2+\cdots+x_m=m\overline{x}\quad\cdots\cdots①$$

$$\overline{y}=\frac{y_1+y_2+\cdots+y_n}{n}$$

$$y_1+y_2+\cdots+y_n=n\overline{y}$$

$$\therefore\quad \overline{w}=\frac{(x_1+x_2+\cdots+x_m)+(y_1+y_2+\cdots+y_n)}{m+n}$$

$$=\frac{m\overline{x}+n\overline{y}}{m+n}$$

ここで

$$\overline{w}-\overline{x}=\frac{m\overline{x}+n\overline{y}}{m+n}-\overline{x}=\frac{n}{m+n}(\overline{y}-\overline{x})>0$$

ゆえに $\overline{x}<\overline{w}$

$$\overline{y}-\overline{w}=\overline{y}-\frac{m\overline{x}+n\overline{y}}{m+n}=\frac{m}{m+n}(\overline{y}-\overline{x})>0$$

ゆえに $\overline{w}<\overline{y}$

$\therefore\quad \overline{x}<\overline{w}<\overline{y}$ (証明終)

設問2. $(x_1-\overline{x}+a)^2+(x_2-\overline{x}+a)^2+\cdots+(x_m-\overline{x}+a)^2$

$=\{(x_1-\overline{x})^2+2a(x_1-\overline{x})+a^2\}+\{(x_2-\overline{x})^2+2a(x_2-\overline{x})+a^2\}+\cdots$
$$+\{(x_m-\overline{x})^2+2a(x_m-\overline{x})+a^2\}$$

$=(x_1-\overline{x})^2+(x_2-\overline{x})^2+\cdots+(x_m-\overline{x})^2$
$$+2a\{(x_1-\overline{x})+(x_2-\overline{x})+\cdots+(x_m-\overline{x})\}+ma^2$$

$=(x_1-\overline{x})^2+(x_2-\overline{x})^2+\cdots+(x_m-\overline{x})^2$
$$+2a\{(x_1+x_2+\cdots+x_m)-m\overline{x}\}+ma^2\quad\cdots\cdots②$$

ここで，$S_x{}^2 = \dfrac{1}{m}\{(x_1-\overline{x})^2+(x_2-\overline{x})^2+\cdots+(x_m-\overline{x})^2\}$ より

$$(x_1-\overline{x})^2+(x_2-\overline{x})^2+\cdots+(x_m-\overline{x})^2 = mS_x{}^2$$

①より，$(x_1+x_2+\cdots+x_m)-m\overline{x}=0$ を用いると，②は

$$mS_x{}^2+2a\cdot 0+ma^2 = m(S_x{}^2+a^2)$$

ゆえに

$$(x_1-\overline{x}+a)^2+(x_2-\overline{x}+a)^2+\cdots+(x_m-\overline{x}+a)^2 = m(S_x{}^2+a^2) \quad \cdots\cdots③$$

（証明終）

設問 3. 設問 2 の結果と同様に，b を定数とするとき

$$(y_1-\overline{y}+b)^2+(y_2-\overline{y}+b)^2+\cdots+(y_n-\overline{y}+b)^2 = n(S_y{}^2+b^2) \quad \cdots\cdots④$$

が成り立つ。

ここで

$$S_w{}^2 = \frac{(x_1-\overline{w})^2+(x_2-\overline{w})^2+\cdots+(x_m-\overline{w})^2+(y_1-\overline{w})^2+(y_2-\overline{w})^2+\cdots+(y_n-\overline{w})^2}{m+n}$$

であるから，$\overline{w}=\overline{x}-a=\overline{y}-b \ (a<0, \ b>0)$ とおくと

$$S_w{}^2 = \frac{(x_1-\overline{x}+a)^2+(x_2-\overline{x}+a)^2+\cdots+(x_m-\overline{x}+a)^2+(y_1-\overline{y}+b)^2+(y_2-\overline{y}+b)^2+\cdots+(y_n-\overline{y}+b)^2}{m+n}$$

$$= \frac{m(S_x{}^2+a^2)+n(S_y{}^2+b^2)}{m+n} \quad (\because \ ③, ④より)$$

題意より $S_x{}^2 = S_y{}^2$ であるから

$$S_w{}^2 = \frac{(m+n)S_x{}^2+ma^2+nb^2}{m+n}$$

$$= S_x{}^2 + \frac{ma^2+nb^2}{m+n}$$

$\dfrac{ma^2+nb^2}{m+n}>0$ であるから

$$S_x{}^2 < S_w{}^2$$

（証明終）

══════════════ 解　説 ══════════════

《平均，分散》

設問 1. $\overline{w}$ を $\overline{x}, \overline{y}$ で表し，$\overline{w}-\overline{x}>0, \ \overline{y}-\overline{w}>0$ を示す。

設問 2. 等式の左辺を展開し，$S_x{}^2 = \dfrac{1}{m}\{(x_1-\overline{x})^2+(x_2-\overline{x})^2+\cdots+(x_m-\overline{x})^2\}$

より $(x_1-\bar{x})^2+(x_2-\bar{x})^2+\cdots+(x_m-\bar{x})^2=mS_x{}^2$, $\bar{x}=\dfrac{1}{m}(x_1+x_2+\cdots+x_m)$

より $x_1+x_2+\cdots+x_m=m\bar{x}$ を適用する。

設問3. $\bar{w}=\bar{x}-a=\bar{y}-b$ $(a<0,\ b>0)$ と表せ，w の分散の式に，設問2
の等式を利用する。

Ⅱ **解 答**   **設問1.** 円 C の方程式を $x^2+y^2+ax+by+c=0$ とお
        くと，点P，Q，Rを通ることから

$$\begin{cases} 4a-5b+c+41=0 & \cdots\cdots① \\ 3b+c+9=0 & \cdots\cdots② \\ 7a+4b+c+65=0 & \cdots\cdots③ \end{cases}$$

③×4−①×7 より

$$51b-3c-27=0 \quad \cdots\cdots④$$

④+②×3 より

$$60b=0$$
$$b=0,\ c=-9,\ a=-8$$
$$x^2+y^2-8x-9=0$$
$$(x-4)^2+y^2=25$$

よって，C の中心の座標は $(4,\ 0)$，半径は 5 である。 ……(答)

設問2. 直線 $l:y=m(x+4)$

　すなわち　　$mx-y+4m=0$

とおける。

　C と l が 2 つの交点をもつとき，C の中心と l の距離（これを d とす
る）は C の半径よりも小さいから

$$d=\frac{|m\cdot4-0+4m|}{\sqrt{m^2+(-1)^2}} \text{ より} \qquad \frac{|8m|}{\sqrt{m^2+1}}<5$$

$$(8m)^2<25(m^2+1)$$

$$m^2<\frac{25}{39} \quad \cdots\cdots⑤$$

$$\therefore \quad -\frac{5}{\sqrt{39}}<m<\frac{5}{\sqrt{39}} \quad \cdots\cdots(答)$$

別解 $C:x^2+y^2-8x-9=0$ と $l:y=m(x+4)$ から y を消去して

$$x^2 + \{m(x+4)\}^2 - 8x - 9 = 0$$

整理すると

$$(m^2+1)x^2 + 8(m^2-1)x + 16m^2 - 9 = 0$$

判別式を D とすると

$$\frac{D}{4} = \{4(m^2-1)\}^2 - (m^2+1)(16m^2-9) = -39m^2 + 25$$

C と l が2点で交わるための条件は 　　$D > 0$

ゆえに 　　$-39m^2 + 25 > 0$ 　　$m^2 < \dfrac{25}{39}$

よって 　　$-\dfrac{5}{\sqrt{39}} < m < \dfrac{5}{\sqrt{39}}$

設問3. C と l の方程式を連立し

$$x^2 + \{m(x+4)\}^2 - 8x - 9 = 0$$

$$(m^2+1)x^2 - (8-8m^2)x + 16m^2 - 9 = 0$$

C と l は2つの交点をもつから，これらの x 座標を $\alpha,\ \beta\ (\alpha \neq \beta)$ とすると，解と係数の関係から

$$\alpha + \beta = \frac{8-8m^2}{m^2+1} \quad \cdots\cdots ⑥$$

2つの交点の中点の座標を $(x,\ y)$ とすると

$$(x,\ y) = \left(\frac{\alpha+\beta}{2},\ m\left(\frac{\alpha+\beta}{2} + 4 \right) \right)$$

であるから，⑥から

$$\begin{cases} x = \dfrac{4-4m^2}{m^2+1} \quad \cdots\cdots ⑦ \\[3mm] y = m\left(\dfrac{4-4m^2}{m^2+1} + 4 \right) = \dfrac{8m}{m^2+1} \end{cases}$$

ここで

$$x^2 + y^2 = \left(\frac{4-4m^2}{m^2+1} \right)^2 + \left(\frac{8m}{m^2+1} \right)^2$$

$$= 16\left\{ \left(\frac{m^2-1}{m^2+1} \right)^2 + \left(\frac{2m}{m^2+1} \right)^2 \right\}$$

$$= 16 \cdot \frac{(m^2-1)^2 + 4m^2}{(m^2+1)^2}$$

$$= 16 \cdot \frac{(m^2+1)^2}{(m^2+1)^2}$$

$$= 16$$

⑤，⑦から

$$x = \frac{8}{m^2+1} - 4 > \frac{8}{\frac{25}{39}+1} - 4 = \frac{56}{64} = \frac{7}{8}$$

よって，2交点の中点の軌跡は，円 $x^2+y^2=16$ の $x > \dfrac{7}{8}$ の部分である。

……(答)

〔注〕〔解答〕の部分的別解を以下に示す。

2つの交点の中点の x 座標（⑦式）を求めるところまでは同じ。

⑦より　　$(m^2+1)x = 4-4m^2$

よって　　$(x+4)m^2 = 4-x$

ここで，$x=-4$ は等式を満たさないから　　$x \neq -4$

したがって　　$m^2 = \dfrac{4-x}{x+4}$　……⑧

また，P は l 上の点であるから $y = m(x+4)$ を満たす。

$x \neq -4$ より　　$m = \dfrac{y}{x+4}$　……⑨

⑧，⑨から m を消去して　　$\left(\dfrac{y}{x+4}\right)^2 = \dfrac{4-x}{x+4}$

ゆえに　　$y^2 = (x+4)(4-x)$

したがって　　$x^2+y^2=16$　（ただし点 $(-4, 0)$ を除く）

以下は〔解答〕と同じ。

別解　C と l の2交点の中点は，l に点 $(4, 0)$ から下ろした垂線の足となり，中点は $(-4, 0)$，$(4, 0)$ を直径の両端とする円周上にある。

この円の方程式は $x^2+y^2=16$ であり，C との交点の x 座標は

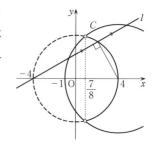

$$
\begin{array}{r}
x^2 + y^2 = 16 \\
-\underline{\bigg)\, x^2 + y^2 - 8x - 9 = 0} \\
8x = 7 \\
x = \dfrac{7}{8}
\end{array}
$$

である。2 交点の中点は C の内部にあるから，中点の軌跡は，円 $x^2 + y^2 = 16$ の $x > \dfrac{7}{8}$ の部分である。

===== 解 説 =====

《円の方程式，円と直線，軌跡》

設問 1. C の方程式を $x^2 + y^2 + ax + by + c = 0$ とおいて，3 点 P，Q，R を通ることから，a, b, c の値を求める。

設問 2. C の中心と l の距離が C の半径 5 よりも小さいことから，m の値の範囲を求める。

設問 3. C と l の方程式を連立し，解と係数の関係から，中点の x 座標と y 座標の関係式を導く。このとき，m の値の範囲から，中点の存在範囲も限定される。

$\cos\theta = \dfrac{1-m^2}{1+m^2}$, $\sin\theta = \dfrac{2m}{1+m^2}$ から，$x = 4\cos\theta$, $y = 4\sin\theta$ と表すこともできる。

Ⅲ **解答** **設問 1.** $\dfrac{1}{\sin\theta} - \dfrac{1}{\cos\theta} = a$

$\cos\theta - \sin\theta = a\sin\theta\cos\theta$ ……①

$(\cos\theta - \sin\theta)^2 = (a\sin\theta\cos\theta)^2$

$1 - 2\sin\theta\cos\theta = a^2(\sin\theta\cos\theta)^2$

$\sin\theta\cos\theta = t$ とおくと

$a^2 t^2 + 2t - 1 = 0$

ここで，$0° < \theta < 45°$ より，$\cos\theta > \sin\theta > 0$ である。

ゆえに，$\cos\theta - \sin\theta > 0$, $\sin\theta\cos\theta > 0$ であるから　　$a > 0$　（①より）
また，$t > 0$ である。

よって，t の 2 次方程式を解くと　　$t = \dfrac{-1 + \sqrt{a^2 + 1}}{a^2}$

すなわち　　　$\sin\theta\cos\theta = \dfrac{-1+\sqrt{a^2+1}}{a^2}$　……②

したがって，①から

$$\cos\theta - \sin\theta = \dfrac{-1+\sqrt{a^2+1}}{a}$$　……③　……（答）

設問 2. $a = \dfrac{4}{3}$ のとき，②，③から

$$
\begin{cases}
\cos\theta - \sin\theta = \dfrac{-1+\sqrt{\left(\dfrac{4}{3}\right)^2+1}}{\dfrac{4}{3}} = \dfrac{-1+\dfrac{5}{3}}{\dfrac{4}{3}} = \dfrac{1}{2} \\[4mm]
-\sin\theta\cos\theta = -\dfrac{\dfrac{2}{3}}{\left(\dfrac{4}{3}\right)^2} = -\dfrac{3}{8}
\end{cases}
$$

よって，$-\sin\theta$，$\cos\theta$ は 2 次方程式

$$x^2 - \dfrac{1}{2}x - \dfrac{3}{8} = 0 \quad \text{すなわち} \quad 8x^2 - 4x - 3 = 0$$

の 2 解であり，$\cos\theta > 0$，$-\sin\theta < 0$ であるから

$$\cos\theta = \dfrac{2+\sqrt{4+24}}{8} = \dfrac{1+\sqrt{7}}{4}$$　……（答）

設問 3. $\cos(3 \times 25°) = \cos 75° = \cos(45° + 30°)$

$$= \cos 45° \cos 30° - \sin 45° \sin 30°$$

$$= \dfrac{\sqrt{2}}{2} \cdot \dfrac{\sqrt{3}}{2} - \dfrac{\sqrt{2}}{2} \cdot \dfrac{1}{2}$$

$$= \dfrac{\sqrt{6} - \sqrt{2}}{4}$$

設問 2 より $\cos\theta = \dfrac{1+\sqrt{7}}{4}$ であるから

$$\cos 3\theta = 4\cos^3\theta - 3\cos\theta = 4\left(\dfrac{1+\sqrt{7}}{4}\right)^3 - 3 \cdot \dfrac{1+\sqrt{7}}{4}$$

$$= 4 \cdot \dfrac{1+3\sqrt{7}+3 \cdot 7+7\sqrt{7}}{64} - 3 \cdot \dfrac{1+\sqrt{7}}{4}$$

$$= \dfrac{11+5\sqrt{7}}{8} - \dfrac{3+3\sqrt{7}}{4} = \dfrac{5-\sqrt{7}}{8}$$

ここで

$$\left(\frac{5-\sqrt{7}}{8}\right)^2 - \left(\frac{\sqrt{6}-\sqrt{2}}{4}\right)^2 = \frac{32-10\sqrt{7}}{64} - \frac{8-4\sqrt{3}}{16} = \frac{8\sqrt{3}-5\sqrt{7}}{32}$$

$$= \frac{\sqrt{192}-\sqrt{175}}{32} > 0$$

よって　　$\left(\frac{5-\sqrt{7}}{8}\right)^2 > \left(\frac{\sqrt{6}-\sqrt{2}}{4}\right)^2$

$\dfrac{5-\sqrt{7}}{8}>0,\ \dfrac{\sqrt{6}-\sqrt{2}}{4}>0$ より　　$\dfrac{5-\sqrt{7}}{8}>\dfrac{\sqrt{6}-\sqrt{2}}{4}$

すなわち　　$\cos3\theta > \cos75°$

$0°<\theta<45°$ より，$0°<3\theta<135°$ であるから，この範囲における余弦は単調に減少する。

ゆえに，$\cos3\theta > \cos75°$ から　　$3\theta < 75°$

したがって　　$\theta < 25°$　……(答)

====== 解　説 ======

《三角関数の加法定理の応用》

設問1. 等式を $\cos\theta - \sin\theta = a\sin\theta\cos\theta$ と変形して，2乗することから，$\sin\theta\cos\theta$ が a で表せる。

設問2. $\cos\theta - \sin\theta$，$-\sin\theta\cos\theta$ の値から，解と係数の関係を利用して，$\cos\theta$ の値が求められる。

設問3. θ と $25°$ を直接比べることはできないので，お互いを3倍した 3θ と $75°$ で比較すればよい。〔解答〕では 3θ と $75°$ の余弦，すなわち $\cos3\theta$ と $\cos75°$ を用いて比較している。ただし，$\cos3\theta$ と $\cos75°$ の値の差から大小比較することは難しい。そこで $\cos3\theta>0$，$\cos75°>0$ より，$(\cos3\theta)^2$ と $(\cos75°)^2$ の値の差をとって大小比較することがポイントである。また，$0°\leqq\alpha\leqq180°$ のとき，$\cos\alpha$ は単調減少関数であるから，$\cos3\theta>\cos75°$ より $3\theta<75°$，よって $\theta<25°$ が得られる。

◀総合問題Ⅱ▶

Ⅰ

$\boxed{I-1}$ 　解答

設問1．2.0×10^2 mL　設問2．体心立方格子

設問3．(ア)・(ウ)・(エ)・(キ)

設問4．①ベンゼン　②ヒドロキシ　③水素　④塩化鉄(Ⅲ)水溶液

設問5．①活性化　②一定（不変）　③四酸化三鉄　④オストワルト

設問6．-2.22×10^{-1}℃（-0.222℃）

=== 解　説 ===

《小問集合》

設問1． 求める濃硫酸の体積を x〔mL〕とすると，この濃硫酸と得られる希硫酸が含む硫酸（分子量98）の物質量は等しいから

$$\dfrac{x\times1.8\times\dfrac{98}{100}}{98}=\dfrac{9.0\times400}{1000}$$

$$x=200〔\text{mL}〕$$

設問2． 面心立方格子と六方最密充塡は最密充塡構造であり，その充塡率は74％である。一方，体心立方格子の充塡率は68％である。

設問3． (イ)誤文。ハロゲン元素の原子の価電子は7個であり，電子を1個取り込んで1価の陰イオンになりやすい。

(オ)誤文。次亜塩素酸ナトリウム NaClO は塩酸 HCl と反応し，塩素 Cl_2 が生成する。

$$NaClO+2HCl\longrightarrow NaCl+H_2O+Cl_2$$

(カ)誤文。ハロゲンの単体は無極性の二原子分子であるから，分子量が小さいほど分子間力が小さく沸点が低い。

設問5． ③詳しくは，四酸化三鉄 Fe_3O_4 から得られる鉄を主成分とする触媒を用いている。

設問6． $CaCl_2$（式量111.0）は，水溶液中で次のように電離するので，生じるイオンの総物質量は $CaCl_2$ の3倍である。

$$CaCl_2\longrightarrow Ca^{2+}+2Cl^-$$

よって，この水溶液の凝固点降下度 Δt〔K〕は

$$\varDelta t = 1.85 \times \frac{1.11}{111.0} \times 3 \times \frac{1000}{250} = 0.222 \,[\text{K}]$$

したがって，この水溶液の凝固点は　　$0 - 0.222 = -0.222\,[\text{℃}]$

$\boxed{\text{I}-2}$ **解答**

設問1. $242\,\text{kJ/mol}$

設問2. $44\,\text{kJ/mol}$，イ）

設問3. CO_2 の生成熱：$394\,\text{kJ/mol}$　CO の燃焼熱：$283\,\text{kJ/mol}$

設問4. $1643\,\text{kJ/mol}$

━━━━━━━━━━━━━━━ 解 説 ━━━━━━━━━━━━━━━

《熱化学方程式と結合エネルギー》

設問1. 与えられた2つの熱化学方程式を上から①，②とする。②－①より

$$H_2\,(気) + O_2\,(気) = H_2O\,(気) + \frac{1}{2}O_2\,(気) + \{111 - (-131)\}\,\text{kJ}$$

これを整理すると

$$H_2\,(気) + \frac{1}{2}O_2\,(気) = H_2O\,(気) + 242\,\text{kJ} \quad \cdots\cdots③$$

設問2. 与えられた水素の燃焼熱に関する熱化学方程式は

$$H_2\,(気) + \frac{1}{2}O_2\,(気) = H_2O\,(液) + 286\,\text{kJ} \quad \cdots\cdots④$$

③－④より

$$H_2O\,(液) = H_2O\,(気) - 44\,\text{kJ} \quad \cdots\cdots⑤$$

よって，水の蒸発熱は $44\,\text{kJ/mol}$ であり，吸熱反応である。

設問3. 与えられた2つの熱化学方程式を上から⑥，⑦とする。

⑥＋⑦－④×2より

$$C\,(黒鉛) + O_2\,(気) = CO_2\,(気) + (75 + 891 - 286 \times 2)\,\text{kJ}$$

$$75 + 891 - 286 \times 2 = 394\,[\text{kJ}]$$

であるから，CO_2 の生成熱は　　$394\,\text{kJ/mol}$

次に，CO の燃焼についての熱化学方程式を以下のようにおく。

$$CO\,(気) + \frac{1}{2}O_2\,(気) = CO_2\,(気) + Q\,\text{kJ}$$

また，②は CO の生成熱に関して次のように表すことができる。

$$C\,(黒鉛)+\frac{1}{2}O_2\,(気)=CO\,(気)+111\,kJ$$

さらに，$Q=(生成物の生成熱の和)-(反応物の生成熱の和)$ より

$$Q=394-111=283\,〔kJ〕$$

設問4. ⑦＋⑤×2 より

$$CH_4\,(気)+2O_2\,(気)=CO_2\,(気)+2H_2O\,(気)+803\,kJ$$

気体反応において，反応熱と結合エネルギーには次の関係がある。

反応熱 =（生成物の結合エネルギーの和）

－（反応物の結合エネルギーの和）

よって，求める CH_4 の結合エネルギーを $x〔kJ/mol〕$ とすると

$$803=(799\times2+459\times2\times2)-(x+494\times2)\qquad x=1643〔kJ/mol〕$$

Ⅰ-3 **解答** **設問1.** (1) $CO_2+H_2O \rightleftharpoons H^+ + HCO_3^-$

(2) $HCO_3^- \rightleftharpoons H^+ + CO_3^{2-}$ (3)緩衝液

設問2. **ア.** pH メーター　**イ.** pH 指示薬

設問3. (1) $K=\dfrac{[H^+][HCO_3^-]}{[CO_2][H_2O]}$

(2) $Ka=K[H_2O]=\dfrac{[H^+][HCO_3^-]}{[CO_2]}$ だから

$$pKa=-\log_{10}\left(\frac{[H^+][HCO_3^-]}{[CO_2]}\right)=pH+\log_{10}\frac{[CO_2]}{[HCO_3^-]}$$

ここで，ヘンリーの法則より

$$[CO_2]=2.40\times10^{-2}\times\frac{5.00\times10^3}{1.00\times10^5}=1.20\times10^{-3}〔mol/L〕$$

炭酸水素ナトリウムは培養液中で完全に電離しており，培養液は緩衝液であることから，$[HCO_3^-]=2.40\times10^{-2}mol/L$ とみなせる。

よって

$$pKa=pH+\log_{10}\frac{1.20\times10^{-3}}{2.40\times10^{-2}}=pH+\log_{10}(5.00\times10^{-2})$$

$$=pH+(0.699-2)=6.08$$

$$pH=7.381≒7.38\quad……(答)$$

設問4. 二酸化炭素の分圧が減少することで，ヘンリーの法則により培養液中の $[CO_2]$ も減少する。その結果，培養液中の CO_2 と HCO_3^- の電離

平衡がいずれも左へ移動し［H⁺］が減少することで pH は大きくなる。

=========================== 解　説 ===========================

《培養液中の HCO₃⁻ の電離平衡，ヘンリーの法則と pH》

設問 1. ⑵　炭酸水素ナトリウムの電離平衡式とあるが，Na^+ は両辺に存在するので省略した平衡式でよい。

設問 2. イ. フェノールレッドは中性付近で赤色，酸性で黄色，塩基性で赤紫色を示す pH 指示薬である。

設問 4. 培養液は，初期条件としての［HCO₃⁻］が得られるように $NaHCO_3$ が加えられ，その値が大きく変化しないように二酸化炭素の分圧が一定の値で調整されることで，細胞培養に必要な pH（中性付近）の緩衝液となっている。細胞培養の進行とともに生成する物質等によって HCO₃⁻ が消費されうるので，pH 値を一定に保つ（緩衝作用を示す）ように一定の CO_2 の分圧が加えられていると考えればよい。フェノールレッドは培養液がほぼ中性に保たれていることを目視で確認するために加えられている。

I-4　解答

A. 名称：ニトロベンゼン　構造式：⬡-NO₂

B. 名称：アニリン塩酸塩　構造式：⬡-NH₃Cl

C. 名称：アニリン　構造式：⬡-NH₂

D. 名称：塩化ベンゼンジアゾニウム　構造式：⬡-N⁺≡NCl⁻

E. 名称：p-ヒドロキシアゾベンゼン　構造式：⬡-N=N-⬡-OH

=========================== 解　説 ===========================

《アゾ染料の合成》

　与えられた文章は，ベンゼンを出発物質とするアゾ染料合成の操作手順を示している。

⬡ →(ニトロ化)→ ⬡-NO₂ →(Sn, HCl / 還元)→ ⬡-NH₃Cl
　　　　　　　　　　　　A　　　　　　　　　　　　　B

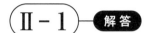

弱塩基の遊離 →〈〉-NH₂ →ジアゾ化→〈〉-N⁺≡NCl⁻
　　　　　　　　　　C　　　　　　　　　　　D

フェノールとの →〈〉-N=N-〈〉-OH
ジアゾカップリング　　　　　E

Ⅱ

Ⅱ-1　解答

設問1. (1)—ア　(2) 579
設問2. ①切断　②デオキシリボース　③リン酸　④連結（結合）

設問3. ベクターがうまく導入された大腸菌だけが，ベクターに含まれる遺伝子により，抗生物質のアンピシリンを分解する酵素を合成できるから。（50字以上70字以内）

設問4. 一次構造の変化：タンパク質Xを構成するアミノ酸の数が大きく減り，短いタンパク質になる。

理由：塩基が置換されると，123～125番目のコドンがチロシンを指定する uau から uaa の終止コドンに変化するため，そこで翻訳が終了するから。

===== 解　説 =====

《遺伝子組換えとタンパク質の合成》

設問1. (1) 表1の mRNA の塩基配列は，aug が開始コドンで uag が終止コドンなので，5'→3' の順で書かれていることが確認できる。タンパク質Xをコードする領域を増幅するためには，開始コドンと終止コドンを含むようにプライマーを設計する必要がある。また，プライマーは鋳型鎖において増幅したい領域の 3' 末端に結合する必要がある。そこで，プライマーⅠからⅣの塩基配列を 5'→3' の順に注意してみると，プライマーⅠが開始コドン側，プライマーⅢが終止コドン側のプライマーとして利用できることがわかる。

(2) (1)のプライマーを使用した場合，18番目から596番目までの塩基対が増幅されることになるので，596−17＝579 になる。

設問2. ①，④は漢字2字なので，①「切断」と④「連結」が正解と考えられる。④は空所補充なので「結合」でも許容されるだろうが，DNA リ

ガーゼは DNA 連結酵素ともいうので,「連結」の方がよりふさわしいと考えられる。②は化学物質の名称なので,「五炭糖」という解答は不可である。

設問3. 手順6)で抗生物質のアンピシリンが添加された培地で培養しているので,ベクターが導入されなかった大腸菌はアンピシリンを分解できずに死滅する。

設問4. 設問1から,125番目の塩基が含まれるコドンは ua[u] である。これが塩基の置換により ua[a] の終止コドンに変化することがわかる。

(Ⅱ - 2)　　**解答**　　**設問1. a.** H_2O　**b.** バソプレシン
　　　　　　　　　　　　　　c. ナトリウムイオン

設問2. ①視床下部　②脳下垂体後葉　③集合管　④副腎皮質　⑤飲水
⑥交感神経

設問3. (1)電解質

(2)電解質を多く含む飲料を飲めば,体液の浸透圧は低下せず,抗利尿ホルモンが分泌されて尿量が減少するから。(50字以内)

════════════ **解説** ════════════

《体液の浸透圧調節》

設問1. aは文脈としては,水または水分が入るが,化学式で答えることに注意する。

設問2. ①~④は器官の部位名で,⑤が漢字2字であることに注意する。⑤は口渇感による行動なので,水を飲む「飲水」行動になる。⑥は,興奮時や活動時に優位になる自律神経なので,「交感神経」になる。

設問3. (1) ミネラルウォーターは,地下水を原水とする飲料水を指す言葉で,ミネラルとついているが,無機塩類を多く含んでいるわけではなく,基本的に水と考えればよい。この問いでは,「文章1から抜き出して」答えよとあるので,「電解質」が解答となる。

(2) スポーツドリンクは,糖分のほかに,熱中症対策として推奨される0.1~0.2%の塩分を含んでいる。文章2の,ミネラルウォーターを飲んだ後,排尿をして脱水症状になったという箇所がヒントになっている。つまり水分だけを摂取した場合には,体液の浸透圧が低下し,バソプレシン(抗利尿ホルモン)の分泌が抑制されることで,排尿量が増加し,かえっ

て脱水状態になる可能性がある。

$\boxed{Ⅱ-3}$ 　**解答**　　**設問1.** ①二酸化炭素　②光　③呼吸　④硝酸
　　　　　　　　　　　　⑤硝化　⑥脱窒　⑦富栄養化

設問2. (1)アオカビ，マツタケ，酵母　などから1つ
(2)菌類は真核生物であり核（膜）をもつが，細菌は原核生物で核（膜）を
もたない。

設問3. 炭素は生態系内を循環するが，エネルギーは一方向に流れるだけ
で循環せず，最終的には熱エネルギーの形で生態系外に出ていく。（60字
以内）

設問4. メタン，フロン　などから1つ

設問5. 根粒

＝＝＝＝＝　解説　＝＝＝＝＝

《生態系における物質循環とエネルギーの流れ》

設問1. すべて漢字で答えることとなっていることに注意する。

設問2. (1)　菌類なので，カビ・キノコの仲間の名称を答える。酵母は子
のう菌の仲間で，細菌ではない。

(2)　菌類と細菌では，細胞壁の主成分なども違うが，一番大きな違いは，
真核生物か原核生物かの違いである。

設問3. リード文にもあるように，物質は循環するが，エネルギーは流れ
るだけで循環しない。「循環と言う観点で」とあるので，その点を述べれ
ばよいと考えられるが，最終的に熱エネルギーの形で生態系外へ放出され
ることも書いておきたい。

設問4. 〔解答〕以外に，水蒸気も温室効果ガスであるが，人類がコント
ロールすることはほぼ不可能なので，地球温暖化に関連しては，主に二酸
化炭素やメタン，フロンの排出について検討・研究されている。

設問5. 窒素固定細菌のうち，マメ科植物と共生しているのは根粒菌で，
マメ科植物の根に根粒を作る。根粒菌は，マメ科植物にアンモニウムイオ
ンを与え，マメ科植物からは光合成産物を得ている。

Ⅲ

Ⅲ-1 **解答** **設問1.** 振動数：$\dfrac{V}{\lambda}$〔Hz〕

変位：$A \sin 2\pi \dfrac{V}{\lambda} t$〔m〕

設問2. x座標：wt〔m〕 変位：$A \sin 2\pi t \dfrac{V-w}{\lambda}$〔m〕

振動数：$\dfrac{V-w}{\lambda}$〔Hz〕

設問3. 周期 T〔s〕は $T = \dfrac{\lambda}{V}$〔s〕であるので，平面波1の変位 y_1〔m〕，

平面波2の変位 y_2〔m〕はそれぞれ

$$y_1 = A \sin 2\pi \left(\dfrac{V}{\lambda} t - \dfrac{x}{\lambda} \right) = A \sin \dfrac{2\pi}{\lambda} (Vt - x)$$

$$y_2 = A \sin \dfrac{2\pi}{\lambda} Vt$$

合成波の変位 y〔m〕は

$$y = y_1 + y_2 = A \sin \dfrac{2\pi}{\lambda} (Vt - x) + A \sin \dfrac{2\pi}{\lambda} Vt$$

$$= 2A \sin \dfrac{\pi}{\lambda} (2Vt - x) \cos \dfrac{\pi x}{\lambda}$$〔m〕 ……（答）

変位がつねに0mとなる点は

$$\cos \dfrac{\pi x}{\lambda} = 0$$

$$\dfrac{\pi x}{\lambda} = \dfrac{\pi}{2} + n\pi \quad (n \text{ は整数})$$

原点Oから近い順に考えると

$n = 0$ のとき $x_0 = \dfrac{\lambda}{2}$

$n = 1$ のとき $x_1 = \dfrac{3}{2}\lambda$

であるから $x = \dfrac{\lambda}{2}, \dfrac{3}{2}\lambda$ ……（答）

設問4. 平面波1の変位 y_1'〔m〕，平面波2の変位 y_2'〔m〕はそれぞれ

$$y_1' = A \sin \frac{2\pi}{\lambda}(Vt - s)$$

$$y_2' = A \sin \frac{2\pi}{\lambda}(Vt + s)$$

合成波の変位 y'〔m〕は

$$y' = y_1' + y_2' = A \sin \frac{2\pi}{\lambda}(Vt - s) + A \sin \frac{2\pi}{\lambda}(Vt + s)$$

$$= 2A \sin \frac{2\pi V}{\lambda}t \cos \frac{2\pi s}{\lambda} \text{〔m〕}　\cdots\cdots\text{(答)}$$

変位がつねに 0 m となる点は

$$\cos \frac{2\pi s}{\lambda} = 0$$

$$\frac{2\pi s}{\lambda} = \frac{\pi}{2} + n\pi　（n は整数）$$

$$s = \frac{\lambda}{2}\left(\frac{1}{2} + n\right)$$

原点 O から近い順に考えると

$$n = 0 \text{ のとき}　s_0 = \frac{\lambda}{4}$$

$$n = 1 \text{ のとき}　s_1 = \frac{3}{4}\lambda$$

であるから　　$s = \dfrac{\lambda}{4}, \dfrac{3}{4}\lambda$　$\cdots\cdots$(答)

═══════════════ 解 説 ═══════════════

《別の方向に進む正弦波の合成》

設問 1. 変位が $A \sin\left(-\dfrac{2\pi x}{\lambda}\right)$〔m〕で表されることから，この波は正弦波

であることがわかる。周期 T〔s〕は $T = \dfrac{\lambda}{V}$〔s〕である。

$t=0$ のときの波形は下図のようになる。

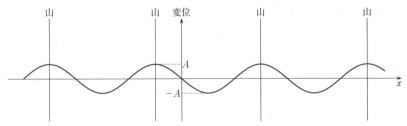

山   山   変位   山   山

設問2. $x=wt$ を正弦波の式に代入する。波の変位 y〔m〕は

$$y = A\sin 2\pi\left(\frac{V}{\lambda}t - \frac{wt}{\lambda}\right) = A\sin 2\pi t\frac{V-w}{\lambda} \text{〔m〕}$$

振動数 f〔Hz〕は，単振動の式と比較して

$$f = \frac{V-w}{\lambda} \text{〔Hz〕}$$

設問3. 平面波2の変位は x の値によらない。三角関数の公式を用いる。

設問4. 平面波1，平面波2の式を s で表し，三角関数の公式で合成する。

Ⅲ-2 **解答**   **設問1.** 部屋A，Bの気体の圧力をそれぞれ P_A〔Pa〕，P_B〔Pa〕とする。状態方程式より

$$P_A \cdot SL = 2nRT_A$$

$$P_A = \frac{2nRT_A}{SL} \text{〔Pa〕} \quad \cdots\cdots(答) \quad \cdots\cdots①$$

$$P_B \cdot SL = nRT_B$$

$$P_B = \frac{nRT_B}{SL} \text{〔Pa〕} \quad \cdots\cdots(答) \quad \cdots\cdots②$$

設問2. 求める温度を T〔K〕とする。エネルギーは保存するので

$$\frac{3}{2}2nRT_A + \frac{3}{2}nRT_B = \frac{3}{2}2nRT + \frac{3}{2}nRT$$

$$T = \frac{2T_A + T_B}{3} \text{〔K〕} \quad \cdots\cdots(答)$$

求める圧力を P〔Pa〕とする。状態方程式より

$$P \cdot SL = 2nR\frac{2T_A + T_B}{3}$$

$$P = \frac{2nR(2T_A + T_B)}{3SL} \text{〔Pa〕} \quad \cdots\cdots(答)$$

移動した熱量の大きさを Q〔J〕とする。部屋Bの気体の内部エネルギーの増加に相当するので

$$Q = \frac{3}{2}nR\frac{2T_A + T_B}{3} - \frac{3}{2}nRT_B = nR(T_A - T_B)\,\text{〔J〕}\quad\cdots\cdots(\text{答})$$

設問3. 求める温度，圧力をそれぞれ T'〔K〕，P'〔Pa〕とする。

エネルギーは保存するので，設問2と同様に

$$T' = T = \frac{2T_A + T_B}{3}\,\text{〔K〕}\quad\cdots\cdots(\text{答})$$

部屋A，Bの状態方程式はそれぞれ

$$P'\cdot S(L+x) = 2nRT'$$
$$P'\cdot S(L-x) = nRT'$$

x を消去して

$$P' = \frac{nR(2T_A + T_B)}{2SL}\,\text{〔Pa〕}\quad\cdots\cdots(\text{答})$$

P' を消去して

$$\frac{L+x}{L-x} = \frac{2}{1}$$

$$x = \frac{L}{3}\,\text{〔m〕}\quad\cdots\cdots(\text{答})$$

設問4. $\dfrac{2T_A}{T_B}$

═══════════════ **解　説** ═══════════════

《ピストンで区切られた2気室の気体》

状態方程式，単原子分子理想気体の内部エネルギーの式，エネルギー保存則，断熱変化で成り立つポアソンの法則を用いて計算を進める。

設問4. 等しくなった圧力を P''〔Pa〕とする。$pV^{\frac{5}{3}} =$ 一定の式をあてはめると

$$P_A\cdot(SL)^{\frac{5}{3}} = P''\{S(L+x_1)\}^{\frac{5}{3}}$$

$$P_B\cdot(SL)^{\frac{5}{3}} = P''\{S(L-x_1)\}^{\frac{5}{3}}$$

①，②を用いて計算すると

$$x_1 = L \left\{ \frac{\left[\left(\dfrac{2T_A}{T_B} \right)^{\frac{3}{5}} - 1 \right]}{\left[\left(\dfrac{2T_A}{T_B} \right)^{\frac{3}{5}} + 1 \right]} \right\}$$

よって，　あ　に入るのは　　　$\dfrac{2T_A}{T_B}$

Ⅲ-3

解答　**設問1.** $a = g\tan\theta$　**設問2.** $T = \dfrac{mg}{\cos\theta}$

設問3. $g' = \dfrac{g}{\cos\theta}$　**設問4.** $v = \sqrt{\dfrac{2(1-\cos\alpha)gL}{\cos\theta}}$

設問5. $T' = \dfrac{3 - 2\cos\alpha}{\cos\theta}mg$

解説

《等加速度運動する電車内の振り子》

設問1. 車内の人から見ると，重力の大きさ mg と慣性力の大きさ ma の関係は

$$\tan\theta = \frac{ma}{mg}$$

$$a = g\tan\theta$$

設問2. 慣性力を含めて力はつりあっているので

$$T\cos\theta = mg$$

$$T = \frac{mg}{\cos\theta}$$

設問3. 力のつりあいより

$$mg'\cos\theta = mg$$

$$g' = \frac{g}{\cos\theta}$$

設問4. 速さが最大になるのは角度が θ のときである。見かけの重力加速度を用いると，力学的エネルギー保存則は

$$\frac{1}{2}mv^2 = m\frac{g}{\cos\theta}L(1-\cos\alpha)$$

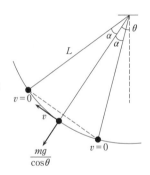

$$v = \sqrt{\frac{2\,(1-\cos\alpha)\,gL}{\cos\theta}}$$

設問 5. 張力の大きさ T' は，見かけの重力 $\dfrac{mg}{\cos\theta}$ と遠心力 $m\dfrac{v^2}{L}$ の和であるので

$$T' = \frac{mg}{\cos\theta} + m\frac{v^2}{L} = \frac{mg}{\cos\theta} + \frac{m}{L}\frac{2\,(1-\cos\alpha)\,gL}{\cos\theta} = \frac{3-2\cos\alpha}{\cos\theta}mg$$

札幌医科大学　医学部　医学科

■学校推薦型選抜（共通テストを課す）

▶選抜方法

第１段階選抜：入学志願者が募集人員の３倍を超えた場合，調査書，推薦理由書および自己推薦書＊の内容に基づいて，原則として募集人員の３倍の数の入学志願者を第１段階選抜の合格者とする。

第２段階選抜：大学入学共通テスト，第２次試験（総合問題・個人および集団面接＊・自己推薦書＊）の結果を総合して合格者を決定する。なお，推薦理由書および調査書は面接の際の資料とする。

＊自己推薦書・集団面接については，特別枠の志願者のみ。

▶大学入学共通テストの利用教科・科目

教　科	科　　　　　　　　　　目
国　語	「国語」
地　歴	「世界史Ｂ」，「日本史Ｂ」，「地理Ｂ」 ┐
公　民	「現代社会」，「倫理」，「政治・経済」，「倫理，政治・経済」 ┘から１
数　学	「数学Ⅰ・数学Ａ」
	「数学Ⅱ・数学Ｂ」
理　科	「物理」，「化学」，「生物」から２
外国語	「英語（リスニングテストを含む）」，「ドイツ語」，「フランス語」，「中国語」，「韓国語」から１

［５教科７科目］

（注）　指定した科目数以上受験した場合は，第１解答科目を合否判定の資料として用いる。ただし，第１解答科目で大学が指定した科目を受験しなかった場合には，たとえ第２解答科目で大学が指定した科目を受験した場合でも，合格者にはならない。

▶大学入学共通テストの配点

教　科	国　語	地歴・公民	数　学	理　科	外国語	計
配　点	200	100	200	200	200	900

（注）
- 外国語の「英語」の場合，筆記 100 点＋リスニング 100 点＝200 点，ただし，リスニングを免除された者については，筆記試験の得点を 2 倍する。
- 大学入学共通テストの成績が，総配点 900 点中，700 点以上の者を入学候補者として選考の対象とする。

▶第 2 次試験の実施教科・科目等

総合問題

面接（総合問題を受験しなかった者は，面接試験を受験できない）

▶第 2 次試験の配点

	総合問題	面接	大学入学共通テスト[※]	自己推薦書	計
先進研修連携枠	400	400	400		1200
特別枠	400	400	400	100	1300

（注）　面接により医療人となるための適性を欠くと判断された場合は，第 2 次試験の成績にかかわらず，不合格になる場合がある。

※大学入学共通テストは，総得点を 400 点に換算する。

問題編

●総合問題（120 分）

1 　以下の文章を読んで、問いに答えなさい。

　残念ながら我々は、生まれながらに統計を理解できるわけではありません。例えば、健康で長生きする人が増えたというデータがあっても、自分自身が健康でいられるか分からないから不安だという人がいますが、それは論理的とは言えません。そうしたあいまいな不安感を解消するためにも、データと統計について学校で早めに教えるべきです。

　意外に思うかもしれませんが、データを正しく理解できるかどうかは、知能の高さとは関連しません。

　次のような実験があります。ある皮膚疾患に新種の塗り薬を塗ってもらった場合と、塗らなかった場合で、それぞれ症状が改善した人数と悪化した人数を示しました。

　ここで、薬は効いたか効かなかったか質問します。薬を処方した人数と処方していない人数は異なるので、効果については、その割合を比べなければなりません。計算が苦手な人は、人数だけを比較して答えを間違え、計算が得意な人は割合を比較して正しく答えました。

　ところが、別バージョンの実験を行うと、結果は大きく変わりました。皮膚疾患を犯罪率に、塗り薬を塗ったかどうかを、市民が公共の場で銃を携帯することを規制するかどうかへと問題の内容を変えたのです。

　すると、犯罪率が銃規制によって「低下」したことを示すデータが示されたとき、銃規制を行うべきだと考える、リベラルで計算に強い人は、データを正しく読み解きました。しかし、銃規制を行うべきではないと主張する保守派の人は、計算に強い人であっても、銃規制が犯罪率の低下に効果があったという正しい答えを導けませんでした。

　同様に、犯罪率が「上昇」したデータを示したとき、保守派で計算に強い人は全員正解しましたが、リベラルで計算に強い人は、大半が答えを間違えました。計算に強い人でも、銃規制に賛成か反対かという、自分の政治的信条に基づいた解答をしてしまうのです。

　また、あるリスクを現実的な脅威として実感させるには、統計やデータよりもシリアスで具体的なケースの方が有効です。たとえば新型コロナウイルスの危険性を伝えるには、死亡者数や致死率などのデータを並べるよりも、たった一人の有名人が感染することのほうが効果的です。イギリスのボリス・ジョンソン首相が一時、集中治療室に入ったと報じられましたが、これで COVID-19（新型コロナウイルス感染症）の危険性を実感した人が多いのではないでしょうか。一度も会ったことがないのに、一流スポーツ選手や有名シンガーが感染すると他人事に

は思えないのです。

　我々の認知能力はバイアス<注>の影響をすぐに受けます。そうした限界を克服するために、データを理解する必要があるのです。調査や分析によって得られるデータから考え、自分自身の考えだけを信頼しないよう、常に心に留めておくべきです。＊

　だからこそ、私たちは歴史の中で理性を保つための基準や制度を作ってきたのです。たとえば、科学の実験、言論や表現の自由、大学、裁判制度、民主的な議会などです。これらは、集団として合理的な判断を下せるようデザインされています。

　インターネットや SNS においては自分が見たい情報しか、見えなくなりがちです。それを「フィルターバブル」と言います。我々は、自分と異なる意見を持つ人々に対して「彼らはフィルターバブルに入っている」と一蹴してしまいますが、私たち自身もフィルターバブルの中にいることには気付いていません。

　<u>自分が正しいと思わせてくれるストーリーや記事を読むのは楽しいものです。反対に、自分の見方に批判的な内容に触れることは不快です。</u>しかし、健康に過ごすため、食べすぎずに運動を心がけるように、自分とは異なる意見も傾聴すべきです。

　普段から、自分と意見の異なる人と積極的に意見交換した方が良いでしょう。

　教育を受けたはずの科学者でさえ、この落とし穴の例外ではありません。私が「バイアス・バイアス」と呼ぶ誤謬があります。自分もバイアスに囚われているということを忘れ、自分とは意見の違う人こそがバイアスを持っていると思い込むことです。

　あるリベラルな三人の社会科学者は「保守はリベラルよりも敵対的かつ攻撃的である」という論文を発表しました。しかし、実はデータの分析を誤っており、本当はリベラルの方が敵対的かつ攻撃的だということに気が付き、論文を取り下げたのです。

　（スティーブン・ピンカー「認知バイアスが感染症対策を遅らせた」、大野和基[編]
『コロナ後の世界』、文春新書、2020 年より抜粋）

<注>　　バイアス：偏り。偏向

　　　　　　　　　　　　　　　　　　　　　　　（広辞苑第七版（岩波書店）より抜粋）

問１．文章の前半部分（最初から＊まで）の要旨をまとめなさい。（250 字以内）

問２．下線部に関して、筆者の考えを踏まえ、不快感から自分の意見に批判的な意見を退ける
　　　傾向を弱めるにはどのようにすればよいか、具体例を一つあげ、あなたの考えを述べな
　　　さい。（400 字以内）

2 注意事項

2 は, 2−1 数学, 2−2 生物学, 2−3 化学, 2−4 物理学の 4 科目のうち**2 科目**を選択し答えなさい。

2−1 数学

整式 $f_n(x)$ および実数 a_n, b_n は

$$(x+1)^n = (x^2+1)f_n(x) + a_n x + b_n \qquad (n = 1, 2, 3, \cdots)$$

を満たすものとする。ただし,定数も整式とみなす。

(1) $a_1, a_2, a_3, b_1, b_2, b_3, f_1(x), f_2(x), f_3(x)$ をそれぞれ求めよ。

(2) a_{n+1}, b_{n+1} を a_n, b_n を用いて表せ。

(3) $a_n = 2^{\frac{n}{2}} \sin\dfrac{n\pi}{4}$, $b_n = 2^{\frac{n}{2}} \cos\dfrac{n\pi}{4}$ $\qquad (n = 1, 2, 3, \cdots)$ が成り立つことを示せ。

(4) $\displaystyle\lim_{n\to\infty} \dfrac{f_n(1)}{2^n}$ を求めよ。

2−2 生物学

ラクトースオペロンにおける遺伝子発現の調節機構を調べるため,まずラクトースオペロンの調節領域を組み込んだプラスミドDNAを準備した。このプラスミドDNAは3000塩基対からなる環状DNAである。

続いて,この調節領域のすぐそばにd1GFPの遺伝子を組み込んだ。d1GFPは,GFPを改変した緑色蛍光タンパク質であるがGFPと比べると不安定で,GFPが20時間以上安定して細胞内に存在し続けるのに対して,d1GFPは合成後 2 時間程度で分解されてしまう。

図1は,実験に用いたプラスミドDNAと,d1GFP遺伝子を含むDNA断片を示す。これらを用いて次のア～オの手順で,オペロンによる遺伝子の発現量をGFPの蛍光量で定量するためのプラスミドDNAを作り,大腸菌に導入した。

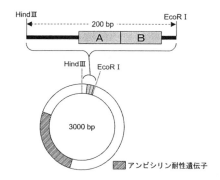

図1　実験に用いたプラスミドとd1GFPの概要

ア：制限酵素EcoR I で切断された末端を両端に持つd1GFPのDNA断片を，EcoR I で切断したプラスミドに組み込んだ。

イ：アの産物を大腸菌に導入した。

ウ：イの大腸菌をアンピシリンを含む寒天培地上に撒き，生じた大腸菌コロニーを複数個別々に採取し，アンピシリンを含む培養液で培養して増殖させた。

エ：増殖した大腸菌を一部採取し，プラスミドDNAを抽出した。

オ：エのプラスミドDNAを制限酵素HindⅢで切断し，電気泳動で分析した。

問1．手順ウで，培地にアンピシリンを添加したのは何故か，簡単に説明しなさい。

問2．手順オの電気泳動により以下のような結果が得られた。どちらがd1GFP遺伝子を正しい向きにつないだプラスミドDNAか，記号で答えなさい。

　　① 430 bp と 3300 bp の2種類の DNA断片が検出された。

　　② 700 bp と 3030 bp の2種類の DNA断片が検出された。

問3．手順オの電気泳動の結果，3種類のDNA断片が検出される場合があった。どのような場合か簡単に説明しなさい。

問4．図1のAとBはラクトースオペロンの調節領域である。それぞれどのような機能を持つ領域か，それらの名称を含め100字以内で説明しなさい。

問5．短時間で分解される d1GFP を用いた理由を，簡単に説明しなさい。

問6．グルコースを除去した培養液に，ラクトースオペロンの調節領域に d1GFP を正しい向き
につないだプラスミド DNA を導入した大腸菌を入れ，培養した。そこに，微量のラクト
ースを添加し，30分毎に一定量の大腸菌を採取し GFP の蛍光強度を計測した。その結果，
蛍光強度は図2の I で示すグラフのように変化した。またこの実験で，ラクトースの代
わりに同じモル濃度の物質 A を添加した結果，蛍光強度は II のグラフのようになった。
このとき，物質 A が持つ特性を2つ書きなさい。

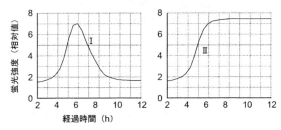

図2　経過時間＝0 のときに添加物を培地に添加する

2－3　化学

　アンモニアは工業的には（式1）の反応により製造される。この反応の熱化学方程式は（式
2）のように表される。この反応に関する問1〜問5に答えなさい。

$$N_2 + 3H_2 \rightleftarrows 2NH_3 \quad （式1）$$

$$N_2（気）+ 3H_2（気）= 2NH_3（気）+ 92\,kJ \quad （式2）$$

問1．この反応は，工業的には Fe_3O_4 の存在下で行われている。Fe_3O_4 を加える目的として最
も適切なものを(a)〜(e)から1つ選び記号で答えなさい。

(a) 水素の爆発を防ぐため

(b) 窒素同士が反応して N_4 となる副反応を防ぐため

(c) 生成熱を小さくして反応効率を上げるため

(d) 活性化エネルギーを小さくして反応効率を上げるため

(e) アンモニアと安定な複合体をつくり，生成したアンモニアの分解を防ぐため

問2. この反応を 500℃ で行なったときのアンモニアの体積百
分率（生成率）は右図のようになる。次の（1），（2）
のように条件を変化させたとき，反応時間とアンモニア
の生成率との関係はどのように変化するか，解答欄の
グラフに概略図をかきなさい。

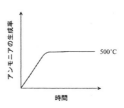

編集部注：解答欄のグラフは右図と同じ。

（1）圧力を一定にして，反応温度を 300℃，700℃ にしたときのグラフをかきなさい。
ただし，300℃ のときを破線で，700℃ のときを実線でかくこと。

（2）温度は500℃のままでFe_3O_4を加えたときのグラフを実線でかきなさい。

問3. 温度が一定の場合，圧力が (a) 高いとき，(b) 低いとき，どちらがアンモニアの生成率
が高いか記号で答えなさい。また，生成率が高くなる理由を80文字程度でかきなさい。

問4. 容積と温度が一定の反応容器内で（式1）の反応を行う際に，反応容器内にアルゴンガ
スを加えておくと反応速度，アンモニアの生成率はどのように変化するか (a)～(c)の中
からそれぞれ1つ選び記号で答えなさい。また，そのように考えられる理由を，アルゴ
ンの性質に言及しながら80文字程度でかきなさい。

反応速度： (a) 遅くなる　　(b) 変わらない　　(c) 早くなる

生成率： (a) 低くなる　　(b) 変わらない　　(c) 高くなる

問5. アンモニアに関する以下の記述について，正しいものには「〇」を，誤っているものに
は「×」を解答用紙の正誤欄に記入しなさい。また，「×」をつけた場合には，修正欄
の誤っている部分に下線を引き，正しい語句に修正しなさい。ただし，太字部分は修正
に使わないこと。

（1）**アンモニア**は無色で刺激臭のある気体で，水上置換によって捕集**できる**。

（2）Zn^{2+}の水溶液に**アンモニア**を加えると，配位結合して錯イオンとなり深青色に**変
化する**。

（3）**塩化アンモニウム**を水に溶かすと弱酸性の水溶液に**なる**。

（4）陽イオン交換樹脂に**アンモニア水**を通すと，流出液は強酸性に**なる**。

| 2 - 4 | 物理学 |

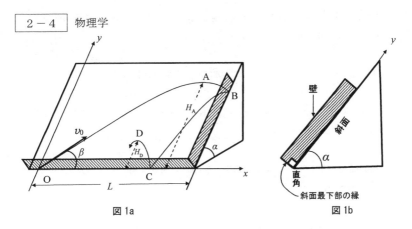

図 1a　　　　　　　　　　　　　　　　　　　　図 1b

　図 1 a のように、水平面と傾斜角 $\alpha\left(0<\alpha<\dfrac{\pi}{2}\right)$ をなす斜面上に直交座標系 x - y を定め、x 軸を斜面上に水平に、y 軸を斜面上に設定する。ここで斜面を xy 平面と呼ぶ。xy 平面左下の点 O を原点とし、xy 平面上を運動する質点を考える。xy 平面は十分に広く、質点と xy 平面との摩擦はない。空気の抵抗は無視できる。点 O から x 軸方向に L 離れた y 軸に水平な壁が設置されている。質点はこの壁に衝突しても斜面から離れることはない。質点と壁との衝突は非弾性衝突であり、そのはねかえり係数を e_1($0<e_1<1$)とする。斜面を右側面から見た図 1 b が示すように、斜面最下部の縁面は斜面と直交しており、質点はこの縁面に衝突しても斜面から離れることはない。質点と縁面との衝突は非弾性衝突であり、そのはね返り係数を e_2($0<e_2<1$)とする。また、壁や縁面はなめらかで、質点との摩擦はない。

　原点 O より質点が xy 平面上で x 軸と角度 $\beta\left(0<\beta<\dfrac{\pi}{2}\right)$ の方向へ速さ v_0 で投げ出された

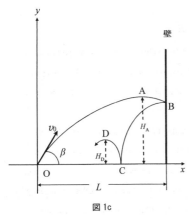

図 1c

とする。斜面をこれに対して垂直な方向から見た図 1 c が示すように、質点は x 軸との距離 H_A の最高点 A に到達した後に、壁面上の点 B に衝突してはね返り、さらに斜面最下部の縁面上の点 C に落下してはね上がった後に、x 軸との距離 H_D の点 D で質点の y 方向の速さが 0 になった。重力加速度の大きさを g として、次の問いに答えなさい。後でとくに指定がない限り、解答には記号 α、β、v_0、L、e_1、e_2、g の中から必要なものを用いるものとする。

問1．投げ出された直後の質点の水平方向の速さ v_{xO} と、質点が投げ出されてから壁の点 B に衝突するまでの時間 t_B を求めなさい。

問2．質点が点 A から点 C に到達するまでの時間 t_{AC} を求めなさい。

問3．点 A における質点の y 方向の速さ v_{yA}、投げ出されてから点 A に到達するまでの時間 t_A、点 A の高さ H_A を求めなさい。

問4．質点が点 C で斜面最下部の縁面に衝突する直前の、質点の速度の x 成分 v_{xC} と y 成分 v_{yC} を求めなさい。

問5．質点が点 C で斜面最下部の縁面に衝突した直後の質点の速さ V_C を、問4で使った v_{xC}、v_{yC} を使って答えなさい。

問6．点 D の高さ H_D を求めなさい。

3　Interview with Mr. A、Mr. B、Mr. C はオウム真理教 (Aum)という宗教団体の信者が1995 年 3 月 20 日に起こした「地下鉄サリン事件」に関して作家の村上春樹がインタビューをした内容を書き下ろしたものである。当時、A 氏は横浜市在住のサリン事件の被害者で、B 氏と C 氏はオウム真理教の信者であった人たちである。すべてのインタビューを読んで問いに答えなさい。（Asahara 氏はオウム真理教の教祖、Toyoda 氏、Murai 氏、Hayashi 氏、Inoue 氏はメンバーであった）

Interview with Mr. A

I always sit down and have a leisurely read of the newspaper on the Yokohama Line going west to the Hachioji office, but that day it just so happens I was supposed to go to the downtown Shinjuku office for a special meeting of regional managers. I planned to spend the morning in Shinjuku, then put in an appearance at Hachioji.

The meeting began at 9:45. I left the house before 7:00, taking the Yokosuka Line up to Shimbashi, then the Ginza Line to Akasaka-mitsuke, then changed to the Marunouchi Line for Shinjuku-gyoemmae: travel time, an hour and a half. The Marunouchi Line clears out after Akasaka-mitsuke, so I'm assured of a seat. But that day, I sit down and straight away I notice an acid smell. Okay, trains often smell funny, but this was no ordinary smell, let me tell you. I remember a lady sitting across from me covering her nose with a handkerchief, but otherwise there was nothing obviously wrong. I'm not even sure that smell was sarin*. It's only later I thought back, "Ah, so that's what it was."

I got off at Shinjuku-gyoemmae, except it was incredibly* dark, like somebody had switched off all the lights. It had been a bright day when I left home, but when I exited above ground everything was dim. I thought the weather had taken a turn for the worse, but I looked up and there wasn't a cloud in the sky. I was taking a hay-fever remedy at the time, so I thought it might be a reaction to the drug. It was different from my usual, so maybe this was a side-effect.

But everything was still dark when I reached the office and I felt so lethargic* I just sat in a daze* at my desk, gazing out of the window. The TV was on in the ramen noodle shop and it's round-the-clock* news about the gas attack. The others tease me, saying, "Hey, maybe you have sarin poisoning," but I knew it was the hay-fever remedy, so I just laughed along.

The meeting started again in the afternoon, but I'm not at all better. I decided to get examined by a hay-fever specialist. I excused myself from the meeting at 2:00. At that point I was starting to think, "Hey, what if it is sarin?"

For peace of mind, I decided to go to the local doctor near my home, the one who prepared the new hay-fever remedy. It was still a toss-up* between hay-fever remedy or sarin poisoning. So I went all the way back to Yokohama, but when he heard I'd been on the subway before I came down with the symptoms he tested my pupils* and 1)recommended immediate hospitalization.

He took me by ambulance to Yokohama City College Hospital. I was able to get out of the ambulance and walk by myself, so my symptoms were slight then. But at night the headaches started. Around midnight a huge dull thud of pain. I called over the nurse, and she gave me an injection. The headache wasn't a sharp shooting pain, it squeezed tight and hard like a vice* for a good hour. Maybe this is it, I thought, but soon the pain subsided, and I was thinking, "Yeah, I'll 2)pull through."

The eyedrops they'd given me to dilate my pupils worked a bit too well, though, and now my pupils were wide open. The next day when I woke up everything was so bright… so they put up paper all around my bed to block out the glare*. Thanks to that it was another day in hospital before my pupils were normal again.

In the morning my family visited. I was still in no condition to read the newspaper, but I found out how serious the attack was. People died. I might have been killed myself. 3)Oddly enough I didn't feel any sense of crisis. My reaction was, "Well, I'm okay." I'd been right at the epicenter*, but instead of shuddering* at the death toll, I felt like I was watching a programme on TV, as if it were somebody else's problem.

It was only much later that I began to wonder how I could have been so callous*. I ought to have been furious, ready to explode. It wasn't until the autumn that it really sank in, little by little. For instance, if someone had fallen down right in front of me, I like to think I'd have helped. But what if they fell 50 yards away? Would I go out of my way to help? I wonder. I might have seen it as somebody else's business and walked on by. If I'd gotten involved I'd have been late for work …

Interview with Mr. B

MURAKAMI: *If Murai had ordered you to release the sarin, what do you think would have happened?*

₄)I'm sure I would have hesitated. My way of thinking is a bit different from people like Toru Toyoda and others. Even if Asahara himself had ordered me to do it, if I wasn't convinced it was the right thing, I wouldn't have co-operated. I didn't do everything I was told. Of course the atmosphere around me was a big influence. I think even the people who did it were confused. If we'd been under attack from the police or the Self Defence Forces or something, I might have done it, but this was different—killing complete strangers.

₅)Anyway, the chances of me being selected to commit the crime were pretty slim. I wasn't one of the elite. The Ministry of Science and Technology was divided into the "Brain Trust" and the "Subcontractors," which included the kind of welding work I did: on-site labour. In contrast, Toyoda and the others were part of Asahara's hand-picked elite "Brain Trust." There were about 30 Masters in the Ministry and I belonged to the lowest group.

Still, when I heard some of the names of people involved, it surprised me. Asahara must have selected the ones he thought would go along with it, no questions asked. These elite people did everything they were told. It was the same with Murai: not a word of criticism, no running away. They're impressive when you think about it. Most people couldn't handle it for as long as they did—three or four years.

Only Yasuo Hayashi was different. He belonged to the Subcontractors group. He wasn't a part of the elite, but had been promoted from the Construction Division. The people around him were super-elite—guys doing research on super conductors, subatomic particles, and the like, and there he was, basically an electrician.

Interview with Mr.C

MURAKAMI: *There's one thing I don't understand. When I did my interviews with victims of the gas attack, several of them told me that, based on their experience working for companies, if they had been in Aum and been ordered to release the sarin they might well have done it. But you were actually in Aum, yet say you'd have run away from it. Why is that?*

Saying I'd run away might be less than honest. If I really search my heart I can say that if Murai had told me to do it, most likely I would have run away. However, if Yoshihiro Inoue had said to me, "Hidetoshi, this is part of salvation*," and passed me the bag with the sarin in it, I would have been very perplexed*. If he'd told me to come with him, I might have done so. In other words, it comes down to a question of ties between individuals.

Murai was my boss, but he was cold and too far above me. If he'd told me to do it I would have asked him why, and if he'd insisted and said, "It's a dirty job but it's for the sake of Aum and I really want you to do it," I like to think that I would have hidden my true feelings, said okay, and then, at the last minute, found a way to get out of it.

But something about Inoue captivated* me. He felt a strong sense of religious duty. If I'd seen him agonizing* over the situation, I think I would have done anything to help out. He was a great influence on me. So if he'd pushed me, saying this was a mission only we could carry out, I might very well have gone along. I would have been operating on a different plane. What I mean is, in the final analysis, あ doesn't play a strong role in people's motivations. I doubt if the ones who did it were even capable of thinking logically when they were given the order to release the sarin. They didn't have the presence of mind, got caught up in events, panicked, and did what they were told. No one who had the strength to think logically about it would have carried it out. In extreme cases of guru-ism* individuals 'value systems are completely wiped out. In situations like that people just don't have the mental stamina to connect their actions with the deaths of many people.

No matter how much you resist and try to put a stop to things, the fact is that in a group like Aum your sense of Self steadily deteriorates*. Things are forced on you from above and you're continually attacked for not accepting the status quo*, not being devoted enough, and inevitably your spirit is broken. I was somehow able to hold out, but a lot of people who entered at the same time ended up broken.

Murakami, Haruki. 1997. *Underground: The Tokyo Gas Attack and the Japanese Psyche*. Kodansha. (一部改変)

NOTES*

　　sarin: an extremely poisonous gas that is used in chemical weapons

　　incredibly: unbelievably

　　lethargic: unenergetic

　　daze: inability to think clearly

　　round-the-clock: all day and all night

toss-up: a situation in which any of two or more outcomes or options is equally possible or equally

    attractive

pupil: the circular black area in the center of an eye

vice: a tool for holding an object firmly

glare: unpleasantly bright or strong light

epicenter: the place where the incident happened

shudder: to tremble

callous: unkind, cruel, and without sympathy or feeling for other people

salvation: being saved from sin or evil

perplexed: very puzzled

captivate: to hold the attention of someone by being extremely interesting, exciting, pleasant, or

    attractive

agonize: to spend a lot of time trying to make a decision

guru-ism: absolute belief in a leader

deteriorate: to become worse

the status quo: the present situation

問 1．下線部 1）について、A 氏のかかりつけ医が Yokohama City College Hospital へ紹介
状を**英語**で書いたとする。（1）〜（5）の空欄を適切に埋め、紹介状を完成させ
なさい。

A LETTER OF REFERENCE

Dear Dr. Zaizen,

Mr. A has been a patient at my clinic receiving treatment for ___(1)___. This afternoon he visited my clinic because he was experiencing problems with his vision, explaining that everything looks ___(2)___. The symptoms first appeared this morning at around ___(3)___ am upon exiting Shinjuku-gyoemmae subway station. I have examined his ___(4)___ and am very concerned that he may have been affected by ___(5)___.

I therefore recommend that he be immediately admitted to Yokohama City College Hospital.

Yours sincerely,

Dr Shuji Satomi

問2. 以下の表1はA氏の症状や治療を示している。一覧を**英語**で埋めなさい。表2はA氏の瞳孔 (pupils) の大きさを示している。適切なものをそれぞれ1つ選び、記号を丸で囲みなさい。

表1

March 20th	Symptom	Type of Treatment/ Medication
PM	abnormal pupil size	
24:00		

表2

	March 20th			March 21st			March 22nd		
	A	B	C	A	B	C	A	B	C
Size of Pupils									
		normal			normal			normal	

問 3. 下線部 2) と文脈上ほぼ同じ意味の表現を以下から 1 つ選び、記号で答えなさい。

    A)　become well again

    B)　draw up

    C)　get worse

    D)　pass away

問 4. 下線部 3) について、文脈から考えて A 氏の心理の説明として最も適切なものを以下から 1 つ選び、記号で答えなさい。

    A)　サリンの被害がどの程度か分からないので心配している状態

    B)　自分の受けたサリンの被害から無意識に距離を取っている状態

    C)　自分の健康に自信があるのでサリン被害を心配していない状態

    D)　医者を信頼しているのでサリン被害を心配していない状態

問 5. 下線部 4) について、なぜ B 氏は下線部のように発言したのか。その理由を主語や動詞を伴った英語で説明しなさい。

問 6. 下線部 5) について、なぜ B 氏は下線部のように発言したのか。その理由を 20 字以上 30 字以内の日本語で説明しなさい。

問 7. あ に文脈から考えて適切な 1 語を以下から選び、記号で答えなさい。

    A)　charisma

    B)　logic

    C)　loyalty

    D)　passion

    E)　worship

問 8.　The interviewer (Haruki Murakami) says:

> *When I did my interviews with victims of the gas attack, several of them told me that, based on their experience working for companies, if they had been in Aum and been ordered to release the sarin they might well have done it.*

What would you do if a senior or superior gave you an instruction which you thought was wrong? Explain in **English** (in at least 40 words).

解答編

●総合問題

1　**解答例**　問1．データを正しく理解できるかどうかは，知能の高さとは関連しない。実験によれば，計算が得意な人は皮膚疾患への塗り薬の効果のデータを正しく読み取れたが，犯罪率と銃規制の関係を示すデータでは，計算に強い人であっても，自分の政治的信条に反する場合には正しく読み取ることができなかった。また，データよりもシリアスで具体的なケースのほうが，リスクを現実的な脅威として実感させる傾向がある。このように，我々の認知能力はバイアスの影響を受けるため，自分の考えだけを信頼せず，データから考えるよう心に留めるべきである。（250 字以内）

問2．不快感から自分の意見に批判的な意見を退ける傾向を避けるためには，異なる意見に耳を傾けることが望ましい。たとえば，SNS では自分が見たい情報ばかりを求めてしまいがちだが，自分と異なる視点を持つユーザーをあえてフォローすることが必要だと私は考える。

　私たちは SNS で自分と似た考えのユーザーばかりをフォローしてしまいがちだ。その結果，同意する意見ばかりに囲まれてバイアスが強まり，自分に批判的な内容は間違っていると退けてしまうようになる。そうした現象を防ぐためには，あえて自分と異なる考え方の人をフォローし，その意見や議論を目にする機会を増やすことが重要だ。そうすることで，自分が「正しい」と信じていることを別の意見によって相対化することができるだろう。このようにして，自分の考えはバイアスの影響を受けていないだろうかと疑う機会を得ることができれば，自分の意見に批判的な意見を退ける傾向を弱められるはずだ。（400 字以内）

◀解　説▶

≪バイアスによる認知能力への影響≫

問1．文章の前半部分（最初から＊まで）の要旨をまとめる問題である。前半部分で筆者が一貫して主張しているのは，第2段落で述べられているように，「データを正しく理解できるかどうか」は，「知能の高さ」とは関

連しないということである。というのも，第9段落で言われるように，「我々の認知能力」は「バイアスの影響」を受けやすいからである。第3段落から第8段落には，こうした主張の論拠となる実験結果や事例があげられている。まず，第3段落から第7段落の実験結果をまとめよう。その際にポイントとなるのは，政治的信条と関わらない場合と関わる場合の実験結果の相違に注目することだ。つまり，政治的信条と関わらない〈皮膚疾患への塗り薬の効果のデータ〉では「計算が得意な人は割合を比較して正しく答えました」（第4段落）とあるのに対して，「犯罪率が銃規制によって『低下』した」あるいは「犯罪率が『上昇』した」データでは，「自分の政治的信条に基づいた解答をしてしまう」（第7段落）ということを明示しよう。続いて，第8段落で言われるように，「あるリスクを現実的な脅威として実感させるには，統計やデータよりもシリアスで具体的なケースの方が有効」であるということも，「我々の認知能力」が「バイアスの影響」を受けやすい（第9段落）ことの論拠としてあげたい。その上で，こうしたさまざまなバイアスからの影響を克服するために「データから考え，自分自身の考えだけを信頼しないよう，常に心に留めておくべき」という第9段落の提言をまとめよう。

問2．筆者の考えを踏まえ，不快感から自分の意見に批判的な意見を退ける傾向を弱めるにはどのようにすればよいか，具体例を一つあげて自身の考えを述べることが求められている。そうした傾向を弱めるための方策として，下線部直後の第13段落で，筆者は「普段から，自分と意見の異なる人と積極的に意見交換した方が良い」と述べている。この点をヒントに，「自分が正しいと思わせてくれるストーリーや記事」（第12段落）ばかりを読み，「不快感から自分の意見に批判的な意見を退ける傾向」を弱める方法を具体的に考えよう。

〔解答例〕では，SNSにおいて陥りがちな状況とその克服方法を具体例としてあげた。SNSでは，自分と類似した考えのユーザーばかりをフォローする傾向が見られ，その結果，自分に同意する意見に囲まれることになりがちである。こうした状況を防ぐために，自分とは異なる意見の人をフォローすることを提案している。これ以外にも，「自分と意見の異なる人と積極的に意見交換」（第13段落）するための方法として，フィルターバブルの影響を受けやすいインターネットだけではなく，幅広い分野の書

籍を読むことで異なる立場の見方を知ることや，地域社会での活動に参加することで，年齢や所属の異なる多様な人々と対面で交流することによって，自分の見方を相対化する術を学ぶといった方法があげられる。また，第9段落の「データから考え，自分自身の考えだけを信頼しない」という記述をもとに，情報を信じる前に，本当にその情報が正しいかどうか，一次情報であるデータにさかのぼってチェックするといった方法をあげてもよいだろう。いずれの場合も，「具体例を一つあげ」ることが条件として提示されているので，抽象的に〈情報を積極的に取り入れる〉といったことを提案するのではなく，そのためにどのような具体的な取り組みを行うのかをはっきりと打ち出すようにしたい。

2 - 1 　解答

(1)　$n=1$ のとき
$$x+1=(x^2+1)f_1(x)+a_1x+b_1$$
これは x の恒等式であるから，係数を比較して
$$f_1(x)=0,\ a_1=1,\ b_1=1　\cdots\cdots(答)$$
$n=2$ のとき，同様に
$$(x+1)^2=x^2+2x+1$$
$$=(x^2+1)+2x$$
よって　$f_2(x)=1,\ a_2=2,\ b_2=0　\cdots\cdots(答)$
$n=3$ のとき，同様に
$$(x+1)^3=x^3+3x^2+3x+1$$
$$=(x+3)(x^2+1)+2x-2$$
よって　$f_3(x)=x+3,\ a_3=2,\ b_3=-2　\cdots\cdots(答)$

(2)　$(x+1)^n=(x^2+1)f_n(x)+a_nx+b_n$
$$(x+1)^{n+1}=(x+1)\{(x^2+1)f_n(x)+a_nx+b_n\}$$
$$=(x^2+1)\{(x+1)f_n(x)+a_n\}+(a_n+b_n)x+b_n-a_n　\cdots\cdots①$$
また　$(x+1)^{n+1}=(x^2+1)f_{n+1}(x)+a_{n+1}x+b_{n+1}　\cdots\cdots②$
と表される。
①，②を比較して
$$f_{n+1}(x)=(x+1)f_n(x)+a_n$$
$$\begin{cases} a_{n+1}=a_n+b_n　\cdots\cdots③ \\ b_{n+1}=-a_n+b_n　\cdots\cdots④ \end{cases}　\cdots\cdots(答)$$

(3)　　　$a_n = 2^{\frac{n}{2}} \sin \dfrac{n\pi}{4}$,　$b_n = 2^{\frac{n}{2}} \cos \dfrac{n\pi}{4}$　……(＊)

であることを数学的帰納法により示す。

Ⅰ．$n = 1$ のとき

$$a_1 = \sqrt{2}\sin \dfrac{\pi}{4} = 1,\quad b_1 = \sqrt{2}\cos \dfrac{\pi}{4} = 1$$

よって(＊)は成り立つ。

Ⅱ．$n = k$ のとき

$$a_k = 2^{\frac{k}{2}}\sin \dfrac{k\pi}{4},\quad b_k = 2^{\frac{k}{2}}\cos \dfrac{k\pi}{4}$$

と仮定すると，③，④から

$$a_{k+1} = 2^{\frac{k}{2}}\sin \dfrac{k\pi}{4} + 2^{\frac{k}{2}}\cos \dfrac{k\pi}{4}$$

$$= 2^{\frac{k+1}{2}}\sin \dfrac{k+1}{4}\pi$$

$$b_{k+1} = 2^{\frac{k}{2}}\cos \dfrac{k\pi}{4} - 2^{\frac{k}{2}}\sin \dfrac{k\pi}{4}$$

$$= 2^{\frac{k+1}{2}}\cos \dfrac{k+1}{4}\pi$$

よって，$n = k+1$ のときも(＊)は成り立つ。

Ⅰ，Ⅱから，数学的帰納法により自然数 n について(＊)が成り立つ。

（証明終）

(4)　与式 $(x+1)^n = (x^2+1)f_n(x) + a_n x + b_n$ に $x = 1$ を代入し

$$2^n = 2f_n(1) + a_n + b_n$$

$$= 2f_n(1) + 2^{\frac{n}{2}}\left(\sin \dfrac{n\pi}{4} + \cos \dfrac{n\pi}{4}\right)$$

$$= 2f_n(1) + 2^{\frac{n+1}{2}}\sin \dfrac{(n+1)\pi}{4}$$

∴　$f_n(1) = 2^{n-1} - 2^{\frac{n-1}{2}}\sin \dfrac{(n+1)\pi}{4}$

$$\dfrac{f_n(1)}{2^n} = \dfrac{1}{2} - \dfrac{\sin \dfrac{(n+1)\pi}{4}}{2^{\frac{n+1}{2}}}$$

ここで

$$\left|\frac{\sin\dfrac{(n+1)\pi}{4}}{2^{\frac{n+1}{2}}}\right|\leqq\frac{1}{2^{\frac{n+1}{2}}}$$

であり，はさみうちの原理より

$$\lim_{n\to\infty}\frac{\sin\dfrac{(n+1)\pi}{4}}{2^{\frac{n+1}{2}}}=0$$

となる。以上より

$$\lim_{n\to\infty}\frac{f_n(1)}{2^n}=\frac{1}{2}\quad\cdots\cdots(答)$$

━━━━━━ ◀解　説▶ ━━━━━━

≪関数列，連立漸化式，数列の極限≫

(1) $n=1$, 2, 3 として，x の恒等式として係数を比較する。

(2) $(x+1)^{n+1}$ と $(x+1)(x+1)^n$ の係数を比較する。

(3) 数学的帰納法を利用して証明する。

(4) 与式に $x=1$ を代入し，(3)を利用して $\left|\sin\dfrac{(n+1)\pi}{4}\right|\leqq1$ によって極限を求める。

---

2 - 2 **解答** 問1．アンピシリン耐性遺伝子をもつプラスミドが導入された大腸菌を選別するため。

問2．①

問3．d1GFP 遺伝子が組み込まれたプラスミドと，組み込まれなかったプラスミドが，両方とも大腸菌に導入された場合。

別解 d1GFP 遺伝子が，2 つつながってプラスミドに組み込まれた場合。

問4．Aはプロモーターで，この領域に RNA ポリメラーゼが結合することで，構造遺伝子群の転写が開始される。Bはオペレーターで，この領域に調節タンパク質であるリプレッサーが結合すると，転写が抑制される。（100 字以内）

問5．d1GFP は，GFP よりも短時間で分解されるため，細胞内での遺伝子の発現調節を，より短い時間単位で確認することができるから。

問6．物質Aは，ラクトースの代謝産物と同様にリプレッサーと結合して，

リプレッサーとオペレーターの結合を阻害する特性をもつ。また，一度リプレッサーと結合すると，継続してリプレッサーとオペレーターの結合を阻害する特性をもつ。

━━━━━ ◀解　説▶ ━━━━━

≪遺伝子組換えを用いたラクトースオペロンの実験≫

問1．手順イでプラスミドを取り込むのは一部の大腸菌だけである。しかし，プラスミドが導入されたかどうかは，単純に培養して増やすだけでは，見分けることはできない。そこで，アンピシリンなど抗生物質に対する耐性遺伝子をもつプラスミドを用い，培地にその抗生物質を加えることで，プラスミド導入の有無を見分けられるようにしている。

問2．図1のA，Bがラクトースオペロンの調節領域である。これらの調節領域がd1GFP遺伝子の上流にくるように，すなわちBの隣に開始コドンが配置されると，正しい向きになる。このプラスミドをHindⅢで切断すると，調節領域を含む200bpのDNA断片とd1GFP遺伝子内で切断された230bpのDNA断片がつながった430bpのDNA断片と，残りの500bp＋(3000bp－200bp)＝3300bpのDNA断片ができる。

問3．d1GFP遺伝子が組み込まれたプラスミドからは，問2のように2種類のDNA断片が生じる。3種類のDNA断片が生じたということは，このプラスミドに加えて，d1GFP遺伝子が組み込まれずに切断面で再度つながったプラスミドが，大腸菌に導入された可能性が考えられる。あるいは，手順アでプラスミドに2つのd1GFP遺伝子がつながって組み込まれたものが生じ，これが大腸菌に導入された可能性も考えられるので，これを〔別解〕とした。

問4．ラクトースオペロンでは，オペレーターがプロモーターと構造遺伝子の間に存在するので，Aをプロモーター，Bをオペレーターと考える。調節遺伝子はAのさらに上流に存在すると考えられる。

問5．安定に存在するGFPでは，遺伝子が発現してから20時間以上蛍光が持続するので，遺伝子の発現の開始・終了を正確に観察することができない。一方，d1GFPであれば，2時間程度で分解されてしまうので，遺伝子の発現状況を正確に観察することが可能である。

問6．物質Aを加えた図2のⅡのグラフでは，蛍光強度が微量のラクトースを加えたⅠのグラフと同様に上昇する。よって，物質Aはラクトースの

代謝産物と同様に，調節タンパク質のリプレッサーと結合して，リプレッサーとオペレーターの結合を妨げることで，転写を誘導すると考えられる。また，Ⅱのグラフでは蛍光強度が低下しない。よって，ラクトースの場合と異なり，物質Aはリプレッサーがオペレーターに結合できない状態を持続させ，転写を誘導し続けると考えられる。

2-3 解答

問1．(d)

問2．(1)・(2)　下図。

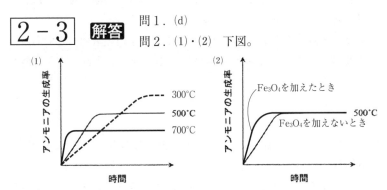

問3．記号：(a)　理由：気体の平衡反応では，温度が一定の場合，圧力が高いほど成分気体の総粒子数が少なくなる方向へ平衡は移動するから，（式1）では平衡がアンモニア生成の方へ移動するため。(80 文字程度)

問4．反応速度：(b)　生成率：(b)

理由：アルゴンは水素・窒素・アンモニアと反応しないことから，これらの成分の分圧および（式1）の反応速度はアルゴンの影響を受けず，そのため平衡状態も変化しないから。(80 文字程度)

問5．(1)—×　（誤→正の順に）水上置換→上方置換

(2)—×　（誤→正の順に）Zn^{2+}→Cu^{2+}

(3)—○

(4)—×　（誤→正の順に）強酸性→中性

━━━━━━━━━━ ◀解　説▶ ━━━━━━━━━━

≪アンモニアの工業的合成と性質・反応≫

問1．Fe_3O_4 は触媒として作用するので，活性化エネルギーを小さくして反応速度を大きくし，より速く平衡状態に達することで反応効率を上げることができる。

問2．(1)　（式2）より，（式1）の正反応は発熱反応であることがわかる。

そのため，300℃では 500℃より反応速度は小さいがアンモニアの生成率は高くなる。一方，700℃では 500℃より反応速度は大きいがアンモニアの生成率は小さくなる。

(2)　触媒 Fe_3O_4 を加えることで反応速度は大きくなるが，温度に変化がないため生成率（平衡状態）は変化しない。

問3．総粒子数が減少するということは，容器の体積と温度を一定にして反応させると全圧は低下することになる。

問4．温度が一定であるから，アンモニア生成の平衡定数は一定である。また，アルゴンの有無にかかわらず容積が一定であることから，反応開始時の水素と窒素の分圧も一定となり，到達する平衡状態も同じになる。

問5．(1)　アンモニアは空気より軽く水によく溶けるので，上方置換で捕集する。

(2)　Zn^{2+} および $[Zn(NH_3)_4]^{2+}$ はいずれも無色である。一方，Cu^{2+} は青色，$[Cu(NH_3)_4]^{2+}$ は深青色である。

(3)　弱塩基の塩である塩化アンモニウムは，次のように加水分解して弱酸性を示す。

$$NH_4Cl + H_2O \rightleftharpoons NH_3 + H_3O^+ + Cl^-$$

(4)　アンモニア水では，次のように NH_3 が一部電離している。

$$NH_3 + H_2O \rightleftharpoons NH_4^+ + OH^-$$

このため陽イオン交換樹脂に通すと，NH_4^+ が H^+ に交換されるので，この H^+ がすでに存在する OH^- と反応して H_2O となり流出液は中性になる。なお，未電離の NH_3 は，NH_4^+ が次々とイオン交換により消費されるため，順次電離することで全量が H^+ に交換される。

2-4　解答　問1．$v_{xO} = v_0\cos\beta$　　$t_B = \dfrac{L}{v_0\cos\beta}$

問2．$t_{AC} = \dfrac{v_0\sin\beta}{g\sin\alpha}$

問3．$v_{yA} = 0$　　$t_A = \dfrac{v_0\sin\beta}{g\sin\alpha}$　　$H_A = \dfrac{(v_0\sin\beta)^2}{2g\sin\alpha}$

問4．$v_{xC} = -e_1 v_0\cos\beta$　　$v_{yC} = -v_0\sin\beta$

問5．$V_C = \sqrt{v_{xC}^2 + (e_2 v_{yC})^2}$

問6. $H_D = \dfrac{(e_2 v_0 \sin\beta)^2}{2g\sin\alpha}$

━━━━━━━━━━━ ◀ 解　説 ▶ ━━━━━━━━━━━

≪斜面上を運動する質点≫

問1. 質点が壁に衝突するまでの速度の x 成分は $v_0\cos\beta$ で等速なので

$$v_{xO} = v_0\cos\beta$$

$$t_B = \frac{L}{v_0\cos\beta}$$

問2. 質点と壁との衝突において，速度の y 成分は変化しないので，質点が点Cに到達するまでの y 方向の運動は，初速度 $v_0\sin\beta$，加速度 $-g\sin\alpha$ の等加速度運動である。点Oから点Aに到達するまでの時間は t_{AC} と等しいので

$$0 = v_0\sin\beta - g\sin\alpha \cdot t_{AC}$$

$$t_{AC} = \frac{v_0\sin\beta}{g\sin\alpha}$$

問3. 最高点において速度の y 成分は0であるので

$$v_{yA} = 0$$

時間 t_A は

$$t_A = t_{AC} = \frac{v_0\sin\beta}{g\sin\alpha}$$

高さ H_A は，投げ出された直後の質点の速度の y 成分

$$v_{y0} = v_0\sin\beta$$

を用いて

$$H_A = v_{y0}t_A - \frac{1}{2}g\sin\alpha \cdot t_A{}^2$$

$$= v_0\sin\beta\frac{v_0\sin\beta}{g\sin\alpha} - \frac{1}{2}g\sin\alpha\left(\frac{v_0\sin\beta}{g\sin\alpha}\right)^2 = \frac{(v_0\sin\beta)^2}{2g\sin\alpha}$$

問4. 質点と壁との衝突において，速度の x 成分は $-e_1$ 倍になり，y 成分は変化しないことに注意すると

$$v_{xC} = -e_1 v_0\cos\beta$$

$$v_{yC} = -v_0\sin\beta$$

問5. 質点と縁面との衝突において，速度の x 成分は変化せず，y 成分は $-e_2$ 倍になるので

$$V_{\mathrm{C}} = \sqrt{(v_{x\mathrm{C}})^2 + (-e_2 v_{y\mathrm{C}})^2} = \sqrt{{v_{x\mathrm{C}}}^2 + (e_2 v_{y\mathrm{C}})^2}$$

問6．縁面に衝突直後の速度の y 成分は

$$-e_2 v_{y\mathrm{C}} = -e_2(-v_0 \sin\beta) = e_2 v_0 \sin\beta$$

高さ H_{D} は H_{A} と同様にして

$$H_{\mathrm{D}} = \frac{(e_2 v_0 \sin\beta)^2}{2g \sin\alpha}$$

3　解答

問1．(1) hay fever　(2) dark（または dim）
(3) 8:30　(4) pupils　(5) sarin

問2．表1：

March 20th	Symptom	Type of Treatment/ Medication
PM	abnormal pupil size	eyedrops
24:00	huge dull headache	an injection

表2：(March 20th)—A　(March 21st)—C　(March 22nd)—B

問3．A）

問4．B）

問5．〈解答例1〉 Because he was a person who would not follow orders unless they were the right thing to do.

〈解答例2〉 Because he was not convinced that was the right thing to do.

問6．B氏は組織の中でエリートの地位にはいなかったから。（20字以上30字以内）

問7．B）

問8．〈解答例1〉 Morally, I would reject such an instruction. But what one person thinks is wrong may not be wrong from others' point of view. In such case, I might reconsider and accept it even if I had previously judged it to be wrong. (in at least 40 words)

〈解答例2〉 I think I would follow the instruction even if I did not agree with it in my mind. In Japanese society, being well integrated into the community is sometimes more important than justice. And if I can be convinced that we would have some positive outcome, then whether or not my senior is wrong is not the most important issue. (in at least 40 words)

■■■■■ ◀解　説▶ ■■■■■

≪地下鉄サリン事件に関わるインタビュー≫

問 1．(1)Interview with Mr. A の第 3 段第 4 文（I was taking …）および第 6 段第 1 文（For peace of mind, …）より hay fever「花粉症」の治療を受けていたことがわかる。

(2)第 4 段第 1 文（But everything was …）より dark。または第 3 段第 2 文（It had been …）より dim。

(3)第 2 段第 2 文（I left the house …）に，A 氏が家を出たのが午前 7 時前で，通勤時間が 1 時間 30 分とあり，計算すると A 氏が新宿御苑前駅に到着したのが午前 8 時 30 分頃だとわかる。最初に彼が異変を感じたのが新宿御苑前駅を出たときだとかかりつけ医は書いているので，答えは午前 8 時 30 分頃となる。

(4)第 6 段第 3 文（So I went …）より，pupil「瞳孔」をかかりつけ医に検査してもらったことがわかる。

(5)第 6 段第 2・3 文（It was still … immediate hospitalization.）より，sarin が入る。

問 2．表 1 ：(Symptom 24:00) 第 7 段第 3・4 文（But at night … thud of pain.）から，huge dull headache が入る。

(Type of Treatment/ Medication PM) 第 8 段第 1 文（The eyedrops …）より eyedrops「点眼薬」を処方されていたことがわかる。

(Type of Treatment/ Medication 24:00) 第 7 段第 5 文（I called over …）より injection「注射」をしてもらったことがわかる。

表 2 ：まず第 8 段第 1 文（The eyedrops …）より，処方された目薬により瞳孔が拡張して明るく見えすぎたことがわかる。したがって，March 21st の瞳孔は normal より大きい C となる。その前日となる March 20th は，第 3 段第 1 文（I got off …）で「すべてが暗く見える」と異常を自覚しているが，それは瞳孔が normal な状態より縮小していたと考えられるので A。March 22nd は第 8 段第 3 文（Thanks to …）で，瞳孔が normal に戻ったと記述されているので B。

問 3．pull through は「乗り越える」という意味だが，文脈から考えても

「悪い状態から好転した」となる，A）become well again が正解。B）
draw up「近づく，引き寄せる」　C）get worse「悪くなる」　D）pass
away「亡くなる」

問4．第9段最終文（I'd been right …）の I felt like … に，現実に起き
た無差別テロ行為に対し感覚的には他の誰かの問題のように，つまり非現
実的なものとしてしか受け止められていないことが書かれているので，
B）がその心理の説明として最も適切である。

問5．下線部4）の次文（My way of …）以降よりまとめる。「命令され
ても正しいことでなければ協力しない」という B 氏の主張を英文で示す。

問6．下線部5）に続く文（I wasn't one …）に「私はエリートの一人で
はなかった」とあり，また続く文（The Ministry of …）から，オウム真
理教の「科学技術省」は麻原の信任厚いエリートとその「下請け人たち」
に分かれていて，B 氏はその最下層に属していたと述べている。よって，
下線部5）「とにかく，私がこの罪を犯すことに（麻原から）選ばれる可
能性は非常に低かった」と発言した。

問7．空欄あを含む文の次文（I doubt if …），および3文後（No one
who …）に「サリンの散布を命じられたらその実行者たちは論理的思考
ができなかったのではないか」「実行したらどうなるかと論理的に考えら
れる人などいなかった」という主旨のことが書かれていることから，B）
logic「論理」が適切である。

問8．「上司に間違っていると思ったことをするように命令されたらあな
たはどうするか」という質問だが，従うか，従わないかを明確にしてその
理由を述べる答え方が望ましい。双方の場合を想定した解答例を提示して
おく。

〔解答例1〕の大意は以下の通り。「道徳的に考えて，そのような指示を私
は拒否するだろう。しかし，ある人が誤りだと思うことが別の人の視点か
らだと誤りだとは言えない場合もあるだろう。そのような場合，誤りだと
事前に判断したとしても考え直してそれを受け入れることもあるかもしれ
ない」

〔解答例2〕の大意は以下の通り。「たとえ心の中で納得がいかなくても，
その指示には従うと思う。日本社会では，社会にうまく溶け込むことが，
時に正義よりも大切なことである。そして，何か良い結果が得られると確
信できれば，上司が悪いかどうかは最重要なことではない」

福島県立医科大学　医学部

■学校推薦型選抜（共通テストを課す）

▶選抜方法

選抜は，総合問題，大学入学共通テストおよび面接の結果，並びに高等学校長の推薦書，調査書等の出願書類を総合的に評価して行う。

したがって，大学入学共通テスト，総合問題および面接の合計得点が合格者最低得点を上回っていても，不合格になる場合がある。

▶大学入学共通テストの利用教科・科目

教　科	科　　　　　　　目
国　語	「国語」
地　歴	「世界史B」，「日本史B」，「地理B」 ┐
公　民	「倫理，政治・経済」　　　　　　　┘から1
数　学	「数学Ⅰ・数学A」（必須）
	「数学Ⅱ・数学B」，「簿記・会計」，「情報関係基礎」から1
理　科	「物理」，「化学」，「生物」から2
外国語	「英語（リスニングを含む）」
	［5教科7科目］

（注）「地理歴史」と「公民」において2科目受験した場合は，第1解答科目を採用する。

▶配　点

大学入学共通テスト					総合問題	面接	計
国語	地歴・公民	数学	理科	外国語			
100	50	100	100	100	300	60	810

（注）
- 外国語の配点は，リーディング（100点満点）を（60点満点），リスニング（100点満点）を（40点満点）に圧縮し100点満点とする。ただし，リスニングが免除された場合は，リーディングの点数をそのまま利用する。
- 大学入学共通テストの成績が，各教科の配点合計の概ね80％以上の者を選抜の対象とする。

問題編

●総合問題（150 分）

〔1〕

問1 座標平面上に2点 F$(\sqrt{5}, 0)$, F′$(-\sqrt{5}, 0)$ がある。次の問いに答えなさい。

(1) F, F′ からの距離の差が4である点の軌跡を求め, その概形もかきなさい。

(2) 点 F を通り, 傾き $k(k > 0)$ の直線 ℓ があって, (1)の軌跡と x 座標がともに正である 2点 A, B で交わるとき, $k > \dfrac{1}{2}$ であることを証明しなさい。

問2 k を自然数とし, 縦に一列に並んだ $k + 2$ 区画の陣地(コマ)を使って, A, B の二人が互いに端から碁石を進めて行く次のようなゲームをする。最初に A, B はそれぞれの端のコマに自分の碁石を置く。サイコロをそれぞれが1個ずつ振って大きい目が出たほうを勝ちとして, 碁石を相手側に1コマ進める。同じ目が出た場合は引き分けとし, 碁石は動かさない。碁石同士が隣り合うとゲームが終了となり, A, B は, それぞれの碁石がそこまで移動したコマ数をポイントとして得る。サイコロの目が出る確率はすべて等しいとき, 次の問いに答えなさい。

(1) n 回目のサイコロ投げが終了した時点で, A, B の移動回数がそれぞれ x 回, y 回とした時, (x, y) の組み合わせが何通りあるかを, n, k で表わしなさい。

(2) n 回目のサイコロ投げで, A が x ポイントを得てゲームが終了する確率 $q_x(n)$ を求めなさい。

(3) $k = 2$ のとき, 碁石同士が隣り合うまでサイコロ投げを続けるとした場合, A が2ポイントを得る確率 Q を求めなさい。ただし, 一般に実数 $a(a > 1)$ に対し, $\displaystyle\lim_{k \to \infty} \dfrac{k}{a^k} = 0$ が成り立つことを証明なく使用してよい。

〔2〕

問 1 以下の文章を読んで，問いに答えなさい。

体組成の分析には長い歴史があり，様々な分析方法が考案されてきた。体組成分析においては，身体を体脂肪と体脂肪以外（以下，除脂肪と呼ぶ）に分けて考えるのが最も単純な考え方である。以下，体脂肪，除脂肪それぞれの密度は一定で既知と仮定する。

現在では家庭用の体組成計が市販され，手軽に体脂肪率が測定できる。家庭用の体組成計に応用されているのは，生体電気インピーダンス法と呼ばれる方法である。これは，体脂肪に比べて除脂肪の中に（ ① ）質が多く含まれているため，体脂肪での電気抵抗が除脂肪に比べて（ ② ）ことを利用している。そのため体内に微弱な電流を流し，電気抵抗を測定することによって体脂肪率を求めている。ここで人体を円柱で近似し，かつ体脂肪と除脂肪がそれぞれ体内に一様に分布していると仮定すると，体内に電流を流したときの電気抵抗は，円柱の長さ（身長）に（ ③ ）し，円柱の断面積（円柱の体積/身長）に（ ④ ）する。そこで電気抵抗の測定値をもとに，身長による補正も行って円柱の体積の中で除脂肪の占める体積を求める。さらに円柱の重量（体重）の値と除脂肪の密度を用いることによって体脂肪率（体重の中で体脂肪の重量の占める割合）が得られる。

生体電気インピーダンス法以外にも，今までに様々な体組成分析の方法が考案されてきた。体脂肪および除脂肪の密度が既知であれば，体脂肪と除脂肪を合わせた身体全体の密度（体密度）を何らかの方法で求めることによって体脂肪率が得られる。ここで体密度は，空気中で測定した体重を人体の「実質体積」で割ることによって求められる。実質体積とは，身体の体積から体内に残っている気体の体積（呼吸器系の中に残っている空気や腸管ガスを合わせた体積）を差し引いたものと定義する。

身体の体積を求める方法の一つとして，水中体重測定法がある。被験者が水中に完全に沈んだ状態で体重を測定することによって，アルキメデスの原理から身体の体積を求める。加えて，空気中における体重を測定し，かつ体内に残っている気体の体積の補正を行うと，体密度が得られる。

身体の体積を求める別の方法として，密閉されたチャンバー（小部屋）を用いる空気置換法がある。この方法で用いる装置は，図に示したような二つに分かれた部屋の一方に被験者が入る構造になっている。密閉性を保ちつつ二つの部屋を分ける壁を基準の位置から移動させる。基準位置，および壁を移動させたときの圧力を測定することによって，身体の体積を求める。水中体重測定法と同様に，空気中における体重を測定し，かつ体内に残っている気体の体積を補正することで，体密度が得られる。

また除脂肪の重量を求める方法として，人体内に必須元素として存在しているカリウムを用いた体内カリウム法がある。これは，脂肪組織ではカリウムの含有濃度が極めて低いこと，またカリウムの同位体の中には放射線を出す性質を持つ ^{40}K があることを利用している。この方法では，体内の放射能を測定するヒューマンカウンタという装置を用いて，^{40}K の量を測定する。除脂肪 1 kg 中のカリウム濃度がわかれば，測定した ^{40}K の量から除脂肪の重量を求めることができる。

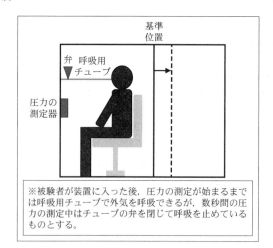

図　空気置換法による体密度測定の装置（概念図）

(1) 下線部(A)の（　①　）～（　④　）に当てはまる適切な語を書きなさい。

(2) 下線部(B)について，体密度を D_B，体脂肪の密度を D_F，除脂肪の密度を D_M としたとき，体脂肪率を D_B，D_F，D_M を用いて表しなさい。体脂肪率は，体脂肪の重量 F を空気中で測定した体重 W_1 で割った値とする。

(3) 下線部(C)について，(2)の W_1，水中で測定した体重 W_2，体内に残っている気体の体積 R，水の密度 D_W を用いて体密度 D_B を表しなさい。なお，水中と空気中における身体の体積は同一であると仮定する。

(4) 下線部(D)について，図に示す装置を用いてボイルの法則から身体の体積を求められることを説明しなさい。必要であれば，数式を使っても良い。

　ここで，1）装置内の部屋の気温は常に一定である，2）壁を移動させたときに，被験者の入る部屋の体積の増加分は既知とする，3）被験者の呼吸による身体体積の変化は無視する，4）壁の移動の前後で，身体の体積は変化しない，5）図に示す呼吸用チューブの体積は無視するものとする。

(5) 下線部(E)について，体重 65 kg の被験者の体内に存在する ^{40}K が原子の個数として 2.4×10^{20} であったとする。^{40}K の原子数での存在比は 0.012 ％，アボガドロ数を 6.0×10^{23}/mol，カリウムの原子量を 39.1 として，この被験者の体脂肪率を有効数字 2 桁まで計算しなさい。カリウムは体脂肪に含まれないものと仮定し，除脂肪 1 kg に含まれるカリウム量を 2.5 g と仮定する。

問 2 以下の文 1 ～文 3 を読んで，問いに答えなさい。

文 1：アデノウイルスは人の呼吸器感染症や結膜炎などの病気の原因となる。このウイルスの粒子は直径が約 80 nm（1 nm ＝ 1 × 10^{-9} m）の正 20 面体から構成され，表面に多数の球状タンパク質が整列し，正 20 面体の各頂点から突起状に伸びるファイバーを持つ（図 1 a）。図 1 b に，ウイルス粒子の構造を模式的に示す。正 20 面体においては，O を外接球の中心，X，Y，Z をそれぞれ，それらの点を通る辺の中点とすると，線分 OX，OY，OZ はたがいに直交する。また，それらの線分の長さは40 nm とする。

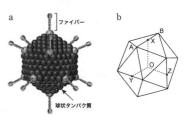

図 1 (a) アデノウイルスの構造
(b) ウイルス粒子構造の模式図

(1) ウイルス粒子の 1 辺の長さはいくらか，有効数字 2 桁で答えなさい。なお，$\sqrt{5}$ ＝ 2.24 とする。求め方も簡潔に示しなさい。

(2) ウイルス粒子の体積はいくらか，有効数字 2 桁で答えなさい。求め方も簡潔に示しなさい。

文 2：アデノウイルスの遺伝子は約 3.6 × 10^4 塩基対の二本鎖 DNA であり，ウイルス粒子の内部に存在する。DNA はグアニン（G），アデニン（A），シトシン（C），チミン（T）の 4 種類の塩基を含み，いずれかの塩基が糖に結合し，糖はリン酸を介して一定の方向に鎖状に結び付く。二本の DNA の鎖は互いに方向が異なり，G と C あるいは A と T の塩基が対合（塩基対を形成）して，二本鎖 DNA となる。図 2 のように，二本鎖 DNA はねじれて，らせん状の構造を形成し，1 回転のらせんの長さは 3.6 nm で，そこに 10.5 塩基対が含まれることがわかっている。また，らせん構造の直径は 2.0 nm である。

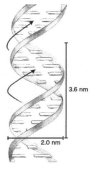

図 2 DNA の二重らせん構造

(3) アデノウイルスの DNA を 3.6 × 10^4 塩基対とし，それが直線状に存在する場合の長さと，DNA を円柱と仮定した場合の体積を求め，有効数字 2 桁で答えなさい。求め方も簡潔に示しなさい。

⑷ 上記の問いで求めた値に基づいて，ウイルス粒子の直径とウイルス DNA の長さ，および，両者の体積を比較し，DNA は粒子の内部でどのような形態で存在すると考えられるか，答えなさい。

　文3：検体に含まれるアデノウイルス DNA の量は，ポリメラーゼ連鎖反応(PCR)によって測定できる。図3の矢印 X と Y は，プライマーと呼ばれる 20 塩基ほどの短い一本鎖 DNA を示し，それぞれの塩基配列はウイルス DNA の一部の配列に一致する。ウイルス DNA を含む反応液に，これらの2種類のプライマーを加え，複数回の複製反応を繰り返すことにより，プライマー配列を末端に持つ DNA 断片を増幅することができる。PCR の1回の反応により，DNA の分子数は反応前の分子数のおおよそ2倍になる。この反応の際，増幅した DNA に特殊な試薬を取り込ませ，その取り込み量を測定することによって DNA 増幅量を見積もることができる。図4に，濃度(1 mL あたりに含まれる分子の数)のわかった4種類の標準 DNA 溶液(A〜D 溶液)を PCR によって分析した DNA 増幅曲線を示す。それぞれの標準液の増幅曲線において，ある一定の値(検出閾値)に到達するまでにかかった反応回数を増幅閾値(Ct 値)と定義する。

DNA

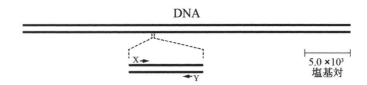

図3　アデノウイルス DNA と PCR 用のプライマー：黒線は二本鎖 DNA を示す。点線は DNA の一部の領域の拡大を表し，矢印は2種類のプライマーの位置と方向を示す。

⑸ 標準 DNA 溶液の濃度と PCR の Ct 値の間の関係を知るために解答用紙のグラフ(片対数グラフ)に各値をプロットしなさい。この結果から，両者の関係を示し，さらに DNA 濃度と反応回数の間にどのような関連があるか考察しなさい。

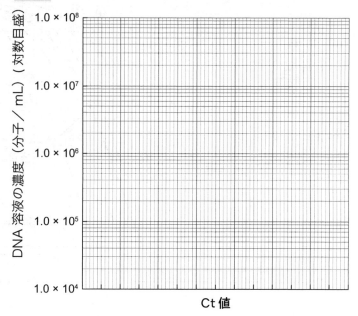

⑹　ここに未知の濃度のアデノウイルスを含む検体(水溶液)がある。この検体の一部を採取
し，PCR を行ったところ，図4にある増幅曲線を示した。この検体に含まれるアデノウ
イルス DNA の濃度を，問⑸の結果を利用して見積もりなさい。求め方も簡潔に示しな
さい。

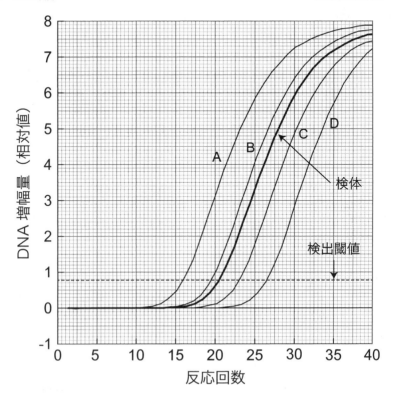

図4 PCR による DNA の増幅：標準 DNA 溶液を用いた PCR の DNA 増幅曲線を細線で
示し，濃度未知の検体の DNA 増幅曲線を太線で示す。A～D 溶液の DNA 濃度は，それ
ぞれ 4.0×10^7，4.0×10^6，4.0×10^5，4.0×10^4 である。この反応では，DNA 増幅量
の検出閾値は 0.77 であり，これを点線で示す。

〔3〕　"Humanizing Artificial Intelligence"と題した次の文章を読んで，以下の問いに答えなさい。

著作権の都合上，省略。

著作権の都合上，省略。

（出典：Sonoo T. Israni and Abraham Verghese. *JAMA.* 2019；321(1)：29-30. より改変）

encompass[1]　含む

machine learning[2]　機械学習

natural language processing[3]　自然言語処理

emulate[4]　模倣して実行する

undeniable[5]　否定できない

clinician[6]　臨床医

Gilder[7]　米国の作家（Mr. George Gilder）

counterfactual[8]　現実にはないもの

empathy[9]　共感

advocate[10]　擁護する

messy[11]　厄介な

Osler[12]　米国の内科医（Dr. William Osler）

astute[13]　明敏な

electronic health record system[14]　電子診療録システム

previsit[15]　診察前の

rote[16]　決まり切ったやり方の

clinical encounter[17]　医療面接

prioritize[18]　優先する

ethnicity[19]　民族性

chronic[20]　慢性の

compassionate[21]　思いやりがある

Peabody[22]　米国の内科医（Dr. Francis W. Peabody）

informatics[23]　情報学

問 1　文章中の（　ア　）～（　カ　）に適切な前置詞を入れなさい。

問 2　著者は芸術における AI による創造性をどのように捉えているか。60 文字以内の日本語で記しなさい。

問 3　著者が示している AI の将来に関する議論においてこれまで見過ごされてきた AI の可能性は何か。40 文字以内の日本語で記しなさい。

問 4　下線部(1)を和訳しなさい。

問 5　下線部(2)の "framily" とは何を意味しているか。20 文字以内の日本語で記しなさい。

問 6　医療に用いる AI の構築のためのデータセット（臨床的情報群）において，著者は何を考慮すべきと述べているか。80 文字以内の日本語で記しなさい。

問 7　下線部(3)を和訳しなさい。

問 8　下線部(4)で示すブレークスルーをもたらすものは何か。"artificial intelligence"を含む 12 単語以内の英文で記しなさい。

解答編

●総合問題

1 【解答】 問1. (1) 求める軌跡上の点を $P(x, y)$ とおくと，条件から

$$|PF - PF'| = 4$$

であるから

$$\left| \sqrt{(x - \sqrt{5})^2 + y^2} - \sqrt{(x + \sqrt{5})^2 + y^2} \right| = 4$$

$$\sqrt{(x - \sqrt{5})^2 + y^2} = \sqrt{(x + \sqrt{5})^2 + y^2} \pm 4$$

$$(x - \sqrt{5})^2 + y^2 = (x + \sqrt{5})^2 + y^2 \pm 8\sqrt{(x + \sqrt{5})^2 + y^2} + 16$$

$$\sqrt{5}x + 4 = \mp 2\sqrt{(x + \sqrt{5})^2 + y^2}$$

$$(\sqrt{5}x + 4)^2 = 4\{(x + \sqrt{5})^2 + y^2\}$$

$$x^2 - 4y^2 = 4$$

$$\frac{x^2}{4} - y^2 = 1 \quad \cdots\cdots①$$

よって，求める軌跡は漸近線が $y = \pm\dfrac{1}{2}x$，焦点が $(\pm\sqrt{5}, 0)$ の双曲線である（概形は右図）。

$$\cdots\cdots（答）$$

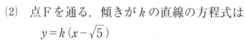

(2) 点 F を通る，傾きが k の直線の方程式は

$$y = k(x - \sqrt{5})$$

であるから，①と連立すると

$$\frac{x^2}{4} - \{k(x - \sqrt{5})\}^2 = 1$$

$$(1 - 4k^2)x^2 + 8\sqrt{5}k^2 x - 20k^2 - 4 = 0 \quad \cdots\cdots②$$

これが異なる正の2解をもつのは，すべての k に対して $-20k^2 - 4 < 0$ であることに注意して

$$y = (1 - 4k^2)x^2 + 8\sqrt{5}k^2 x - 20k^2 - 4$$

のグラフが右図のようになるときである。この条件は，②の判別式を D として

$$\begin{cases} D > 0 \\ \dfrac{4\sqrt{5}\,k^2}{4k^2-1} > 0 \end{cases}$$

であり

$$D = 4\{(4\sqrt{5}\,k^2)^2 + (1-4k^2)(20k^2+4)\} = 16(k^2+1) > 0$$

なので，$k > 0$ より，求める条件は $4k^2 - 1 > 0$

つまり，$k > \dfrac{1}{2}$ である。   (証明終)

問2．(1) （ⅰ） $n \geqq k$ のとき

$$0 \leqq x + y \leqq k$$

である。

$x + y = m$ のとき，$(x,\ y)$ の組の個数は，$(0,\ m) \sim (m,\ 0)$ まで $m+1$ 個である。

よって，求める組の個数は，$0 \leqq m \leqq k$ より

$$\sum_{m=0}^{k} (m+1) = \frac{(k+1)(k+2)}{2}$$

（ⅱ） $1 \leqq n \leqq k$ のとき

$$0 \leqq x + y \leqq n$$

であり，（ⅰ）と同様にして $\dfrac{(n+1)(n+2)}{2}$

（ⅰ），（ⅱ）より，求める組の個数は

$$\begin{cases} \dfrac{(k+1)(k+2)}{2} & (n \geqq k) \\ \dfrac{(n+1)(n+2)}{2} & (1 \leqq n \leqq k) \end{cases} \quad \cdots\cdots(答)$$

(2) サイコロをそれぞれが1個ずつ振って同じ目が出る確率は

$$\frac{6}{36} = \frac{2}{12}$$

A，Bの目の方が大きい確率はそれぞれ等しく

$$\frac{1}{2}\left(1 - \frac{2}{12}\right) = \frac{5}{12}$$

である。

〔Ⅰ〕 $n \geqq k$ の場合

（i）$n=1$ のとき，$k=1$ となる。

$$q_0(1) = \frac{5}{12}$$

$$q_1(1) = \frac{5}{12}$$

（ii）$n \geqq 2$ のとき

以下，碁石が動かない場合を，0 進むと表現する。

n 回目に A が進んで終了するのは，$n-1$ 回目までに A が $x-1$，B が $k-x$ 進み，n 回目に A が 1 進む場合である。

n 回目に B が進んで終了するのは，$n-1$ 回目までに A が x，B が $k-x-1$ 進み，n 回目に B が 1 進む場合である。

いずれの場合も引き分けが $n-k$ 回あるから，$q_x(n)$ は

$$q_x(n) = {}_{n-1}C_{x-1}\left\{ {}_{n-1-(x-1)}C_{k-x}\left(\frac{5}{12}\right)^{k-x}\left(\frac{2}{12}\right)^{n-k}\right\}\left(\frac{5}{12}\right)^{x-1}\cdot\frac{5}{12}$$

$$+ {}_{n-1}C_x\left\{ {}_{n-1-x}C_{k-x-1}\left(\frac{5}{12}\right)^{k-x-1}\left(\frac{2}{12}\right)^{n-k}\right\}\left(\frac{5}{12}\right)^x\cdot\frac{5}{12}$$

$$= \frac{(n-1)!}{(n-x)!(x-1)!}\cdot\frac{(n-x)!}{(n-k)!(k-x)!}\left(\frac{5}{12}\right)^k\left(\frac{2}{12}\right)^{n-k}$$

$$+ \frac{(n-1)!}{(n-x-1)!x!}\cdot\frac{(n-1-x)!}{(n-k)!(k-x-1)!}\left(\frac{5}{12}\right)^k\left(\frac{2}{12}\right)^{n-k}$$

$$= \frac{k(n-1)!}{x!(n-k)!(k-x)!}\left(\frac{5}{12}\right)^k\left(\frac{2}{12}\right)^{n-k}$$

（i）の結果は，（ii）の式を満たすので，〔Ⅰ〕で求める確率 $q_x(n)$ は

$$q_x(n) = \frac{k(n-1)!}{x!(n-k)!(k-x)!}\left(\frac{5}{12}\right)^k\left(\frac{1}{6}\right)^{n-k}$$

〔Ⅱ〕 $1 \leqq n \leqq k-1$ の場合

$$q_x(n) = 0$$

〔Ⅰ〕，〔Ⅱ〕より，求める確率は

$$q_x(n) = \begin{cases} \dfrac{k(n-1)!}{x!(n-k)!(k-x)!}\left(\dfrac{5}{12}\right)^k\left(\dfrac{1}{6}\right)^{n-k} & (n \geqq k) \\ 0 \quad (1 \leqq n \leqq k-1) \end{cases} \quad \cdots\cdots（答）$$

（3）$k=2$，$x=2$ のとき，（2）の結果から，$n=1$ の場合も含めて

$$q_2(n) = (n-1)\left(\frac{5}{12}\right)^2\left(\frac{1}{6}\right)^{n-2}$$

であり

$$Q = \sum_{n=1}^{\infty} q_2(n) = \sum_{n=2}^{\infty} q_2(n)$$

である。$Q_n = \sum_{k=2}^{n} q_2(k)$ とおくと

$$Q_n = 1 \cdot \left(\frac{5}{12}\right)^2 + 2\left(\frac{5}{12}\right)^2 \cdot \frac{1}{6} + 3\left(\frac{5}{12}\right)^2 \left(\frac{1}{6}\right)^2 + \cdots + (n-1)\left(\frac{5}{12}\right)^2 \left(\frac{1}{6}\right)^{n-2}$$

$$-)\ \frac{1}{6} Q_n = \qquad 1 \cdot \left(\frac{5}{12}\right)^2 \cdot \frac{1}{6} \ + 2\left(\frac{5}{12}\right)^2 \left(\frac{1}{6}\right)^2 + \cdots + (n-2)\left(\frac{5}{12}\right)^2 \left(\frac{1}{6}\right)^{n-2} + (n-1)\left(\frac{5}{12}\right)^2 \left(\frac{1}{6}\right)^{n-1}$$

$$\frac{5}{6} Q_n = \left(\frac{5}{12}\right)^2 \ + \left(\frac{5}{12}\right)^2 \cdot \frac{1}{6} \ + \left(\frac{5}{12}\right)^2 \left(\frac{1}{6}\right)^2 + \cdots + \left(\frac{5}{12}\right)^2 \left(\frac{1}{6}\right)^{n-2} \qquad - (n-1)\left(\frac{5}{12}\right)^2 \left(\frac{1}{6}\right)^{n-1}$$

$$= \left(\frac{5}{12}\right)^2 \frac{1 - \left(\frac{1}{6}\right)^{n-1}}{1 - \frac{1}{6}} - (n-1)\left(\frac{5}{12}\right)^2 \left(\frac{1}{6}\right)^{n-1}$$

$$\therefore \quad Q_n = \frac{1}{4}\left\{1 - \left(\frac{1}{6}\right)^{n-1}\right\} - \frac{5}{24}(n-1)\left(\frac{1}{6}\right)^{n-1}$$

$a > 1$ のとき $\lim_{k \to \infty} \dfrac{k}{a^k} = 0$ であるから

$$\lim_{n \to \infty} (n-1)\left(\frac{1}{6}\right)^{n-1} = 0$$

また，$\lim_{n \to \infty} \left(\dfrac{1}{6}\right)^{n-1} = 0$ であるから

$$Q = \lim_{n \to \infty} Q_n = \frac{1}{4} \quad \cdots\cdots(答)$$

◀解　説▶

≪双曲線と直線，反復試行の確率，確率の極限≫

問1．(1)　軌跡上の点を P(x, y) とおくと，条件から

$$|\mathrm{PF} - \mathrm{PF'}| = 4$$

であり，これから x, y の満たす方程式を導く。

(2)　双曲線と直線の方程式を連立して x の2次方程式をつくり，これが異なる正の2解をもつ条件を求める。

問2．(1)　$n \geq k$，$1 \leq n \leq k$ で場合分けする必要があり，それぞれ，$0 \leq x + y \leq k$，$0 \leq x + y \leq n$ となる組合せの個数を考える。

(2)　n 回目にAまたはBが進んでゲームが終了する。それぞれの反復試行の確率の和を求める。

(3) $q_x(n)$ の和の極限を求める。

2 解答

問1．(1)　①電解　②大きい　③比例　④反比例

(2)　身体の体積，体脂肪の体積，除脂肪の体積をそれぞれ V, V_F, V_M とおくと，$V = V_F + V_M$ であるから

$$W_1 = D_B V = D_F V_F + D_M V_M = D_F V_F + D_M(V - V_F)$$

これより

$$(D_B - D_M)V = (D_F - D_M)V_F \qquad V_F = \frac{D_B - D_M}{D_F - D_M}V$$

体脂肪率 $= \dfrac{D_F V_F}{W_1}$ であるから

$$\frac{D_F V_F}{W_1} = \frac{D_F \times \dfrac{D_B - D_M}{D_F - D_M} \times V}{D_B V} = \frac{D_F(D_B - D_M)}{D_B(D_F - D_M)} \quad \cdots\cdots (答)$$

(3)　空気中と水中の体重の差は水中における浮力に等しいので

$$W_1 - W_2 = D_W(V + R) \qquad V = \frac{W_1 - W_2}{D_W} - R$$

一方，$D_B = \dfrac{W_1}{V}$ であるから

$$D_B = \frac{W_1}{\dfrac{W_1 - W_2}{D_W} - R} = \frac{D_W W_1}{W_1 - W_2 - D_W R} \quad \cdots\cdots (答)$$

(4)　身体の体積（体内に残っている気体の体積 R を含まない），基準位置でのチャンバーの体積，壁を移動させたのちのチャンバーの体積をそれぞれ V, V_0, V_1 とする。また，基準位置および壁を移動させたのちのチャンバー内の気体の圧力をそれぞれ P_0, P_1 とする。壁の移動前後で気温は一定であり，チャンバー内の物質は固体または液体である身体を除いてすべて気体であるから，これらの気体についてボイルの法則が当てはまる。したがって

$$P_0(V_0 - V) = P_1(V_1 - V) \qquad V = \frac{P_0 V_0 - P_1 V_1}{P_0 - P_1}$$

となり，V を求めることができる。

なお，R の圧力は体外の気体の圧力に常に等しいから，壁の移動前後で

の R の圧力はそれぞれ P_0，P_1 であり，体外の気体と一体として扱うことができる。

(5) この被験者の体内に存在するカリウムの質量〔g〕は

$$2.4 \times 10^{20} \times \frac{100}{0.012} \times \frac{1}{6.0 \times 10^{23}} \times 39.1 = 1.30 \times 10^2 〔g〕$$

よって，この被験者の除脂肪の質量〔kg〕は

$$\frac{1.30 \times 10^2}{2.5} = 52.0 〔kg〕$$

したがって，求める体脂肪率は

$$\frac{65 - 52.0}{65} \times 100 = 20.0 ≒ 2.0 \times 10 〔％〕 \quad ……（答）$$

問 2．(1) ウイルス粒子の 1 辺の長さを s〔nm〕，線分 OX の長さを t〔nm〕，A から線分 OY に下ろした垂線の足を H とする。

$$AH = OX = t, \quad YH = OY - OH = t - \frac{1}{2}s, \quad AY = \frac{\sqrt{3}}{2}s$$

であるから，$AY^2 = AH^2 + YH^2$ より

$$\frac{3}{4}s^2 = t^2 + \left(t - \frac{1}{2}s\right)^2$$

整理すると $s^2 + 2st - 4t^2 = 0$ となり $\quad s = -t \pm \sqrt{5}\,t$

$s > 0$ より $\quad s = (\sqrt{5} - 1)\,t$

$t = 40$，$\sqrt{5} = 2.24$ を代入して

$$s = (2.24 - 1) \times 40 = 49.6 ≒ 5.0 \times 10 〔nm〕 \quad ……（答）$$

(2) 正 20 面体の面のうち A と Y を含む三角形を一つの面とし，O を一つの頂点とする三角錐の体積 V〔nm^3〕を考える。(1)の s，t を用いると

$$V = \frac{1}{3} \times \frac{1}{2} \times s \times t \times t = \frac{1}{6}st^2$$

となり，正 20 面体の体積は，V の 20 倍になるので，求める体積は

$$20V = \frac{10}{3}st^2 = \frac{10}{3} \times 49.6 \times 40^2 = 2.64 \times 10^5 ≒ 2.6 \times 10^5 〔nm^3〕$$

$$……（答）$$

(3) $\quad$ 長さ $= \dfrac{3.6 \times 10^4 \times 3.6}{10.5} = 1.23 \times 10^4 ≒ 1.2 \times 10^4 〔nm〕 \quad ……（答）$

円柱の体積 $= 3.14 \times 1.0^2 \times 1.23 \times 10^4 = 3.86 \times 10^4 ≒ 3.9 \times 10^4 〔nm^3〕$

……(答)

⑷　ウイルス DNA の体積は，ウイルス粒子の体積の 6〜7 分の 1 程度であるが，ウイルス DNA の長さはウイルス粒子の直径の 150 倍もある。このことから，ウイルス DNA は何重にも折りたたまれた状態で，ウイルス粒子内部に存在すると考えられる。

⑸　グラフ：下図。

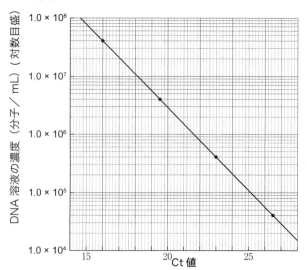

考察：DNA 溶液の濃度が 10 倍になると，Ct 値は約 3.5 ずつ減少するという関係にある。すなわち，検体に含まれる DNA 濃度が高いほど，より少ない反応回数で検出閾値に達する。

⑹　検体の Ct 値は，図 4 より約 20.5 であり，DNA 溶液の濃度と Ct 値のグラフから，DNA の濃度は 2.0×10^6 分子/mL 程度と推定される。

━━━━━◀解　説▶━━━━━

≪身体の体積と体脂肪率の測定, ウイルスの体積, 粒子内の DNA の長さ≫
問 1．⑴　①・②除脂肪は水分を多く含んでいると思われるから，そこには多量の電解質が溶け込んでおり，電気を通しやすい。したがって，体脂肪の電気抵抗は除脂肪よりも大きい。

③・④同一組成の物質で電気抵抗を作る場合，その抵抗値は電気抵抗の長さに比例し，断面積に反比例する。

⑵　ここでの身体の体積 V には，⑶以降で扱われる R は含まれていない。

なお，体脂肪と除脂肪の質量が等しいとき，体脂肪率は $\dfrac{1}{2}$ となる。この
ことを解答の検算に用いることができる。

すなわち

$$D_F V_F = D_M V_M = \frac{1}{2} D_B V$$

よって

$$D_F = \frac{1}{2} \times \frac{D_B V}{V_F} \qquad D_M = \frac{1}{2} \times \frac{D_B V}{V_M}$$

この値を〔解答〕の式に代入すると

$$\frac{D_F(D_B - D_M)}{D_B(D_F - D_M)}$$

$$= \frac{\dfrac{D_B V}{2V_F} \times \left(D_B - \dfrac{D_B V}{2V_M} \right)}{D_B \times \left(\dfrac{D_B V}{2V_F} - \dfrac{D_B V}{2V_M} \right)}$$

$$= \frac{\dfrac{D_B{}^2 V(V_M - V_F)}{4V_F V_M}}{\dfrac{D_B{}^2 V}{2}\left(\dfrac{V_M - V_F}{V_F V_M} \right)} = \frac{1}{2}$$

⑶ 空気中で作用する浮力は，水中での浮力と比べると極めて小さく，その影響を考慮する必要はない。また，D_B の値は D_W に近いから W_2 の値は W_1 に比べてかなり小さいと考えられる。

⑷ R を含む気体の体積は，基準位置では $(V_0 - V)$，壁を移動させたのちには $(V_1 - V)$ である。これらの体積についてボイルの法則が当てはまる。

なお，被験者がチャンバー内の空気を直接呼吸すると，代謝反応によって酸素が消費されたり，二酸化炭素や水蒸気がチャンバー内に放出されたりするので，チャンバー内の圧力が継続的に変化する。このことを防ぐために呼吸用チューブを用いている。

⑸ 長い思考とそのための計算が必要となるが，^{40}K の存在比をスタートとして，この被験者の体内に存在する全カリウムの原子数，その質量，除脂肪の質量，体脂肪の質量，体脂肪率の順に求めていけばよい。

問2. ⑴ 四角形 AYOX について考える。

ウイルス粒子の 1 辺の長さを s〔nm〕とすると，

$AX = \dfrac{1}{2}s$ であり，正 20 面体の各面は正三角形である

ので $AY = \dfrac{\sqrt{3}}{2}s$ となる。

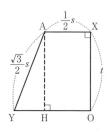

また，X は線分 AB の中点であり，OA＝OB である

から，線分 OX と線分 AX は直交する。Aから線分

OY に下ろした垂線の足を H とすると，四角形 AHOX は長方形となり，

線 分 OX の 長 さ を t〔nm〕と お く と，AH＝OX＝t，YH＝OY－OH

$= t - \dfrac{1}{2}s$ と表せる。三角形 AYH について，$AY^2 = AH^2 + YH^2$ であるから

$$\left(\frac{\sqrt{3}}{2}s\right)^2 = t^2 + \left(t - \frac{1}{2}s\right)^2$$

$$\frac{3}{4}s^2 = t^2 + t^2 - st + \frac{1}{4}s^2$$

$$s^2 + 2st - 4t^2 = 0$$

$$s = \frac{-2t \pm \sqrt{4t^2 + 16t^2}}{2} = -t \pm \sqrt{5}\,t$$

$s > 0$ より　　$s = (\sqrt{5} - 1)\,t$

$t = 40$, $\sqrt{5} = 2.24$ を代入して

　　　$s = (2.24 - 1) \times 40 = 49.6 \fallingdotseq 5.0 \times 10$〔nm〕

(2)　右図のような三角錐を考える。この体積を V〔nm^3〕

とし，(1)同様に s, t を定めると

　　　底面積 $= \dfrac{1}{2}st$

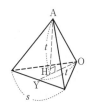

線分AH＝t より　　　$V = \dfrac{1}{3} \times \dfrac{1}{2}st \times t = \dfrac{1}{6}st^2$

求める正 20 面体の体積はこの 20 倍だから

　　　$20V = \dfrac{20}{6}st^2 = \dfrac{20}{6} \times 49.6 \times 40^2 = 2.64 \times 10^5 \fallingdotseq 2.6 \times 10^5$〔nm^3〕

(3)　10.5 塩基対で長さが 3.6nm になることから，DNA 全体の塩基対の

数から長さが求まる。円柱と仮定した場合の体積は，らせん構造の底面の

半径が 1.0nm であることから，円の面積と先に求めた長さを使って計算

すればよい。

(4)　DNA の長さが，ウイルス粒子の直径に比して非常に長いことから，何重にも折りたたまれた状態にあると推定できる。DNA の体積は，粒子の体積の 6～7 分の 1 程度で，体積的には余裕がある。

(5)　片対数グラフであることに注意し，図 4 のグラフから A～D の溶液の Ct 値を求めてプロットすればよい。A～D の溶液は濃度が 10 倍ずつ異なり，濃度が 10 倍高くなるごとに Ct 値は 3.5 ずつ減少する。

(6)　図 4 より検体の Ct 値は約 20.5 と読み取れるので，(5)のグラフから濃度を推定する。

3　解答

問 1．ア．to　イ．for　ウ．in　エ．in　オ．by　カ．in

問 2．AI は創造力がないわけではなく，実際に芸術において創造性を発揮することができ，その結果人を驚かせ，さらに思索へと導く。(60 文字以内)

問 3．臨床医がより優れた，そしてより人間的な医療を提供するのに AI が寄与する可能性。(40 文字以内)

問 4．著作権の都合上，省略。

問 5．友人や家族といった無報酬で介護する人。(20 文字以内)

問 6．社会の典型を反映しており，性別，人種，民族，社会経済的状態，年齢，能力，地理に偏りが生じることがなく，情報科学的だけでなく道徳的にも必要性を満たしていること。(80 文字以内)

問 7．著作権の都合上，省略。

問 8．Artificial intelligence that can help clinicians deliver better and more humanistic care. (12 単語以内)

◀解　説▶

≪患者ケアに寄与する人間的 AI の開発≫

問 1．ア．in addition to ～「～ばかりでなく，～に加えて」　イ．work for ～「～のために働く，～のために作業する」　ウ．engage in ～「～に携わる，～に従事する」　エ．in distress「苦悩して，困って（いる），苦境にある」　オ．be biased by ～「～により（意見，判断）を偏らせる」

カ．in need「困って（いる），欠乏して（いる）」

問 2．第 2 段第 8 文（Machines do create …）の art，第 9 文（Surprises in …）の fine arts に注目する。両文より「AI は芸術において創造性を発揮でき，その結果人を驚かせ，さらに思索へと導く」のようにまとめることができるが，指定されている字数を考慮し，同段第 3 ～ 7 文（Gilder anticipated … is a breakdown."）の Gilder の machine（AI に相当する）と creativity に関する発言を加味して答えを作成する。

問 3．第 3 段第 1 文（In discussing the …）の … is often overlooked「…はしばしば見落とされている」に注目し，コロン（：）の後の記述をまとめると，これまで見過ごされていた AI の可能性となる。

問 4．it は仮主語で to know … 以下が真主語。what sort of a patient has a disease「どのような患者が病気になるのか」と what sort of a disease a patient has「どのような病気に患者が罹るか」との対比に気をつける。what sort of a ～ は直訳すると「どのような種類の～」であるが，日本語として自然になるように訳したい。

問 5．第 4 段第 3 文の i.e.「すなわち」以下の記述をまとめる。

問 6．第 5 段第 1 文（Crucially, if …）の the data sets being used 以下，および同段第 2 文（This need for …）の記述をまとめる。be representative of ～「～の典型を表して，～を代表して，～を再現して」

問 7．essential qualities「必須の資質」humanity「人間性，人間らしさ」secret「秘訣，こつ，かぎ」be in *do*ing「～することにある」care for ～「～を大切に思う，～を思いやる」because S V は従属節であるが，「なぜなら…だからだ」と because を等位接続詞的に訳してよい。

問 8．解答にふさわしい内容を含む部分の候補が文中に 3 カ所ある。第 3 段第 3 文（How might AI …）は these qualities の説明が必要となり，第 6 段第 5 文（Systems that enhance …）の invent and discover …は to better engage 以下の記述を含める必要があり，いずれも指定語数内では収まらない。第 3 段第 1 文（In discussing the …）のコロン以降の部分を利用すると，指定語数内に収まる。

富山大学 医学部 医学科

■総合型選抜Ⅱ ［富山県一般枠］［富山県特別枠］
（共通テストを課す）

▶選抜方法

　入学者の選抜は，書類審査（自己推薦書，調査書），試験当日に課す小論文と面接の結果ならびに大学入学共通テストの成績を総合して行う。ただし，小論文または面接において，評価が合格に達しない場合は，合格者の対象としない。

▶大学入学共通テストの利用教科・科目

教　科	科　　　　　目
国　　語	「国語」
地理歴史 公　　民	「世界史B」，「日本史B」，「地理B」 「倫理，政治・経済」　｝から1
数　　学	「数学Ⅰ・数学A」，「数学Ⅱ・数学B」
理　　科	「物理」，「化学」，「生物」から2
外 国 語	「英語（リスニングを含む)」，「ドイツ語」，「フランス語」，「中国語」，「韓国語」から1

[5教科7科目]

（注）「地理歴史」と「公民」から2科目を受験した場合は，第1解答科目の成績を採用する。

▶大学入学共通テストの配点

教　科	国　語	地歴・公民	数　学	理　科	外国語	計
配　点	200	100	200	200	200	900

（注）　外国語における「英語」は，リーディング（100点満点）の得点を160点満点に，リスニング（100点満点）の得点を40点満点に換算し，その合計得点200点満点をそのまま利用する。なお，リスニングの免除を許可された者の外国語における「英語」は，リーディング（100点満点）の得点を200点満点に換算する。また，外国語のその他の科目は，筆記（200点満点）の得点をそのまま利用する。

▶教科等

小論文　　　　　　100 点

書類審査・面接　150 点

■学校推薦型選抜Ⅱ ［地域枠］（共通テストを課す）

▶選抜方法

　入学者の選抜は，大学入学共通テスト，推薦書，調査書，志願理由書，
小論文および面接の結果を総合して行う。

▶大学入学共通テストの利用教科・科目

教　　科	科　　　　　　　　目
国　　語	「国語」
地理歴史 公　　民	「世界史B」，「日本史B」，「地理B」 「倫理，政治・経済」｝から1
数　　学	「数学Ⅰ・数学A」，「数学Ⅱ・数学B」
理　　科	「物理」，「化学」，「生物」から2
外 国 語	「英語（リスニングを含む)」，「ドイツ語」，「フランス語」，「中国語」，「韓国語」から1 ［5教科7科目］

(注)　「地理歴史」と「公民」から2科目を受験した場合は，第1解答科目の成績を採
用する。

▶大学入学共通テストの配点

教　科	国　語	地歴・公民	数　学	理　科	外国語	計
配　点	200	100	200	200	200	900

(注)　外国語における「英語」は，リーディング（100点満点）の得点を160点満点に，
リスニング（100点満点）の得点を40点満点に換算し，その合計得点200点満点を
そのまま利用する。なお，リスニングの免除を許可された者の外国語における「英
語」は，リーディング（100点満点）の得点を200点満点に換算する。また，外国語
のその他の科目は，筆記（200点満点）の得点をそのまま利用する。

▶教科等

小論文　100 点

面接　　100 点

問題編

●小論文 （60 分：解答例省略）

※総合型選抜Ⅱ・学校推薦型選抜Ⅱは同一問題。

設問

　2021 年 5 月 21 日，参議院本会議で改正医療法が可決・成立し，医師の健康確保のための働き方改革が進められています。時間外労働時間・連続勤務時間の制限，勤務間インターバルが義務付けられるなかで，今後の地域医療がどのように変化していくと考えられるか，また，そうした中であなた自身が医師としてどのように取り組んでいきたいか，800 字以内で述べなさい。

＊改正医療法：「良質かつ適切な医療を効率的に提供する体制の確保を推進する
　　　　　　　ための医療法等の一部を改正する法律」のこと。

岐阜大学　医学部　医学科

■学校推薦型選抜Ⅱ（共通テストを課す）

▶選抜方法

志望理由書，推薦書，調査書，大学入学共通テストの成績，面接，小論文により，総合判定する。

▶大学入学共通テストの利用教科・科目

教　　科	科　　　　　　　　　目
国　　語	「国語」
地理歴史	「世界史Ｂ」,「日本史Ｂ」,「地理Ｂ」 ⎫
公　　民	「倫理，政治・経済」　　　　　　　⎭ から1
数　　学	「数学Ⅰ・数学Ａ」
	「数学Ⅱ・数学Ｂ」
理　　科	「物理」,「化学」,「生物」から2
外 国 語	「英語（リスニングを含む）」

[5教科7科目]

(注)
- 「地理歴史」と「公民」において，2科目受験者の取扱いについては，第1解答科目の得点を採用する。
- 「英語」は，「リーディング」と「リスニング」の双方を課す。リーディングを受験し，リスニングを受験しなかった場合は，リスニングの得点は0点となる。ただし，リスニングが免除となる者については，リーディングの得点を「英語」として学部が定める配点に換算する。

▶配　点

区　　分	大学入学共通テスト							調査書	面接	小論文	合計
	国語	地歴・公民	数学Ⅰ・Ａ	数学Ⅱ・Ｂ	理科	外国語 (英語：リーディング)	外国語 (英語：リスニング)				
一般推薦	50	50	100	100	200	150	50	―	840	560	2100
地域枠推薦	50	50	100	100	200	150	50	―	420	280	1400

(注)
- 大学入学共通テストの「外国語」における「英語」は，リーディング（100 点満点）とリスニング（100 点満点）であるが，この配点をリーディング 150 点満点，リスニング 50 点満点に換算する。
- 面接においては調査書，推薦書も参考にする。

▶合否判定基準

〔合格者の決定〕

総得点の上位の者から決定する。

ただし，受験の結果が以下のいずれかに該当する場合は，合格の対象としない。

(1)　一般推薦
- a）大学入学共通テストの総得点 700 点満点中の得点が 82％未満の者
- b）面接・小論文の合計点 1,400 点中の得点が，受験者の最高得点の 60％未満の者

(2)　地域枠推薦
- a）岐阜県コースは，大学入学共通テストの総得点 700 点満点中の得点が 75％未満の者
- b）地域医療コースは，大学入学共通テストの総得点 700 点満点中の得点が 70％未満の者
- c）面接・小論文の合計点 700 点中の得点が，受験者の最高得点の 60％未満の者

〔同点者の扱い〕

項目順に得点の高い者を上位とする。

(1)　面接の得点
(2)　面接及び調査書の内容

問題編

●小論文（150 分）

（注） 各大問の（ ）内は，小論文の配点に占める割合を示します。

1 （15%）

以下の文章を読み，問に答えよ。

　自分にはどれだけ時間が残されているかを現に知っていたら，今とは違った行動をとるだろうか？知っているせいで，自分にとっていちばん重要なことの実行に注意を向けなおすだろうか？

　数年前，死を目前にした学生がいた。本人も自分が死ぬことを知っていた。一年生のときに癌という診断を受けていたのだ。医師は，回復の見込みがないに等しいことを告げ，しかも，あと二年しか生きられないと伝えた。

「さて，残された二年で何をするべきか？」

　彼は，自分がしたいのは自身が通っている大学の学位を取ることであると見極めた。そして，死ぬまでに卒業するという目標を立てた。

　春休みを迎えたころには具合がかなり悪くなり，医師に学業の継続は無理だと言われていた。医師は事実上，家に帰って死ぬ時が来たと告げたわけだ。彼は自宅に戻り，その後，病状は急速に悪化した。

　学期のその時点までの実績に基づいて，どの講座の単位が取れて，どの講座の単位が取れていないのかを，大学で検討された。その結果，彼は十分な成績を収めていたことが分かり，管理部門の職員を一人，死の床に派遣し，彼が死ぬ前に学位を授与した。

　これはなんとも感動的で印象的な話だ。自分なら，いったい何をしたいのだろうか？みなさんなら何を選ぶか？あとどれだけ時間が残されているかを知れば，そうした選択を喜んで受け容れて，人生を最も有意義な形で終えられるだろうか？それとも，それは重荷になるのだろうか？

　自分に残された時間がどれだけあるかをたいてい知らないという事実について考えたとき，それは，死の悪さを募らせるのか，それとも，それをいくぶん減らしてくれるのか？

出典：シェリー・ケーガン著，柴田裕之訳『「死」とは何か』文響社，2018 年より一部改変

問　余命数ヶ月の患者の担当医となった場合，患者に死期を伝えるべきと考えるか，それとも，知らせるべきではないと考えるか。その理由について記せ。（300 字以内）

2 (15%)

以下の文章を読み，問に答えよ。

一　医者が医業で生計を立てるのは人のためであって，自分のためではないということをその職業の真の目的とする。安楽な生活を望まず，名利を顧みず，ひたすら自分を捨てて人を救おうと願わなければならない。人の命を保ち病気を治し，患苦を和らげることの外には，何事もあるものではない。

二　患者に向かったらひたすら患者を診なければならない。患者の貴賤貧富を考えてはならない。富者の一握りの黄金と貧者の両眼に宿る感謝の涙とを比較するに，貧者の涙が心に染まるのは，いかばかりであろう。

三　医術を施すにあたっては，患者をもって的の中心としなければならない。決して弓矢としてはならない。自分の先入観に固執したり，考えもなく治療を試みたりせず，慎重に細大漏らさずよく観察して診断しようと思わなければならない。

四　学術を研鑽する外に，言葉遣いや動作にも注意して患者に信頼されるようにしなくてはならない。しかし，①そのために流行の服装をしたり，根拠のない怪しげな説をふりまわして評判をえようとすることは，たいそう恥ずかしいことである。

　　（中略）

七　不治の患者でもその病苦を和らげたり，その命を助けたいと願うことは，医者の務めである。不治の患者を見放してしまうことは，人道に反したことである。たとえ救うことができなくとも，患者を慰めるのが仁術である。少しの間もその命を長らえようと思わなくてはならない。決してその不治を告げてはならない。言語遣いや態度などすべてに注意して，そのことを患者に悟らせてはならない。

　　（中略）

十一　②治療法の相談は集る者が少ない方がよい。多くとも三人を越えてはならない。とくによく人を選ばなければならない。ただ病人の安全を心がけて他のことはいっさい考えず，決して論争してはならない。

出典：橋本義雄著『医学通論』金原出版，1974 年より一部改変　　（扶氏 (注) 医戒之略　緒方洪庵訳　安政 3 年（1857 年）現代語訳）

注：扶氏　Christoph Wilhelm Hufeland (1764-1836) ベルリン大学教授のドイツ人医師。ドイツ語の著書『医学全書』を著した。その巻末にある医戒を緒方洪庵が紹介した。

問1　下線部①について，あなたの考えを記せ。（100 字以内）

問2　下線部②について，現在の医学と比較してあなたの考えを記せ。（100 字以内）

3 (15%)

以下の文章を読み，問に答えよ。

　私は東京大学とスタンフォード大学の両方の研究室で，再生医療に関連した研究を続けている。米国での兼務を始めて 7 年間，日米の大学や社会の仕組みの違いを通じ，日本の研究発信能力や，国際的な評価の低下について考えさせられてきた。

　多民族国家である米国では，国の基本原理である個人の自由と社会における公平性を保証するため，大学で差別を克服する制度が驚くほど真剣に議論され，構築されている。

　例えば入試や人事では，人種マイノリティーやハンディキャップを持つ人を普通に優先し，履歴書に生年月日や年齢は書かない。もちろん飲酒や選挙に年齢制限はあり，シニア市民にはいろいろな特典もあるが，入試や就職は能力で選考するという合理的な考えが浸透している。

　スタンフォード大学の研究所には，12 歳で大学に入学し，16 歳で大学院に入り，2 年後に同大学の教授になった同僚がいる。能力的には抜群で，年上の大学院生を指導しながら多くの研究費を獲得している。

　授業についていけない子供に補習授業があるように，特殊な才能を持つ子供にはその能力に対応した教育が与えられるべきではないか。子供の成育には個人差があり，年齢という枠だけで同じ授業を受けるのは，成育の早い子も遅い子も共に不幸です。日本人の頭にこびりついている年齢という枠を外し，その時点での個人の能力の違いをもっと気楽に素直に認め，見合った教育をすることこそ教育の機会均等だと思う。

　一方で，研究所長は 82 歳の今も，世界最先端の重要な研究成果を発信し続けている。ここでは年齢に関係なく，自分の給与を含む人件費や研究費，研究室の使用料などを研究費から支払わなければならず，研究費を獲得できないと場所も人も大幅に縮小せざるを得ない。年功はほぼ関与しない厳しい世界だが，年齢，性別，人種，学歴に基づかない個人の能力評価こそ，米国の大学が大きな躍進を遂げてきた理由の一つだ。

　日本はなぜか非常に年齢にこだわる社会だ。新聞記事やテレビのニュースでは名前と年齢を表記することが慣例となっているし，多くの組織で依然として定年制度が存在する。「老害」が問題視されることもあるが，能力とは無関係に定年まで居座られることは，若い人の進出を阻害していることも確かである。

　日本でも最近は LGBTQ+による差別を無くす努力は始まっている。少子高齢化の先進国である日本は，年齢という差別がもたらす学問的，社会的な損失についても認識し，真剣に

対応することが急務ではないか。

出典：中内啓光著「年齢にこだわる日本」，『朝日新聞』2021 年 12 月 14 日付け日刊，15 頁

問　筆者が主張するような米国の制度を日本で実現した場合に予想されるメリットとデメリットについて記せ。（300 字以内）

4 (15%)

以下の文章を読み，問に答えよ。

--ある病棟での会話--
看護師 A「そういえば，緩和ケア病棟担当の C さん，最近見かけないけど，どうしたの？」
看護師 B「実は，メンタルがしんどくなってしまったらしくて，先月からお休みしてるんです。」
看護師 A「そうなんだ…，心根の真っ直ぐな人だったし，緩和ケアの仕事を頑張りたいって言ってたから，本人も残念だろうね。」
看護師 B「患者さんに寄り添いすぎる傾向が，ちょっと強すぎたのかも。患者さんにつられて落ち込んでしまったり，一人の患者さんに付き合ってじっくり話を聞くから，他の仕事に手が回らなかったりして。同じチームの人たちとよく揉めていたみたい。」

　思いやりのある人のほうが看護師としてふさわしい。そんなふうに考える人が多いのではないだろうか？思いやりに近い行動経済学の概念に利他性がある。利他性は，他人の喜びを自分の喜びのように感じたり，他人を支援する行為そのものから自分の喜びを見出したりするような性質のことだ。そのような思いやりに近い性質を強く持つ看護師の方が，様々な局面で患者の立場に立って，より親身に看護してくれるはずだ，と考えるのは自然なことだ。（中略）
　利他的な人のほうが看護師にふさわしい。本当にそうなのだろうか？著者らの研究グループは，利他的な看護師，特に純粋な利他性という種類の利他性をもつ看護師が実は心理的にバーンアウトしやすいことを，看護師に対して行ったアンケート調査をデータ分析して明らかにした。バーンアウトは，長期間，自分の対処能力を超えるような過度のストレスを受け続けたときに意欲などが減退し，疲れ果ててしまう症状のことを意味する。ある種類の利他性をもつ看護師が本当にバーンアウトしやすいのだとすれば，その結果は「利他的な人のほうが看護師としてふさわしい」という通説に疑問符を投げかけるものだろう。
　純粋な利他性は，行動経済学における利他的な特性の一つである。カリフォルニア大学

サンディエゴ校のジェームズ・アンドレオーニは，純粋な利他性，ウォーム・グローという 2 種類の利他性があると説明した。純粋に利他的な人とは，他人の喜びを自分の喜びとして感じ，他人の悲しみを自分の悲しみとして感じるというように，共感特性の強い人のことだ。このタイプの利他性を持つ看護師は，看護行為によって患者の苦しみが和らぐことを通して自分自身の喜びを感じる，と考えられる。一方で，ウォーム・グローを持つ人は，看護行為を行っている自分が好きというように，看護行為そのものから自分自身の喜びを見出す。このタイプの利他性を持つ看護師の喜びは，患者の状態が良くなったり悪くなったりすることから影響を受けにくい，と考えられる。（中略）さらに，純粋に利他的な看護師はいずれの利他性も持たない看護師に比べ，睡眠薬や精神安定剤・抗うつ剤を常用している可能性が高い，という結果を発見して著者らは驚いた。一方で，頭痛薬や胃腸薬の常用との間には特別な関係は見つからなかった。情緒的に消耗することで，精神的に不安定になったり，うつ症状を引き起こしたりして，睡眠薬や精神安定剤・抗うつ剤の常用につながっていくのではないか，と解釈している。

出典：大竹文雄・平井啓編著『医療現場の行動経済学　すれ違う医者と患者』東洋経済新報社，2018 年より一部改変

問　良い医師の資質として利他性は必要と思うか，理由を含めて記せ。（200 字以内）

5 (20%)

以下の文章を読み，問に答えよ。

　これまで長いこと，私たちの社会では「問題を解決できる人＝プロブレムソルバー」が高く評価されていました。原始時代以来，私たちの社会は常に多くの「不満」「不安」「不便」という「問題」に苛まれており，これを解決することが大きな富の創出につながったからです。「寒い冬を凍えることなくすごしたい？」ストーブをどうぞ！「雨に濡れずに安楽に遠くまで移動したい？」自動車をどうぞ！ということです。

　しかし今後，このような「問題解決に長けた人」はオールドタイプとして急速にその価値を失っていくことになるでしょう。

　ビジネスは基本的に「問題の発見」と「問題の解消」を組み合わせることによって富を生み出しています。過去の社会において「問題」がたくさんあったということは，ビジネスの規模を規定するボトルネックは「問題の解消」にあったということです。だからこそ 20 世紀後半の数十年間という長いあいだ「問題を解ける人」「正解をだせる人」は労働市場で高く評価され，高水準の報酬を得ることが可能でした。

　しかしこのボトルネックの関係は，今日では逆転しつつあります。つまり「問題が希少」

で「解決能力が過剰」になっているということです。

　たとえば 2018 年の 10 月，ウォール・ストリート・ジャーナルはアメリカにおける MBA への応募数が，4 年連続で前年割れしていることを報じました。同紙によれば，ハーバードやスタンフォードなどのエリート校も含めて応募数は減少傾向にあり「Degree loses luster＝学位としての輝きは失われた」というのです。一体何が起きているのでしょうか？

　言うまでもなく，経営大学院という学校は，経営における問題を「解決」するための技術や知識を体系的に学ぶ場所です。しかし，正解がコモディティ化 (注) していく世界において「正解を出す能力」が高く評価されることはありません。

　なぜなら，仮にある個人や組織が「正解」を出すことができたとしても，その「正解」は他の個人や組織が出すものと変わらないからです。経営というのは本質的に差別化を求めますから，たとえそれが論理的な「正解」であったとしても，経営の文脈ではそれは「良い答え」ではないのです。

　MBA という学位を保有している人が相対的に希少で，市場に多くの不満・不安・不便といった問題が山積していた 20 世紀の後半であれば，MBA ホルダーは労働市場で高く評価され，高額の報酬を得ることができたでしょう。

　そのような状況を見た人々が MBA という学位の経済的価値を認め，ビジネススクールの門をたたくことで MBA ホルダーの数は中長期的には増加したわけですが，その結果として，ビジネスにおける問題解決の能力は現在，供給過剰の状態に陥りつつあります。

　財の価値は需要と供給のバランスで決まることになります。問題が希少化する世界で，問題解決の能力が過剰に供給されれば，「問題解決の能力」の価値が減少するのは当たり前のことです。このような時代になりつつある中，いまだに「正解を出す能力」にこだわり続けるオールドタイプは，急速に価値を失っていくことになるでしょう。

　この「問題解決能力の過剰供給」という問題に追い討ちをかけることになるのが人工知能の普及です。

　2011 年，IBM の人工知能「ワトソン」が，米国の人気テレビ番組「ジェパディ！」に出演し，百戦錬磨のクイズ王と争って勝利しました。クイズ番組で求められるのはまさに「正解を出す能力」ですから，すでに人工知能の「正解を出す能力」は特定の領域においては最高水準の人間の知性をも凌駕しているということです。

　このような指摘に対して「ワトソンは非常に高価であり，費用対効果という点では人間に劣る」という反論があるかもしれません。なるほど確かに「コスト」は重要なポイントです。1965 年に発表された NASA の報告書には，宇宙船になぜ人間を乗せるのか，という批判への反論として「人間は非線形処理のできる最も安価な汎用コンピューターシステムであり，しかも重量は 70 キロ程度しかなく，非常に軽い」と記述しています。

　つまり「軽くて安くて性能がいい」という理由で，コンピュータよりも人間を宇宙船に乗せるという回答なのですが，この NASA の主張をひっくり返せば，つまり「軽くて安くて性能がいい」という理由であれば，別に人間であろうと人工知能であろうと，どちらでも構わないということでもあります。そして，今まさにやってきつつあるのが「人間より人工知能の方が安くて性能がいい」という時代です。

　1997 年にチェスの世界チャンピオンに勝利した IBM の「ディープブルー」は，その翌年，5 倍程度に処理能力を増強されて一般に販売されました。このときの販売価格はおよそ 100 万ドル＝1 億円程度でしたが，今日，量販店で販売されている家庭用パソコンでもメモリーやハードディスクを増強すれば同程度の計算能力を持たせることができます。

　人間を雇うよりもはるかに安い費用で，最高峰の人間の「問題解決能力」と同等以上の能力が手に入るのです。しかも，この頭脳は 1 日 24 時間のあいだ働き続けることができ，動機づけに昇進させてやる必要もなく，有給休暇をもとめてくることもありません。

　このような状況が実現すれば，「正解を出す能力」は極端な過剰供給状態となり，人間の持っている「正解を出す能力」にはほとんど価値が認められなくなります。このような時代にあってなお，いまだに偏差値に代表されるような「正解を出す能力」にこだわるのは典型的なオールドタイプの思考様式と言えます。

出典：山口周著『ニュータイプの時代―――新時代を生き抜く 24 の思考・行動様式』ダイヤモンド社，2019 年より一部改変

（注）コモディティ化とは，市場投入時には高付加価値の製品やサービスと認識されていたものが，市場の活性化により，他社が参入し，ユーザーにとって機能や品質などで差がなくなってしまうこと。

問　ビジネス分野のみならず，医療の分野においても AI の普及が医師の価値や役割を変革することが予測される。AI 時代の医師に求められる役割について，これまで医師が担ってきた役割と対比しながら，あなたの考えを記せ。（300 字以内）

6 (20%)

以下の文章を読み，問に答えよ。

相談（20 代の女性会社員）

　社会人になったら突然，「学費の返済として毎月 10 万円ずつ払って」と母から告げられました。学生時代には学費返済について何も言われなかったので戸惑いましたが，言われた額を家に入れています。給料が上がらず，やりくりが大変で減額や延期を相談しても母は聞く耳を持ちません。

　学費を返済する目的を聞いても，私の将来のためだったり両親のためだったりと聞く度に理由が違います。私の将来のためだとしても，自分で稼いだお金のことは自分で決めたいのに母が勝手に決めるので，家に帰るのがゆううつです。一人暮らしを考えていますが，母は，「返済を終えるまで認めない」と言います。

　ダメだとわかっていても母を殺そうか，自分自身が消えたほうがいいのか，今日まで考えてきました。このような問題にどう対処したらいいのでしょうか。

回答（ライターの最相葉月氏）

　社会人になっても実家で暮らしている場合，家賃や食費代わりに給料の一部を家に入れるのは当たり前のことでしょう。多くの親はその一部であっても黙って貯金し，結婚や起業など，わが子が必要な時に渡してくれるものです。

　あなたの母親は様子が違う。学生時代にそんな約束などなかったのに突然，学費の返済を要求してきた。親がわが子の学費を払うのは一般的に贈与とみなされるため，原則として返済義務はないはずです。

　それなのになぜお母様はそんな要求を突きつけるのか。私は手紙の最後にある，母を殺そうか自分自身が消えるか，という文言にヒントが隠されていると思えてなりません。トラブルのきっかけはお金ですが，2 人のあいだにはもっと深刻な断絶があるはずです。

　この問題にどう対処すればよいかというご相談には返済義務なしとお答えするだけです。しかしそれがあなたの望む根本的な回答なのか。母親はなぜお金と引き換えにあなたをつなぎ留めようとしているのか。

　語り尽くせぬ確執であったとしても，言葉にしなければ第三者には伝わりません。幸いにして本欄は匿名です。何が聞きたいのかゆっくり考えて，もう一度相談してみてください。

出典：「人生案内」，『読売新聞』2021 年 12 月 1 日付け朝刊より一部改変

問 1　　母親の問題点は何か記せ。（40 字以内）

問 2　　あなたは回答者として，上記の回答以外の回答を考え記せ。（40 字以内）

解答編

●小論文

1 **解答例** 　私は，余命数ヶ月の患者には死期を伝えるべきだと考える。患者には自分の人生の締めくくり方を自分で決める権利がある。回復の見込みがなく，残された時間が少ないことを知らないままでは，死に際して本人や家族に心残りが生じる可能性がある。死期を伝えることで，患者はその時期を目処として心残りのないように行動し，家族や周囲の人との限られた時間を有意義に過ごすことができる。一方で，告知が患者の重荷になるリスクもあるため，告知には細心の配慮とケアが必要だと言える。その上で死期を告知することは，患者の自己決定権を尊重し，終末期の QOL を向上させ，本人や周囲の人の心残りをできるだけ小さくすることになると私は考える。（300 字以内）

━━━━━━━━◀解　説▶━━━━━━━━

≪余命宣告の是非≫

　課題文をもとに，患者への余命宣告の是非について論じる。課題文は，余命宣告によって残された人生ですべきことを見定めた事例をもとに，死期を知ることが人生の締めくくりをどのように変えうるのかという問題提起をしている。現代では，患者の選択権や自己決定権が重視されるようになった。そうした中では，人生の最後をどこでどのように過ごしたいかといったこともまた，患者の選択に委ねられることが望ましい。〔解答例〕では，課題文に沿った形で解答した。

　一方で，余命はあくまでも病状からの予測にすぎず，告知が患者の負担になる可能性もあり，患者の状態や家族の意向によっては，本人に伝えないという判断もありうる。いずれの方向で解答を作成するにせよ，患者や家族の希望を尊重することが望ましいと言えるだろう。

2　**解答例**　問１．私は筆者の意見に賛成である。医師が信頼を得るために必要なのは，患者に伝わりやすい表現で誠実に説明する姿勢である。それ以外のもので患者の気を引こうとすることは，医師としての本分から外れると考える。（100 字以内）

問２．現代医学は専門領域の細分化が進み，チーム医療が主流となった。そのため筆者の主張は現代的ではない。むしろチーム全体で患者の情報を共有し，より良い治療法を議論することが現代の医療では重要であると考える。（100 字以内）

■■■■ ◀解　説▶ ■■■■

≪19 世紀の医師の心得≫

　19 世紀のドイツの医学書に書かれた医師の心得について，自分の考えを述べさせる問題である。

問１．下線部①は，「流行の服装をしたり，根拠のない怪しげな説をふりまわして評判をえようとすること」を戒めるものである。下線部①の直前に「言葉遣いや動作にも注意して患者に信頼されるようにしなくてはならない」とある。これは現代にも通じる心得だと言える。患者からの信頼というものは，何よりもまず誠実な言動によって得るべきだということである。

問２．治療法を相談する相手は少ない方がよいという心得について，現在の医学と比較して考えを述べる。下線部②の要点は 3 点である。

• 相談相手は少なく，多くとも 3 人までにする。
• 相談相手はよく選ぶべきである。
• 病人の安全だけを考え，論争をしてはならない。

　このうち，2 つ目は現代にも通じるものであるから，100 字という字数制限上，言及しなくても構わない。相談人数の制限と論争の是非が論述のポイントとなるだろう。〔解答例〕にも示したように，現在の医学は専門分化が進んでおり，専門職の連携によるチーム医療が主流となっている。そうした中で相談人数を制限すれば，むしろ医療過誤などの問題を引き起こすリスクが高まる。また，現代は患者の自己決定権なども重視される時代である。患者の意思に沿った医療を推進するためには，論争とまではいかなくとも，関係者間の話し合いは必要であろう。

3　解答例

米国のような能力を重視する制度を日本で導入した場合のメリットとして，研究・開発能力の向上が挙げられる。特殊な才能を持つ子供に能力に応じた教育の機会が与えられ，高い能力を持つ人が定年に縛られずに活躍することで，多様な分野での研究や技術開発の発展が期待できる。一方，デメリットとして，早期教育の過熱や社会格差の拡大が懸念される。能力が社会的地位や収入を決定する制度下で，早期に子供の能力を高めようとする教育が過熱するリスクがある。また家庭環境によって能力の発見・開発が遅れた子供や時代に合わせたスキルを獲得できなかった大人のドロップアウトが深刻化することで，社会格差が拡大するリスクが高まると考えられる。（300 字以内）

■■■■■■ ◀解　説▶ ■■■■■■

≪年齢という差別≫

　課題文では，年齢，性別，人種，学歴といった枠組みにとらわれない，米国の能力主義の利点について述べられている。日本はとりわけ年齢にこだわる社会であり，それが学問的・社会的な損失につながっているという筆者の主張をもとに，日本がアメリカと同様の制度を導入した場合のメリットとデメリットを説明する。

　メリットについては，研究能力や技術開発の進展という，課題文に沿った内容で進めることができる。デメリットについては，〔解答例〕では，早期教育の過熱や，家庭環境による社会格差の助長，絶えず学び直しを求められることによるドロップアウトのリスクといった問題を指摘した。

4　解答例

良い医師の資質として，利他性は必要だと私は考える。医療行為とはそもそもが他者を支援する営みであるからである。患者に寄り添うためには「純粋な利他性」も必要だが，それが強すぎると医師が患者の状態に左右され，バーンアウトのリスクが高まる。よって，私は「ウォーム・グロー」タイプの利他性を重視したい。良い医師の利他性とは，患者の思いに配慮しながら，医療行為そのものに喜びを見出すものであると私は考える。（200 字以内）

■━━━◀解　説▶━━━■

≪医療者の利他性とバーンアウトのリスク≫

　課題文では，患者への共感性が高い「純粋な利他性」タイプの看護師が
バーンアウトやうつなどの精神症状を抱えやすいことが示されている。バ
ーンアウトとは「燃え尽き症候群」とも呼ばれ，医師や看護師，介護福祉
職，教員などのヒューマン・サービスに多いと言われる症状である。医師
についても看護師と同様，「純粋な利他性」はバーンアウトのリスクを助
長することになると考えられる。しかし，全く利他性を持たない医師では
患者の立場に寄り添うことが難しい。したがって，〔解答例〕では，課題
文で示唆されるように，医療行為そのものから喜びを見出す「ウォーム・
グロー」というタイプの利他性に重きを置くことが好ましいという方向で
論述した。

5　**解答例**　AI 時代の医師に求められる役割は，患者の人生を考
　　　　　　　　慮し最善の医療を実践することである。医師の役割で
ある正確な診断や治療方針の決定は，AI の発達により代替可能なものと
なっていくだろう。また，医療機器や技術が進歩すれば，正確な手術も
AI に委託できる可能性がある。とはいえ，揺れ動く患者の心理や選択と
いう不確定要素を含めた判断は，AI には難しい。医学的には正しい判断
であっても，患者の生きる意味を奪うような医療は最善のものとは言えな
い。そのため今後，医師に期待される役割は，病気や治療が患者の心や人
生に与える影響を考慮し，各専門職との連携によって，患者にとって最善
の医療を実践することであると私は考える。(300 字以内)

■━━━◀解　説▶━━━■

≪AI 時代の医師の役割≫

　AI が発達・普及した現代における医師の役割について考える出題。課
題文は，AI 時代の到来によって，「正解を出す能力」の価値は低下したと
述べる。これをもとに，医師の役割について考える。

　これまでの医師の基本的な役割は，まさに「正解を出す能力」を必要と
するものだった。症状や主訴などのデータから，病気やその状態を正しく
判断し，それに適した治療方針を遂行する力である。しかし，その大半は
知識や情報を正しく活用する力であるため，今後は AI によって代替可能

となるだろう。

　そうした中で医師に期待される役割は，AI では予測や判断のできない人間の心理的な側面を考慮に入れたものではないだろうか。AI は医学的・統計的に「正しい」答えを出すことができるが，そうして導かれた治療方針が患者の生きる意志を阻害するものであった場合，その治療は最善の治療とは言えない。そのような考えから，〔解答例〕では，医師の役割は患者やその周囲の人々の人生や思いを考慮に入れた治療を施すことだとして，論述を展開してみた。

6 　解答例

問1．明確な理由も示さずに一方的に学費返済を要求し，娘の意思をまったく無視している点。(40 字以内)

問2．客観的な立場の第三者を間に挟んで母と話し合うことで，母の妥協を引き出すのがよい。(40 字以内)

━━━━━━ ◀解　説▶ ━━━━━━

≪母と子の問題の解決≫

　新聞の人生相談からの出題。一方的な要求を突きつける母親に悩む娘の相談である。これに対し，母親の問題点と問題解決の手段を提示することが求められている。問1・問2ともに非常に短い字数設定なので，簡潔にまとめよう。

問1．母親の問題点は，明確な理由や妥協点を提示することなく，一方的で頑なな要求を突きつけていることである。

問2．記事とは別の回答を示すことが求められている。〔解答例〕では，この親子の問題に対して，第三者に立ち会ってもらうことで，別の視点や母親の本意，妥協点などを探るように提案した。

山口大学　医学部　医学科

■学校推薦型選抜Ⅱ（共通テストを課す）

▶選抜方法

入学者の選抜は，出願書類（調査書，推薦書，志望理由書*），大学入
学共通テストの成績，小論文および面接の結果を総合審査する。

＊志望理由書については，地域枠または特別枠の志願者のみ記入し提出する。

▶大学入学共通テストの利用教科・科目

教　科	科　　　　　　　　目
国　語	「国語」
地　歴	「世界史B」，「日本史B」，「地理B」 ┐
公　民	「現代社会」，「倫理」，「政治・経済」，「倫理，政治・経済」 ┘から1
数　学	「数学Ⅰ・数学A」
	「数学Ⅱ・数学B」
理　科	「物理」，「化学」，「生物」から2
外国語	「英語（リスニングを含む)」

［5教科7科目］

（注）「地理歴史」および「公民」において，2科目を受験した場合の取り扱いについ
ては，受験を要する科目数を1科目と指定している場合，第1解答科目（解答順に前
半に受験した科目）の成績を利用するので，第1解答科目は必ず指定した科目の中か
ら選択すること。

▶個別学力検査等

教科等	採　点　・　評　価　基　準
小　論　文	提示された資料，課題に対する理解力，論理的思考力および文章表現力等を評価・採点する。なお，資料は，英文で提示することがある。
面　　接	個人または集団面接とし，面接委員数名が，志望動機，勉学意欲等を聞き，表現力，積極性，指導性，理解力，判断力および協調性等を総合的に評価・採点する。
調　査　書 推　薦　書 志望理由書	面接の参考資料とし，面接の評価に使用する。

▶配　点

大学入学共通テスト					個別学力検査等		計
国語	地歴・公民	数学	理科	外国語	小論文	面接	
40	40	120	120	80	200	200	800
400					400		

(注)　大学入学共通テストの「英語」は，リーディング（100 点）およびリスニング（100 点）を，リーディング（200 点），リスニング（50 点）に換算した，250 点を素点として利用する。なお，「英語」のリーディングは受験し，リスニングを受験しなかった場合は，リスニングは 0 点とし，筆記試験の点数のみを圧縮して利用する。

▶合否判定基準

　大学入学共通テストの成績を考慮のうえ，総合的に合否を判定する。総得点が同点の場合は，小論文および面接の合計得点の高い者を上位とする。ただし，面接点が著しく低い場合は，不合格とすることがある。

問題編

●小論文（150 分）

問題 1. 以下の文章を読んで、問いに日本語で答えなさい。

　ゲノム編集技術を用いてヒト胚 ^(注1) の DNA を改変する実験の結果が、2017 年 9 月 20 日に Nature オンライン版に発表された。この研究を行ったのはフランシス・クリック研究所（英国ロンドン）の Kathy Niakan らで、CRISPR–Cas9 法 ^(注2) を用いて OCT4 遺伝子に変異を導入することで、受精卵が分裂して増殖し始めて細胞運命が決まる際にこの遺伝子がどのように必要とされるかを明らかにしたのだ。

　これは、ヒト生物学の基本的問題に取り組むことを目的とした研究だが、初期発生事象を解明することは、体外受精（IVF）治療における受精卵の培養条件の精緻化にも将来役立つ可能性があり、また、ゲノム編集技術の基盤となる機構に関する重要な情報も得られる。この受精卵は、IVF 治療を受けた男女のカップルから提供された余剰受精卵で、わずか数日間の培養実験しか許されていない。

　これと関連して、CRISPR–Cas9 法を用いたヒト胚のゲノム編集によって特定の遺伝的変異を修正する過程を調べた論文が Nature 2017 年 8 月 24 日号に掲載された。この実験は、オレゴン健康科学大学（米国ポートランド）の Shoukhrat Mitalipov らによって実施されたが、不妊治療クリニックから提供されたヒト胚ではなく、提供された卵を変異遺伝子の保有者の精子により実験的に受精させたものが用いられた。

　これらの研究論文の出版は、関係者全員がこの種の研究の進め方を再検討して議論を進める好機と思われる。

　効率的なゲノム編集ツールとしての①CRISPR–Cas9 法の開発に対しては厳しい視線が注がれている。ヒトの生殖細胞 ^(注3) 系列に対しこのツールを利用することで、科学者が永続的な改変を加えてしまう可能性が生じるからだ。複数の専門家グループが、こうした倫理的課題を整理し、ヒト胚の遺伝子編集研究を最も適切に進めるためのいくつかの勧告を発表している。さまざまな分野の専門家が集まった倫理に関するコンソーシアムであるヒンクストン・グループ、全米アカデミーズ（US National Academies of Science, Engineering, and Medicine）、国際幹細胞学会などの団体が、それぞれの活動に基づいた総合指針を公表し、ヒト生殖細胞系列のゲノム編集は、基礎生物

学研究という科学的目的のある場合に正当化されるという勧告を示している。

　しかし、これらの総合指針には、②臨床的手段となり得るゲノム編集の安全性と正確性と実行可能性を確認するために相当な規模の基礎研究を要することも示されている。従って、ゲノム編集の臨床応用を考えるのは、研究によって強固な基盤が形成されてからのことであり、代替法の慎重な検討と社会的議論の進展を経て承認された症例についてのみとすべきものとされる。

　Nature で発表された 2 つの研究のいずれもが、いくつかの基礎科学の論点に答えることを目指しており、総合指針を踏まえて開始時、実施時、査読時に厳正かつ徹底した倫理評価が行われた。また、いずれの研究も関係当局の認可を受けており、胚、卵、精子を提供した男女のカップルの全面的な倫理的承認と同意を得ている。

　この 2 つの研究は、いくつかの点で貴重だといえる。つまり、ヒト胚の生物学的性質とヒト胚を用いたゲノム編集の機構と考えられるものに関する重要な知見が得られるだけでなく、この分野での将来的なプロジェクトの計画と評価を行う研究者、研究助成機関、研究論文誌、規制当局にとって参考になる技術的問題と倫理的問題に光を当てているからだ。

　とりわけ、ヒト生殖系列のゲノム編集のさまざまな側面を調べる研究プロジェクトに必要な胚の種類と数量の妥当性を正しく評価することの重要性が 2 つの研究で示されている。

　不妊治療クリニックから提供された余剰のヒト胚を用いることは、実験的に受精させた胚を用いるよりも一部の研究論点の解明に適しているかもしれない。また、提供された胚には固有の変動性があるため、CRISPR–Cas9 法によるゲノム編集の際に発生し得る予期せぬ「標的外の」遺伝的変化の発生率などの論点を調べるための厳密性と現実性に優れた実験環境が得られる可能性もある。しかし、特定の変異の選択的修正を行う研究は、当分の間、変異 DNA を有する卵や精子の提供を受け、研究室内で受精を行う方法に依存し続ける可能性が非常に高い。

　いずれの方法が用いられる場合でも Nature は、「ドナーから提供された材料を使って実施される研究の内容を、論文の methods 欄^(注4)の記載のとおりに正確かつ詳細にドナー全員に通知すべきだ」という原則を全面的に支持する。

　研究者は、卵や精子の提供者に関する情報の機密性保持を踏まえて、科学的、倫理的にバランスのとれた配慮をした上で、適切な数量の胚を使用する決定をしていることを示さなければならず、この貴重な材料の使用量を最小限に抑えつつ、実験によってロバストな科学的答えが確実に得られるようにしなければならない。このことは、上記 2 研究がそうであったように、意図

した研究を最初にヒト多能性幹細胞^(注5)またはマウス胚を使って実施して
実験条件の最適化を行わなければならないことを示唆しているかもしれな
い。また、学術誌や査読者、編集者は、査読時に提起された問題に答えるた
めの方法として、ヒト胚以外のシステムを用いるのが可能かどうかを検討し
なければならない。

　ヒト胚を用いて仮説を証明する研究を行う前に、代替のものを使った初期
研究を報告する論文の査読および出版のための審査を行うことができるか
どうかは、研究コミュニティーが検討すべき1つのポイントだ。この独立し
た査読は、規制当局によるプロジェクト本体の審査と並行して行われる可能
性があり、胚の由来と実験の制限を決める際に参考になる可能性がある。

　研究によって具体的な要求事項が異なるだろうが、その評価をできるだけ
早期に行うための強固な枠組みを持つことが、最も高い要求水準に適合させ
るための最善の方法だと思われる。規制当局、研究助成機関、研究者と編集
者は、生殖細胞系列のゲノム編集に至る道の詳細を定めるための共同作業を
続けて、現在利用可能な貴重な資源とツールを的確な判断力をもって利用で
きるようにする必要がある。

（注1）胚：多細胞生物の発生初期の個体（受精卵）
（注2）CRISPR-Cas9 法：DNA 二本鎖を切断してゲノム（遺伝情報）配列の
　　　　任意の場所を削除、置換、挿入することができる新しい遺伝子改変
　　　　技術
（注3）生殖細胞：精子や卵子のような遺伝情報を次世代へ伝える役割を持
　　　　つ細胞
（注4）論文の methods 欄：論文中に研究の方法を詳しく記した部分
（注5）ヒト多能性幹細胞：人為的に初期化して作成されたさまざまな細胞
　　　　に分化できる細胞

出典：Nature ダイジェスト　Vol. 14 No. 12, pp. 38-39 December 2017，一部改変
　　　©2023 Springer Nature Japan K. K. Part of Springer Nature Group.

問1.　下線①についてその理由を、本文を踏まえて具体例を挙げ説明しなさ
　　　い。（200 字以内）

問2.　下線②についてどの様に研究を進めるべきか、本文に即して説明しな
　　　さい。（200 字以内）

問3.　ヒト胚を用いたゲノム編集研究の倫理的配慮について、筆者の主張を
　　　踏まえあなたの考えを述べなさい。（500 字以内）

問題 2. 以下の文章を読んで、問いに答えなさい。

In 2009 Daphna Joel, a neuroscientist at Tel Aviv University, decided to teach a course on the psychology of gender. As a feminist, she had long been interested in questions of sex and gender, but as a scientist, her research had been mostly on the neural underpinnings of obsessive-compulsive behavior. To prepare for the class, Joel spent a year reviewing much of the extensive and polarized literature on sex differences in the brain. The hundreds of papers covered everything from variations in the size of specific anatomical structures in rats to the possible roots of male aggression and female empathy in humans. At the outset, Joel shared a popularly held assumption: just as sex differences nearly always produce two different reproductive systems, they would also produce two different forms of brains—one female, the other male.

As she continued reading, Joel came across a paper contradicting that idea. The study, published in 2001 by Tracey Shors and her colleagues at Rutgers University, concerned a detail of the rat brain: tiny protrusions on brain cells, called dendritic spines, that regulate transmission of electrical signals. The researchers showed that when estrogen levels were elevated, female rats had more dendritic spines than males did. Shors also found that when male and female rats were subjected to the acutely stressful event of having their tail shocked, their brain responded in opposite ways: males grew more spines; females ended up with fewer.

From ① this unexpected finding, Joel developed a hypothesis about sex differences in the brain that has stirred up new controversy in a field already steeped in it. Instead of contemplating brain areas that differ between females and males, she suggested that we should consider our brain as a "mosaic" (repurposing a term that had been used by others), arranged from an assortment of variable, sometimes changeable, masculine and feminine features. That variability itself and the behavioral overlap between the sexes—aggressive females and empathetic males and even men and women who display both traits—suggest that brains cannot be lumped into one of two distinct, or dimorphic, categories. That three-pound mass lodged underneath the skull is neither male nor female, Joel says. With her colleagues at Tel Aviv, the Max Planck Institute for Human Cognitive and Brain Sciences in Leipzig, Germany, and the University of Zurich, Joel tested her idea by analyzing MRI brain scans of more than 1,400 brains and demonstrated that most of them did indeed contain both masculine and feminine characteristics. "We all belong to a single, highly heterogeneous population," she says.

When Joel's work was published in 2015 in the Proceedings of the National Academy of Sciences USA, likeminded scientists hailed it as a breakthrough. "The result is ②a major challenge to the entrenched misconceptions," wrote Gina Rippon, a professor of cognitive neuroimaging at Aston University in England. "My hope is it will be a game-changer for the 21st century."

Longtime sex-difference researchers, meanwhile, disagreed strenuously, taking issue with Joel's methodology and conclusions, as well as her overt feminism. "The paper is ideology masquerading as science," says neurobiologist Larry Cahill of the University of California, Irvine, who argues that Joel's statistical methods were "rigged" (albeit not necessarily consciously) to favor her hypothesis. Other criticisms were more measured. "There's variability within individuals, and she shows that beautifully, but that doesn't mean there are no regions of the brain that, on average, are going to be different in men versus women," says neuroscientist Margaret M. McCarthy of the University of Maryland School of Medicine, who studies sex differences in rats.

Joel, for her part, agrees that genetics, hormones and environment do create sex differences in the brain. She even agrees that given enough information about specific features in any one brain, it is possible to guess, with a high degree of accuracy, whether that brain belongs to a female or a male. But what you cannot do, she points out, is the reverse: look at any one man or woman and predict the topography and molecular landscape of that individual's brain or personality just because you know the person's sex.

Controversial as her study is, the essence of what Joel is saying is true, says Catherine Dulac, a molecular biologist at Harvard University whose work in mice echoes Joel's findings: "There is huge heterogeneity between individuals." Acknowledging that fact has opened a new thread in the conversation about what it means to be male or female. For neuroscientists, it is no longer enough to ferret out sex differences in the brain. The debate now centers on the source, size and significance of those differences. It could have major implications for how sex and gender are considered inside and outside the laboratory—and it may have consequences as well for whether drug regimens and treatment protocols should be specialized for women and men. "Our entire society is built on the assumption that our genitals divide us into two groups not just in terms of reproduction ability or possibility but also in terms of our brain or behavioral or psychological characteristics," Joel says. "People assume the differences add up. That if you are feminine in one characteristic, you will be feminine in other characteristics. But it's not true. ③Most humans have a gender mosaic."

出典：Is there a 'female' brain? Scientific American September 2017, p38-43 より抜粋・一部改変

語句の説明
Neuroscientist: 神経科学者 psychology: 心理学 feminist: 男女同権主義者 gender: 性別 underpinning: 基盤 obsessive-compulsive: 強迫性の polarized: 極端な anatomical: 解剖の empathy: 感情移入 outset: 初め assumption: 想定 reproductive: 生殖の contradict: 否定する protrusion: 突起 dendritic spine: 樹状突起スパイン transmission: 伝達 electrical signals: 電気信号 estrogen: エストロゲン（女性ホルモンの一種） acutely:

激しく　hypothesis: 仮説　stirred up: 巻き起こす　contemplating: 考える mosaic: モ ザ イ ク　repurposing: 再 利 用 す る　assortment: 寄 せ 集 め masculine: 男性の　feminine: 女性の　variability: 可変性　empathetic: 共 感 で き る　trait: 特徴　distinct: 明確な　dimorphic: 二相性の　lodge: 入 る heterogeneous: 異 種 の　likeminded: 同 じ 意 見 の　hail: 歓 呼 し て 迎 え る entrenched: 定着した　misconception: 誤解　cognitive neuroimaging: 認知神 経画像学　strenuously: 力を込めて　methodology: 方法論　overt: 明白な ideology: 空論　masquerading: 見 せ か け　neurobiologist: 神 経 生 物 学 者 statistical: 統 計 の　rigged: 不 正　albeit: た と え 〜 で も　consciously: 意 識 的 に　genetics: 遺伝の　hormone: ホルモン　accuracy: 正確さ　predict: 予 測 す る　topography: 形 態　molecular: 生化学分子　molecular biologist: 分子生物学者　heterogeneity: 不均一　ferret out: 見つけ出す　implication: 密接なかかわり　regimens: 治療計画　genital: 生殖の

問 1. 問題文の中で、男女の性格において男性的、女性的であることを表す ものとして用いられている英単語はそれぞれ何か。名詞形で答えなさい。

問 2. 下線①"this unexpected finding"とはどのようなことか。本文に即して日 本語で述べなさい。(100 字以内)

問 3. 下線②について、どのようなことを意味しているか。本文に即して日 本語で説明しなさい。(200 字以内)

問 4. 下線③"Most humans have a gender mosaic"という Joel の考えについて、 具体例を挙げてあなたの考えを日本語で述べなさい。(500 字以内)

解答編

●小論文

1 **解答例** 問 1．CRISPR-Cas9 法は DNA を切断しゲノム配列を任意に削除したり置換したりできる技術である。これを利用すれば，ヒトの生殖細胞を自由に永続的に改変でき，優生思想や差別を助長する実験，軍事的・私的な目的への転用など，生命の尊厳を脅かす技術の乱用が生じる倫理的リスクがあるため，この技術の開発・利用には社会的議論の進展を経た厳正な倫理基準を設け，第三者が厳しく精査・管理する必要があるから。（200 字以内）

問 2．まず胚や卵・精子の提供手段，必要な胚の種類，倫理的に適切な最小限の数量を決める。ドナーには研究内容を告知し，全面的な倫理的承認と同意を得る必要がある。またマウス胚やヒト多能性幹細胞の代替手段も検討すべきだ。さらに関係当局の認可の下，規制当局と研究助成機関，研究者，査読・編集者が協力し，予期せぬ遺伝的変化や査読時の疑問に対応し，徹底した倫理評価を早期に行える環境を厳密に整えた上で研究を行うべきだ。（200 字以内）

問 3．ヒト胚を用いたゲノム編集研究には厳正な倫理的配慮が必要だという筆者の主張に，私は賛成だ。ヒト胚のゲノム編集技術を治療手段として必要とする人々の尊厳や権利を尊重し，技術の悪用・乱用を防ぐには，徹底した倫理的配慮とそれに関する議論を積み重ねる必要があると考えるからだ。

　筆者はヒト胚のゲノム編集研究に対し，厳正な倫理評価基準に堪える実験環境の必要性を指摘し，関係機関が連携・共同して研究の厳密性と倫理的評価基準を保つべきだと述べる。ゲノム編集技術は遺伝子治療の可能性を広げる反面，長期的な安全性や倫理的課題も抱えている。そのため，目的の公正性や手順の適切さを常に第三者が評価する必要がある。

　私はゲノム編集の倫理的公正性を保つには，国際的な議論を通し規律を明確化する必要があると考える。まず，適正な倫理評価基準や研究手順を国際的に議論し，それを各国で共有すべきだ。また医学関連領域だけでな

く哲学や宗教学など他の多くの学問領域にも議論を広げ，多角的に倫理的妥当性を検討する必要もある。ゲノム編集研究を倫理的妥当性を保ちつつ進めるには，広範な議論を通した明確な基準の共有が不可欠である。（500字以内）

━━━━━◀解　説▶━━━━━

≪ヒト胚を用いたゲノム編集研究の倫理的課題≫

　課題文は，ヒト胚を用いてゲノム配列を編集する技術の研究における倫理的規定の必要性に関する文章である。これを読み，後の問いに答える。

問1．CRISPR-Cas9 法に対して「厳しい視線が注がれている」理由を，課題文を踏まえて具体例を挙げ説明する。CRISPR-Cas9 法については課題文末の（注2）で説明されており，解答に援用できる内容なので，確認しておきたい。この技法に「厳しい視線」が注がれている直接的な理由は，下線①の直後に書かれている「ヒトの生殖細胞系列に対しこのツールを利用することで，科学者が永続的な改変を加えてしまう可能性が生じる」という点にある。つまり，科学者が好き勝手にゲノム配列を改変することを許容すれば，生命の尊厳が脅かされるリスクが高まるということである。〔解答例〕では，上記の点について「倫理的課題」という指摘がなされていることを踏まえ，設問で要求されている具体例について，不用意なゲノム編集は安全性のみならず差別を助長する可能性など多くのリスクを抱えているという点も挙げながら説明している。

問2．「臨床的手段となり得るゲノム編集の安全性と正確性と実行可能性を確認するために相当な規模の基礎研究を要することも示されている」ことについて，どのように研究を進めるべきか，課題文に即して説明する。下線②以降の文章全体を参考にし，まとめていこう。まず素材となる卵や精子，ヒト胚の入手手段について，ドナーからの提供を受ける方法（第7段落）と，不妊治療クリニックの余剰胚を譲り受ける場合（第10段落）とが示されている。必要な種類と数についても，みだりに多くの胚を無駄にすることがないよう，適切に決定しなくてはならないことが示唆されている（第9・12段落）。またドナーへの告知と倫理的承認，同意の必要性にも触れられている（第7・11段落）。さらに，ヒト胚を用いる前に，ヒト多能性幹細胞やマウス胚を用いることも検討すべきと指摘されている。そして最後に，研究者だけでなく，関係機関やその担当者たちが共同して

研究の枠組みを構築する必要について示されている。これらを簡潔にまとめる。

問3．ヒト胚を用いたゲノム編集研究における倫理的配慮に関する意見論述。「筆者の主張を踏まえ」とあるとおり，基本的には課題文に書かれた筆者の主張に沿って，自分の考えを述べていこう。筆者の主張は問2ですでにまとめているので，簡潔に指摘するようにしたい。要点を押さえ，そこから自分の意見を展開しよう。〔解答例〕では，倫理的配慮の適正な基準や手順の国際的な枠組みづくりと学際的な検討の必要性に触れた。別解としては，ドナーや研究素材となる「ヒト胚（受精卵）」の権利や尊厳，研究の妥当性や倫理的配慮の範囲などに関して深く掘り下げる，などの方向も考えられる。

2 解答例

問1．男性的：aggression　女性的：empathy

問2．ラットの脳細胞において電気信号の伝達を制御する樹状突起スパインの数は，エストロゲンのレベルが高い時には雌に多くなり，激しいストレスを与えた場合には雄の方が多くなったという内容の研究論文に出会ったこと。（100字以内）

問3．従来の研究では，男女の脳は異なり，生殖器官と同様に各々の性別の性格的特徴を司る個別の構造が仮定されてきた。しかしJoelは，すべての脳は男性的特徴と女性的特徴を兼ね備えていると主張した。彼女によると脳には性差がなく，刺激に応じて男女双方の特徴を示し得る「モザイク状」である。この主張は，性差を先天的な脳の構造によって規定しようとする二分法的な見方を否定する大きな論拠とみなされたということ。（200字以内）

問4．私はジェンダーは「モザイク状」だというJoelの考えに賛成だ。私たちの社会には女性的とされるものを好む男性も，男性的な性格の女性もいるからだ。

　課題文によると，従来の研究では性別が異なれば脳も異なり，それが攻撃性や共感性などの心理的特質を生むと考えられてきた。だが現実には身体の性と性格・行動特性は必ずしも一致しない。たとえば共感性が高く感動しやすい男性も，攻撃的な格闘技の観戦を好む女性もいる。数理的思考が得意な女性や，手芸や料理を好む男性も存在する。さらに状況が一時的

に共感性や攻撃性を強化することもあるだろう。つまり現実の人間の心理
や行動は，身体の性に基づく二分法では説明することができない。

　くわえて，性別らしさの指標は時代や文化，社会制度によっても変化し
得る。また生育環境も，個々の性格や振る舞い方など，刺激に対する反応
の様式を形成するだろう。したがって脳に性差が存在するか否かにかかわ
らず，身体の性別が行動や心理的性差までも決定するわけではない。仮に
身体の性が脳の性差を作るとしても，それが個人の性格や心理・行動特性
に及ぼす影響は，環境やその都度の状況に左右される可変的なものだと私
は考える。（500 字以内）

■━━━━━━ ◀解　説▶ ━━━━━━■

≪脳に性差はあるか≫

　課題文は英語で，ジェンダーと脳の関係について考察したものである。
脳の構造に性差があるとする従来の仮説と，脳には性差がなくジェンダー
はモザイク状だという Joel の仮説との違いをしっかりと押さえることが
重要である。

問1．課題文の中で，男女の性格において男性的・女性的だということを
示すものとして用いられている単語（名詞）を指摘する。第1段の終わり
から2文目に，the possible roots of male aggression and female
empathy in humans という箇所がある。また第3段第3文にも That
variability itself … the sexes—aggressive females and empathetic males
…とある。よって，「男性的」は aggression，「女性的」は empathy が正
解。

問2．下線①の指示内容を課題文に即して説明する。this という指示代名
詞から，設問部分の直前の内容であることがわかる。直前の第2段では，
脳に構造的性差があることを否定する内容の研究論文に出会ったことが示
されている。この論文の内容を具体的に述べつつ，まとめればよい。

問3．下線②について，どのようなことを意味しているか，課題文に即し
て説明する。the entrenched misconceptions は，脳の構造が性差の存在
を規定するという従来の考え方に対する評価である。Joel の仮説が a
major challenge と呼ばれるのは，こうした考え方が定着している状況を
打破するとみなされたためである。その点を押さえつつ，両者の仮説の内
容を含めて説明しよう。「従来の研究では，男女の脳は異なり，生殖器官

と同様に各々の性別の性格的特徴を司る個別の構造が仮定されてきた」点については第1段，Joel が「すべての脳は男性的特徴と女性的特徴を兼ね備えていると主張し」「彼女によると脳には性差がなく，刺激に応じて男女双方の特徴を示し得る『モザイク状』である」点については第3段，「この主張は，性差を先天的な脳の構造によって規定しようとする二分法的な見方を否定する大きな論拠とみなされた」点については最終段に詳細な説明があるので，〔解答例〕ではその順にまとめている。

問4．課題文の最後の一文で示された Joel の主張に対する考えを，具体例を挙げて述べる。下線③ Most humans have a gender mosaic. という Joel の考えについては，最終段にまとめられている。特に下線③を含む最後の5文において，身体的な性差に基づいて脳の性差や行動・心理的な性差を規定しようとする従来の二分法的考え方ではもはや不十分であり，ある特性が女性的だからといって，それ以外の特性も女性的であるとは限らないという主張が Joel 自身の言葉で展開されている。これを踏まえて意見を論述しよう。

〔解答例〕では，Joel の主張に沿って意見を展開した。別解として，私たちの身の回りに存在する，ジェンダーに関わるさまざまな言説を具体例として挙げることが考えられる。「理系女子」や「女子力」という言葉もその一つだ。振る舞い方や趣味嗜好などに関わる指標に対し，「女子」という言葉を付して，女性に対する評価を構成している。男性に対しても同様の評価軸が存在する。こうした点を踏まえて，論を展開するのもよいだろう。

佐賀大学　医学部　医学科

■学校推薦型選抜Ⅱ（共通テストを課す）

▶選抜方法

大学入学共通テストの成績，小論文，面接，高等学校長の推薦書，調査書等を総合して合格者を決定する。なお，面接の評価が低い場合は不合格とすることがある。

また，大学入学共通テストの成績が大学の基準を満たしていない場合は，不合格とすることがある。

第1次選考について

入学志願者が，募集人員の約5倍（長崎県枠は約10倍）を上回り，試験を適切に行うことが困難であると予想される場合には，書類（調査書，高等学校長の推薦書，自己推薦書）による第1次選考を実施することがある。

▶大学入学共通テストの利用教科・科目

教　科	科　　　　　目
国　語	「国語」
地　歴 公　民	「世界史B」，「日本史B」，「地理B」 「現代社会」，「倫理」，「政治・経済」，「倫理，政治・経済」 ｝から1
数　学	「数学Ⅰ・数学A」（必須） 「数学Ⅱ・数学B」，「簿記・会計」，「情報関係基礎」から1
理　科	「物理」，「化学」
外国語	「英語（リスニングを含む）」

［5教科7科目］

(注)
- 「地理歴史」と「公民」において2科目受験した場合は，受験した科目のうち第1解答科目の得点を採用する。指定の科目を第1解答科目で受験せず，第2解答科目で受験した場合は，0点として取り扱う。
- 「簿記・会計」，「情報関係基礎」を選択できる者は，高等学校においてこれらの科目を履修した者に限る。
- 「英語」でリスニング未受験の者については，失格とする（リスニングの免除を許可された者を除く）。

▶個別学力検査等

	採点・評価基準
小　論　文	資料を提示の上，論述式の試験を行うことにより，病める人の身になって医療を実践できる良き医療人となるにふさわしい人間性および種々の問題を科学的・論理的に思考し，それを解決しうる能力を評価する。
面　　　接	医学部志望の動機，学習意欲，積極性，生命や医療に対する倫理観，チーム医療の一員となる上で不可欠の協調性やコミュニケーション能力について，対話・口述を通して評価し，将来優れた医師になるために十分な適性を備えているかどうかを総合的に判断する。
調 査 書 等	単に学業成績優秀というのみでなく，規則的生活習慣を保ち，学習意欲，積極性や協調性に富んでいるかを高等学校3年間の行動記録である調査書および高等学校長の推薦書により評価する。志願者本人による自己推薦書も同様に取り扱う。なお，調査書等については面接にあたっても参考にする。

▶配　点

大学入学共通テスト					その他			計
国語	地歴・公民	数学	理科	外国語	書類審査	小論文	面接	
160	80	160	160	160	280	120	120	1240
720					520			

（注）
- 外国語の「英語」は，リーディング（100点満点）を120点に，リスニング（100点満点）を40点に換算し，合計160点とする。リスニングを免除された者については，リーディング（100点満点）を160点に換算する。
- 「書類審査」は調査書，推薦書等。

問題編

●小論文（90 分）

問題資料　医

What does it take to be a good person? What makes someone a good doctor, a therapist or a parent? What guides policymakers to make wise and moral decisions?

Many believe that empathy — the capacity to experience the feelings of others, and particularly others' suffering — is essential to all these roles. I argue that this is a mistake, often a tragic one.

（ア）Empathy acts like a spotlight, focusing one's attention on a single individual in the here and now. This can have positive effects, but it can also lead to short-sighted and unfair moral actions. And it is subject to bias — some laboratory studies show that empathy flows most for those who look like us, who are attractive and who are non-threatening and familiar.

（イ）When we appreciate that skin color does not determine who we should care about, for example, or that a crisis such as climate change has great significance — even though it is an abstract threat — we are going beyond empathy. A good policymaker makes decisions using reason, aspiring toward the sort of fairness and neutrality empathy does not provide.

Empathy is not just a reflex, of course. We can choose to empathize and stir empathy for others. But this flexibility can be a curse. Our empathy can be exploited by others, as when cynical politicians tell stories of victims of rape or assault and use our empathy for these victims to revive hatred against （　あ　）　groups, such as undocumented immigrants.

For those in the helping professions, compassion and understanding are critically important. But not empathy — feeling the suffering of others too acutely leads to exhaustion, burnout and ineffective work. No good therapist is involved in anxiety when working with an anxious patient. Some （　い　） is required. The essayist Leslie Jamison has a great description of this, in writing about a good doctor who helped her: "His calmness didn't make me feel abandoned, it made me feel secure," she wrote. "I wanted to look at him and see the opposite of my fear, not its echo."

Or consider a parent dealing with a teenager who is panicked because she left her homework to the last minute. It is hardly good parenting to panic along with her. Good parents care for their children and understand them, but do not necessarily （　う　） their suffering.

Rationality alone is not enough to be a good person; you also need some sort of motivation. But compassion — caring for others without feeling their （　え　） — does the trick quite nicely. Compassion is distinct from empathy, with all its benefits and few of its costs.

Many of life's deepest pleasures, such as engagement with novels, movies, and television, require empathic connection. Empathy has its place. But （　お　）　being a good person, there are better alternatives.

("Empathy Can Lead to Short-Sighted and Unfair Moral Bias" by Paul Bloom [*The New York Times* [online]: Dec 29, 2016]より一部を改変して引用)

問題資料を読み，次の問いに答えなさい。

問1　（あ）から（お）までの5つの空欄にもっとも適する語句を，それぞれ4つの選択肢の中から1つ選び，その番号を解答欄へ記入しなさい。

（あ）
1: valuable　　2: vulnerable　　3: responsible　　4: respective

（い）
1: hatred　　2: ignorance　　3: intimacy　　4: distance

（う）
1: overcome　　2: absorb　　3: sacrifice　　4: support

（え）
1: anger　　2: danger　　3: power　　4: pain

（お）
1: to say nothing of　　2: regardless of　　3: when it comes to　　4: in comparison with

問2　下線部（ア）（イ）をそれぞれ日本語に訳しなさい。

問3　著者に対する反対意見を想像し，それも含めた形で，この文章についてのあなた自身の考えを　日本語（800字以内）　で述べなさい。

解答編

●小論文

解答例
問1. ㋐—2 ㋑—4 ㋒—2 ㋓—4 ㋔—3
問2. ㋐共感（感情移入）はスポットライトのように機能し，ある人の焦点をそのときその人の目の前にいる一人の人物に集中させる。これが良い効果をもたらすこともあるが，近視眼的で不公平な道徳行動につながることもある。そして，それは偏見に陥りがちなもので，いくつかの研究室での研究では，共感（感情移入）は自分に似ていて，魅力的で，脅威を感じることがなく，親しみやすい人に対して，最も生じることが示されている。
㋑たとえば，肌の色は誰を気にかけるべきかを決定しないといったことや，（抽象的な脅威ではあるが）気候変動のような危機は大きな影響力を持つといったことを正しく理解するとき，私たちは共感（感情移入）を超えていることになる。良い政策立案者（政治家）は，理性を用い，共感（感情移入）では生まれない類いの公平性と中立性を追求しながら決断を下すのである。
問3. 著者は「何事にも共感が必要である」という風潮に異を唱えており，その核には「共感は偏りがちなもので，何か大きなことを決定するなら，共感ではなく理性を用い，公平性と中立性を追求して決断を下すべきだ」という考えがある。さらに「特に医療従事者には，相手を理解しようという気持ちは必要だが，過度に共感することなく，一歩距離を置いた応対が必要である」とも指摘している。

　この主張には，「共感は人を助ける仕事に従事する人が持つべき資質であり，この『共感力』を用いずして，『良い医療』など行えるわけがない。むしろそれを最大限に利用することこそが『より良い医療』への第一歩だ」といった，世間一般からの反対意見が想像される。

　著者の言う empathy は日本語に訳すと「共感」だが，世間一般が求める「医療における『共感』」とは，「『患者に寄り添った』医療」のことだと想定されるため，著者の意見と世間一般論との間には言葉の定義上の理

解に大きな隔たりがあるだろう。著者は「患者の感情に巻き込まれて，患者と一体化した形（＝empathy）」での医療を疑問視しているが，世間一般は，自分の感情のゆらぎに医師が適切に合わせてくれることを求めているだけであろう。

　よって，医療において医療従事者が消耗し，問題解決に支障が出るような empathy は不要，という著者の意見は理解できるが，これは程度の問題であり，医療従事者が自分の問題や苦しみを理解してくれていると感じられるような医療は，世間一般が求めてやまない「より良い医療」を実践する上で必要不可欠なものであるため，著者がこの「患者に寄り添った」医療までをも否定するのであれば私は賛成できかねる。（800 字以内）

■■■■■■ ◀解　説▶ ■■■■■■

≪医療にとって共感は必ずしも良いものではない≫

問 1.　㋐空所を含む部分の後に〈具体例〉として「何ら証明書を持たない移民」が挙げられているので，空所には 2.「傷つきやすい，（社会的に）弱い」が入ると適切な〈抽象→具体〉の関係となる。1.「貴重な」　3.「責任のある」　4.「それぞれの」

㋑空所を含む部分の後に〈具体化〉として，あるエッセイストの発言が引用されているが，そこでは〈自分を診た医師が，一歩引いた冷静な目線であったことがむしろ良かった〉と述べられているので，空所に 4 を入れ，空所を含む部分を「いくらかの（距離）が必要である」とすれば適切な〈抽象→具体〉の関係となる。1.「憎しみ」　2.「無知」　3.「親密さ」

㋒空所を含む部分の前で「パニックに陥った子供と一緒に気を動転させるのは，良い子育てではない」と述べられている。よって，空所に 2 を入れ，空所を含む部分を「良い子育ては子供を慈しみ理解するが，必ずしも子供の苦しみ（を自分のものにする）わけではない」とすればよい。なお，ここでの absorb は単に「～を吸収する」という意味ではなく，「～を自分のものとして取り込む」という意味で共感するという意味にも通じる。1.「～を克服する」　3.「～を犠牲にする」　4.「～を支持する」

㋓空所を含む部分は，それを含む文全体の主語である compassion「思いやり」を〈言い換え〉たものである。その部分は「その人物の（　　　）を感じることなく他人を気にすること」という意味なので，空所には 4.「痛み」が入ると判断する。1.「怒り」　2.「危険」　3.「力」

㈍空所を含む部分の前で「共感にもそれに相応しい場面はある」と述べら
れ，それが空所を含む部分と〈逆接〉を示す But でつながれている。よ
って，空所に 3 を入れ，空所を含む部分を「良い人間であるということに
なると，共感よりもより良い選択肢が存在する」とすれば空所を含む部分
の前後が適切な〈逆接〉関係となる。1.「～は言うまでもなく」　2.
「～に関わりなく」　4.「～と比べると」

問 2．㈠第 1 文：Empathy(S) acts(V) like a spotlight(M) という構造。
focusing 以下は focus A on B「A を B に集中させる」を用いた分詞構文
で，one's attention が A，a single … and now が B。なお，in the here
and now（ここでは「今ここ（＝目の前）に存在している」の意）は直前
の a single individual を修飾する形容詞句。

第 2 文：前半は This(S) can have(V) positive effects(O) という構造。
後半は S lead to A「S は A につながる，S は A を引き起こす」を用いた
文で，it が S，short-sighted and … moral actions が A。なお，also は直
後の動詞 lead を修飾する副詞。

第 3 文：前半は S be subject to A「S は A の影響を受けやすい」を用い
た文で，it が S，bias が A。ダッシュ（―）以下は直前の節の具体化で，
some laboratory studies(S) show(V) that …(O) という構造。…の部分
は empathy(S) flows(V) most(M) for those …(M) という構造。and に
よって並列された who looks like us と who are attractive と who are
non-threatening and familiar は，直前の those「人々」を修飾する関係代
名詞節。

㈡第 1 文：全体としては When …(M), we(S) are going(V) beyond
empathy(M). という構造。…の部分は we(S) appreciate(V) that ～(O)
という構造。～の部分は skin color(S) does not determine(V) who we
should care about(O) と a crisis such as climate change(S) has(V)
great significance(O) という構造の 2 つの節が or によって並列されたも
ので，途中に挿入されている for example はこの 2 つの節が〈具体例〉で
あることを示す副詞。なお，後続するダッシュではさまれた部分（even
though it is an abstract threat「それは抽象的な脅威ではあるが」）は直
前の節（a crisis such … great significance）に対する〈譲歩〉を表す副
詞節。

第 2 文：A good policymaker（S）makes（V）decisions（O）using reason（M）という構造。using reason は副詞句として働く分詞構文の一種と考えればよい。aspiring toward … は分詞構文で，…にあたる the sort of fairness and neutrality を関係代名詞節（which）empathy does not provide が修飾している。

問 3．論旨の展開としては，まずは第 1 〜 4 段で，著者が「何事にも共感が必要である」という風潮に異を唱えていることを確認する。その主張の核は 2 カ所の下線部訳の部分で述べられているが，要は〈共感は偏りがちなもので，何か大きなことを決定しようとするなら，共感でなく理性を用い，それがもたらす公平性と中立性を目指しながら，決断を下すべきだ〉ということだと理解し，続く第 5・6 段で，著者は〈特に医療従事者には，相手を理解しようという気持ち自体は必要だが，過度に共感することなく，一歩距離を置いた応対が必要である〉とも指摘している。よって，〔解答例〕では真っ先にここまでの著者の主張を要約したものを提示している。

　次に，本問は「著者に対する反対意見を想像し」という条件が付いているので，〈「共感・感情移入」は人を助ける仕事に従事する人間の持つべき資質であり，この「共感力」を用いずして，「良い医療」など行えるわけがない。むしろそれを最大限に利用することこそが「より良い医療」への第一歩である〉といった当然想像されるであろう世間一般からの反対意見を挙げるとよい。

　そして最後に，この〈「共感」に反対する著者〉か〈「共感」に賛成する世間一般〉のどちらにあなた自身は与するのかを，何らかの「理由」を挙げつつ表明する必要がある。〔解答例〕では，医学を志す受験生の目線から，〈「共感」に反対する著者〉と〈「共感」に賛成する世間一般〉の内容のそれぞれを分析し，〈過剰な共感ではなく，患者が寄り添ってくれている，と感じられるような共感は必要であり，著者の考えには全面的に賛成できない〉という考えを示している。

//////////////// · **memo** · ////////////////

2021
年度

問題と解答

秋田大学　医学部　医学科

■学校推薦型選抜Ⅱ（共通テストを課す）

▶選抜方法

大学入学共通テストの成績，調査書，推薦書，志願理由書，小論文および面接の結果を総合して判定する。

合格者の決定方法：

① 大学入学共通テストと個別学力検査等を総合的に判断し合格者を決める。

② 面接において面接員が「不可」の評価をした場合は，合格者としない。

▶大学入学共通テストの利用教科・科目

教　科	科　　　　　　　　目
国　語	「国語」
地理歴史	「世界史B」，「日本史B」，「地理B」 ⎫
公　民	「倫理，政治・経済」 ⎭ から1
数　学	「数学Ⅰ・数学A」
	「数学Ⅱ・数学B」，「簿記・会計」，「情報関係基礎」から1
理　科	「物理」，「化学」，「生物」から2
外国語	「英語（リスニングを含む）」，「ドイツ語」，「フランス語」，「中国語」，「韓国語」から1
	［5教科7科目］

（注）

• 「地理歴史」と「公民」において2科目受験した場合は，解答順に，前半に受験した科目を第1解答科目，後半に受験した科目を第2解答科目とし，第1解答科目の得点を合否判定に用いる。

• 「簿記・会計」および「情報関係基礎」を選択解答できる者は，高等学校もしくは中等教育学校においてこれらの科目を履修した者および文部科学大臣の指定を受けた専修学校の高等課程の修了（見込み）の者に限る。

▶実施教科等

教科等		採点・評価の観点，基準等
一　般　枠	小論文	社会・文化・自然科学・医療等に関する日本語および英語の文章を素材にしていくつかの設問をし，それに対して論述させ，理解力・思考力・表現力等をみる。
	面　接	調査書を参考に，医師としての適性，即ちコミュニケーション能力・科学的思考・論理的思考，医師としての倫理性，社会への関心度，積極性・意欲・将来性等について評価する。（集団面接）
秋田県地域枠全国地域枠	小論文	社会・文化・自然科学・医療等に関する日本語および英語の文章を素材にしていくつかの設問をし，それに対して論述させ，理解力・思考力・表現力等をみる。
	面　接	調査書を参考に，地域医療に貢献する強い意欲，医師としての適性，即ちコミュニケーション能力・科学的思考・論理的思考，医師としての倫理性，社会への関心度，積極性・意欲・将来性等について評価する。（個別面接）

▶配　点

大学入学共通テスト					個別学力検査等		計
国　語	地歴・公民	数　学	理　科	外国語	小論文	面　接	
100	50	100	100	100	100	150	700
450					250		

（注）
- 大学入学共通テストの各教科の配点は「素点×傾斜率0.5×科目数」で計算する。
- 大学入学共通テストの外国語で「英語」を選択した場合は，「リーディング」と「リスニング」の配点比率を4:1とする。なお，「英語」以外の科目を受験した者およびリスニングの受験を免除された者については，リーディング（100点満点）の成績を，200点に換算して利用する。

問題編

●小論文（120 分）

第 I 問 以下の文章を読んで問いに答えなさい。

The next time you decide to hit the retweet button, think again. That video of Derek Chauvin pressing his knee into George Floyd's neck for nearly nine minutes could have deleterious mental health impacts on the Black community.

From abolitionist Frederick Douglass' essays on the horrors of slavery to ad hoc social media footage of police brutality, the documentation of brutality against Black people is nothing new. But in this era, in which the power of a camera lies at nearly everyone's fingertips, the stories have taken a visceral, viral turn.

On March 3, 1991, George Holliday stood on a balcony across from Hansen Dam Park in Los Angeles, filming four officers as they beat and tased Rodney King. This was the first police-brutality video of its kind—nationally circulated on television and massively powerful. After the four officers were proclaimed not guilty, Los Angelenos protested for five days.

Since then, videos have played a crucial part in anti-racism and anti-police-brutality demonstrations. In the last few months, clips of Ahmaud Arbery's and George Floyd's murders instigated a nationwide outcry that resulted in the arrest and charge of the perpetrators. Footage of the deaths of other Black men and women continues to be released each week.

（中　略）

In a 2018 study published in *The Lancet*, Boston University researchers found that in the two months following the murders of Black individuals by police, Black individuals living near the crime scene experienced significant deterioration in mental health, along with symptoms of trauma. While most people didn't directly witness the violence, the dissemination of videos and news reports still caused <u>longstanding mental health problems (1)</u>.

Allissa Richardson, an assistant professor of journalism and communication at the University of Southern California, refers to *ubuntu*, which means "I am because we are" in the southern African language of Nguni Bantu. "It states that we are interconnected," Richardson says. "I see my own self in you. That could be my dad lying there, getting the life squeezed out of him. So I can not watch."

Many compare race-based trauma to vicarious trauma, which typically impacts health care workers, counselors, and psychologists who feel the residual emotional impact of other peoples' experiences. But University of Ottawa psychologist Monica Williams, who specializes in race-based trauma, clarifies that the two can't be compared.

The trauma that Black people face is more vivid and personal, she says. "They are seeing members of their own community brutalized. There's a level of direct threat that's not necessarily present when a client is describing a story to a counselor."

"The videos are passed around like popcorn at the theater," Williams adds. "The images aren't treated with the same dignity and respect that you'd give to anyone else." After seeing the barrage of violent clips on social media and the news, Black people may experience stress and mental health symptoms such as crying, depression, severe lack of motivation, low self-esteem, and a chronic inability to focus and concentrate, she says. According to the US Department of Health and Human Services, Black Americans are 20 percent more likely to report severe psychological distress than their white counterparts. At the same time, they're less likely to seek out treatment, due to a chronic lack of health resources in their neighborhoods and a historic lack of trust with hospitals and doctors.

Ultimately, non-Black social media users and journalists have a responsibility to treat these videos more sacredly. Part of that means looking at their sharing behavior after other traumatic events. The deaths of white people, for instance, are rarely broadcast on national television; in the case of the 2017 Las Vegas mass shooting, the initial torrent of footage was largely replaced with more respectful portraits of the victims.

Where did the videos of the tragedy go? (2) Into what is called the "shadow archive," says Richardson, who recently published a book exploring the lives of journalist-activists as they documented Black Lives Matter through their smartphones. The "shadow archive" can be tangible (like a museum or a library) or metaphorical—a place where images of death can go to rest and only be accessed by those who wish to view them out of respect, education, and awareness. The idea originated with Ida B. Wells, a trailblazing investigative journalist in the early 20th century, who frequently dispatched white photographers to document lynchings in the South, and published the photos in the NAACP's magazine, The Crisis. Once the images reached full circulation and incited lobbying for anti-lynching laws, the organization placed them in a metaphorical shadow archive, preventing them from being published again.

The transition serves a moral purpose, but it can benefit people's mental health, too. What's more, it leaves room for a deeper representation of Black individuals on social media and the news. When Black women and men die on camera, media companies broadcast them with the same casual air of a sports highlight, Richardson says. "I'm calling for us to use these pictures judiciously. Not doing so at this point [denies] Floyd the same dignity we've given white victims." While it may be difficult to encourage companies like Google and Facebook to keep these videos from resurfacing on their feeds, social media users have the power of making a shadow archive of their own—simply by ███████████████████████.

<出典：Candice Wang　著　Resharing videos of violence against Black people can spark more trauma.より抜粋，一部改変＞

barrage：集中
tangible：直接触れられる
metaphorical：比喩的な
trailblazing：先駆的な
lobbying：議案通過活動
judiciously：賢明に，思慮深く
resurfacing：出てくる，見つかる

問1　下線部(1)について，どのような精神衛生上の問題なのか。300 字以内の日本語で述べなさい。

問2　下線部(2)について，筆者は黒人に対する悲劇的映像をどのようにしたらいいと考えているのか。その波及効果も含めて 300 字以内の日本語で述べなさい。

問3　黒塗り部には，ソーシャルメディアユーザーに対する作者の要望が記述されている。7 単語以内の英語で述べなさい。

第Ⅱ問　以下の文章を読んで問いに答えなさい。

　研究者を志す若い人に「何を研究したいのか」という質問をすると，一昔前は癌を研究したいと言い，昨今は脳を研究したいというのが流行である。古くから研究においては，どのような質問をするのかによって問題の半分は解決されたと言われている。癌だとか，脳だとかいうレベルでは研究の対象としての設問にならないことは明らかである。したがって実際に研究を自分の一生の仕事として取り上げるためにはもっと緻密かつ具体的な設問として立ち上げなければならない。研究をするうえでは実はここが最も難しいところである。「自分はいったい何が知りたいのか」と常に自問自答してきたのが私のこれまでの一貫した研究者人生であったとも言える。ところが，考えてみるとこれは一見矛盾しているように見える。研究とは自分の好奇心を大切にしてそれに向かってまっしぐらに突き進めば必ず重大な疑問にぶちあたるはずであると多くの人は考えるからである。

　しかし，一見不思議に思えたこともよくその分野のことを調べてみるとすでに多くの人が研究をしてかなりのことがわかっているという場合がほとんどである。また自分のささやかな好奇心に基づいた疑問がはたしてどれほどの研究の価値があるのか，あるいは重要性があるのか自信がもてなくなることもしばしばである。このような場合にてっとり早いのは，世の中の多くの人が注目して，大勢の人が研究をしているいわゆる流行のテ

一マに参加することである。世の中にはすべて流行があり，隣の人が気にならない人は少ない。したがって，流行の中に身を置くことは，ファッションに限らずすべてにおいて安心感を与えるのであり，またもっとも無難な生き方であると多くの人が本能的に感じている。一方，自信が十分にある人も流行を追うことになる。なぜなら多くの人が求めている激しい競争の中で自分は勝ち抜き，必ずやナンバーワンになれると確信しているからであり，またナンバーワンになることこそ自分の生きがいであると感じる自信家は研究者の中にも少なくない。かくして，研究者の社会においても流行があり，また流行をめがけて人が集まり，その分野の研究は著しく進むことになる。流行を追う研究が独創的な研究と無縁のものであるかどうか，これには議論があるところである。

　そもそも独創的な研究とはどのようなものか，これについては古来いろいろな論議があるが，単純に言うならば独自の考えで始めることであり，一般的には流行に乗ることではない。しかし，独自の考えといえども全く何もない白紙の上に絵を描くような研究というのは，今日きわめて稀である。過去に独創的研究と言われるものも，そのほとんどは以前の学問の発展の上にひと皮加えた程度と考えても間違いはない。

　例えば，今日生命科学の発展に大きな影響を与え，生物学に革命的な変革をもたらしたノックアウト技術の発展について考えてみるとさらに問題点は明らかである。M. カペッキーが ES 細胞に相同組換えを導入し，最初にノックアウトマウス作製に成功したことは周知の事実である。しかし，この技術の発展には，それ以前にテラトカルチノーマ細胞系を確立した L. スチーブンスや，それをマウス胚に導入して個体発生ができることを証明した R. ブリンスターらの原理的な発見が必須であった。また，M. エバンスらによる ES 細胞株の樹立といった基礎的な成果も不可欠であった。M. カペッキーの貢献は，哺乳類動物細胞において相同組換えが可能であるということを立証し，これらの3つを統合して今日広く使われている画期的な技術に集大成したことである。したがって，M. カペッキーが成した仕事は過去の人々の成果の上に立った大きな発展であり，また，相同組換えを検出するためのちょっとした工夫が彼を成功に導いた。

　独創的な考えなどというものは，誰の頭にもあってそれほど飛躍的な発展ではないという見方もある。しかし，研究のアイディアを単に思いつくこととその未知の可能性にかけて研究することには非常に大きな違いがある。これは例えて言うなら，あのベンチャー企業の株が上がると思ったと後から言う者と，実際にその可能性にかけて借金をしてまでその株を買った者との違いである。もし，本当に自分がその可能性が高いと信じ，それを実証したいと思うなら，その時点であらゆる努力を集中してその問題にとりかかるのである。つまり，独創的と言われているものは無から有を生じるように出てくるものではない。しかし，そのような考えが先人の実績の中からおぼろげながら浮かび上がったとしてもそれが誰にとっても自明のものであるなら，おそらくそこには独創的な飛躍はなく，簡単に実証可能なものである。多くの人がそのような可能性はあったとしても非常に少ないと考え，いわゆる流行にならなかった可能性にかけて，そしてそれが実証されたときに多くの場合に飛躍的な展開が起こるのである。

　しかし，そのような難しいことだけが独創性とは限らない。凡人が独創性を生み出すこ

とはそんなに難しいことではなく，ナンバーワンになることを求めず，オンリーワンになることを考えることが最も近道である。極端な話，生物学の研究は，これまで誰も研究したことのない生物種を選び，それを詳しく解析することによっても十分に独創性が発揮される。しかし，それにかけるだけの勇気と熱意があるかどうかである。このような例は最初にバクテリオファージの研究を始めた M. デルブリュック，線虫研究をシステムとして立ち上げて今日の繁栄に導いた S. ブレンナーらの例がある。しかし，この場合もどんな種でもよいというものでもない。そもそも研究とは，好奇心からスタートするものである。"なんだろう？" "不思議だな？"という自らの問いを心ゆくまで追求することが，研究者の楽しみではなかろうか。先日もふとテレビで満月の夜に珊瑚がいっせいに産卵を開始する映像を観て，なんと生物は不思議だという気持ちが心底沸き起こるではないか。このような現象を心ゆくまで研究することが，まさに研究者の特権であり，また，一生をかける意味のあることではなかろうか。「流行を追う」ということは，自らの中に何かを知りたいという好奇心が希薄であるからではないのであろうか。「流行を追う」ことがその人にとって本当に楽しいのであろうか。研究を楽しまずにして，一生やることは業務でしかなくなり，はたしてそこに創造性豊かな研究が開かれるのであろうか。

　研究者の醍醐味とは，私にとっては誰も見向きもしない岩からのわき水を見つけ，やがてその水をしだいに太くし，小川からやがて大河にまで育てることである。また，山奥に道なき道を分け入り，初めて丸木橋を架けることが私にとっての喜びであり，丸木橋を鉄筋コンクリートの橋にすることではない。多くの人がそこに群がってくるときは，丸木橋ではなく，すでに鉄筋コンクリートの橋になっており，その向こうにある金鉱石の残りをめがけて多くの人が群がっているのである。その結果得られたものが，高価であるからといって，本当にそれが独創的な研究であろうか。独創的な研究は，おそらくその研究が 20 年経ってもまだ引用されているかどうかによって決まる。今日 Cell, Nature, Science を賑わしている論文を1年後にどれだけわれわれが覚えているであろうか。ましてや 20 年後においてをや。

　私にとってのもう 1 つの喜びは，多くの人が石ころだと思って見向きもしなかったものを拾い上げ，10 年，20 年かけてそれを磨きあげて，それがダイヤモンドであることを実証することである。そのような研究こそ本当に独創的で研究者冥利につきるというものではなかろうか。石ころが石ころのままで終わるのか，ダイヤモンドに化けるのかは運の問題もある。ただし，そこに研究者の嗅覚が非常に重要な要素を占めることも否めない。

＜出典：本庶　佑　著『実験医学』Vol.19, No.4, pp500-504 (2001)「独創的研究への近道：オンリーワンをめざせ」より抜粋，一部改変＞

問1　文中の下線部で，筆者が「矛盾」を感じた理由について 100 字以内で説明しなさい。

問2　研究の「流行」が存在する理由について 100 字以内で説明しなさい。

問3　筆者が考える「独創的な研究」について 300 字以内で説明しなさい。

解答編

●小論文

I **解答例** 問1．白人警官による黒人への暴力の映像を見た黒人の人々は深刻な精神的ストレスを長期にわたり経験する。こうした映像は被害者に敬意を払うことなく繰り返し放送され拡散される。その映像を見た黒人が深刻な精神的ストレスを受ける割合は，白人よりも 20 ％高い。彼らは日頃から犯罪と隣り合わせの場で生活をし，コミュニティは日頃から差別的に扱われている。そのため，黒人たちは暴力のビデオが繰り返し流されることで，事件をあたかも自分自身の経験のように感じてしまう。その結果，泣いたり憂鬱になったりし，モチベーションの欠如や自己肯定感の低下，集中力の長期的欠如など，精神的外傷の症状を経験することになりやすいという問題がある。（300 字以内）

問2．筆者は黒人の悲劇的映像を「シャドウ=アーカイヴ」に収めることを提示している。「シャドウ=アーカイヴ」とは，死などの悲劇的な映像を安置する場所である。図書館や博物館のように具体的な場所だけでなく，比喩的な「場所」である場合もあるが，教育などの理由から閲覧を希望する人にだけ，それらの映像が開示されるというものである。こうした「場所」にデータを保管することで，黒人たちが不用意な暴力映像の放送や拡散により，心理的な傷を負うリスクを回避することができる。また黒人に対する暴力映像を，白人が暴力に遭った場合の映像と同様に慎重に扱うことは，黒人被害者の尊厳を白人と同様に尊重することにつながると筆者は指摘する。（300 字以内）

問3．reconsidering before you hit the retweet button （7 単語以内）

━━━━◀解　説▶━━━━

≪黒人に対する暴力映像の精神的影響≫

　課題文は，黒人に対する暴力の映像が，それを見た他の黒人の人々にどのような精神的な影響を与えるかについて述べた文章である。非常に読みやすい英文で，難しい単語には注があるため，落ち着いて内容を確認していけばよい。

問1．映像を見た黒人たちに起きる精神衛生上の問題について説明をする。主に課題文の第5～9段（In a 2018 … hospitals and doctors.）の内容を中心にまとめればよい。特に第9段（"The videos are …）に書かれている具体的な症状や，同じ映像を白人が見た場合との比較データはしっかりと押さえておきたい。その上で，第7段第2文～第8段（But University of … to a counselor."）で指摘されている，黒人における「代理トラウマ」（vicarious trauma）が，医療従事者や心理職の人々が経験するそれとは一線を画する理由について，黒人たちやそのコミュニティがおかれている社会的状況とともに説明するとよい。

問2．下線部(2)の「悲劇的映像はどこに行ったのか」という問いに対して，筆者は黒人に対する悲劇的映像をどのようにしたらよいと考えているのか，その波及効果も含めてまとめる。まず，筆者は「シャドウ＝アーカイヴ」にこれらの映像を入れることを推奨している。下線部(2)の直後に書かれている説明の部分を中心にまとめよう。

　次にその波及効果については，まずは最終段第1文（The transition serves …）を手がかりに，この文章の主題でもある，映像を見た人々の精神衛生上の問題の防止という点が重要である。くわえて，続く同段第2～5文（What's more, … given white victims."）から，被害者の尊厳を守るという意図も指摘したい。これについては第10段最終文（The deaths of …）で，白人が犠牲になった事件では，事件そのものの映像ではなく被害者の写真を放送することで被害者の尊厳を守っているとある。これらを簡潔にまとめればよい。

問3．課題文の最後の黒塗り部に入る内容を考え，英語で解答する。黒人に対する暴力の映像を「シャドウ＝アーカイヴ」へと安置し，不用意にその映像を見た人々が精神的な傷を受けることを回避するために，ソーシャルメディアユーザーはどうするべきか，筆者の要望を推測する。

　ここまでの課題文の内容をしっかりとつかむことができていれば，特に問題なく解答することができるだろう。黒塗り部の直前より，social media users, つまり一般のソーシャルメディアユーザーである私たち個人がとるべき行動が問われている。ここで改めて課題文の冒頭を振り返ってみると，The next time you decide to hit the retweet button, think again. という一文がある。ここに筆者の意図が込められていると言える。

したがってこの部分を「by」に続く形で言い換えればよい。〔解答例〕では，そのまま reconsidering before you hit the retweet button としたが，7 語以内で同様の意味合いであれば，not easily hitting the retweet button や，not spreading the videos easily といった他の表現でも構わない。

Ⅱ 解答例

問 1．研究をするには具体的な設問が必要であり，好奇心に従って進めば重大な疑問に当たるものだと考えられているが，筆者は研究人生において，常に「自分はいったい何が知りたいのか」を探し，自問自答し続けてきたから。(100 字以内)

問 2．自分の問いや研究の価値や重要性に自信のない人は，多くの人が注目する研究テーマに参加して安心を得ようとし，自分に自信がある人は，激しい競争に勝つことを確信しているので多くの人と同じテーマを選択するから。(100 字以内)

問 3．独創的な研究とは，無から有が生じるように出てくるのではなく，先人の成果の上に立ち，既存の研究にほんの少し工夫を加えたものだと筆者は述べる。しかしそのわずかな工夫は，多くの人が注目しなかった可能性に目を向け実証することでしか生まれず，その成果は科学を大きく飛躍させる。あるいは，これまで誰も研究したことのないテーマを追うのもよい。流行のテーマを追うよりも自らの好奇心に従い，誰も見向きもしないような対象を，時間をかけて心ゆくまで研究し，その研究の価値や重要性を実証することが重要である。その結果，その研究が後世でも引用され続けているならば，その時それは独創的な研究であったと言えると筆者は主張している。(300 字以内)

━━━━━━━ ◀解　説▶ ━━━━━━━

≪独創的な研究とは何か≫

　課題文は，独創的な研究とは何かについて考察した文章である。これを読み，内容に関する設問に解答する。

問 1．下線部について，筆者が「矛盾」を感じた理由を説明する。下線部の前後をしっかりと読めばよい。まず，下線部の直後に「研究とは自分の好奇心を大切にしてそれに向かってまっしぐらに突き進めば必ず重大な疑問にぶちあたるはずであると多くの人は考えるからである」とある。また

下線部の 3 文前には「研究を自分の一生の仕事として取り上げるためには もっと緻密かつ具体的な設問として立ち上げなければならない」という一 言がある。ここから，一般的に研究には具体的な疑問が必要であり，それ は好奇心と向き合うことで自然と立ち上がるものと認識されていることが わかる。一方で，下線部の直前には「『自分はいったい何が知りたいのか』 と常に自問自答してきたのが私のこれまでの一貫した研究者人生であった とも言える」という一文がある。ここから，筆者自身はその研究人生の中 で，常に自分の研究対象を探ってきたという事実が読み取れる。この研究 対象についての一般的な認識と筆者が経験してきた事実との乖離が「矛 盾」として感じられるということである。

問 2．研究に「流行」が存在する理由についてまとめる。課題文の第 2 段 落の内容をまとめればよい。自らの研究の価値に自信がもてないとき，人 は，多くの人が注目するテーマに参加しようとする。すでにその領域が注 目されているということは，その領域を研究することに価値があると考え られるからである。また自分の能力に自信がある人も，多くの人が挑戦し ているテーマに挑み激しい競争に勝ち抜き「ナンバーワンになる」ために， それを選ぶ。こうして様々な人が同じテーマに参与することで研究の「流 行」が生じると筆者は述べている。

問 3．筆者が考える「独創的な研究」についてまとめる。課題文の第 3 段 落以降の内容をまとめていけばよい。まず第 3・4 段落から，独創的な研 究というのは，先人の成果に少しの工夫を加えるといった形で生まれるも のであることはしっかりと理解しておこう。次に第 5 段落最終文で，「多 くの人がそのような可能性はあったとしても非常に少ないと考え，いわゆ る流行にならなかった可能性にかけて，そしてそれが実証されたときに多 くの場合に飛躍的な展開が起こるのである」とあることも押さえておきた い。その上で，第 6 段落以降において，これまで誰も研究したことのない テーマを追うなど，好奇心をもとに「誰も見向きもしない」研究対象を見 つけ，それをじっくりと育てていくことに筆者が研究者としての喜びを感 じていること，またその独創性は「その研究が 20 年経ってもまだ引用さ れているかどうかによって決まる」と考えていることをふまえ，全体をま とめればよい。

群馬大学　医学部　医学科

■学校推薦型選抜（共通テストを課さない）

▶選抜方法

選考は，面接・小論文および出願書類（調査書，推薦書，適性資質調査書，志願理由書〈地域医療枠で出願する者のみ〉）を総合して判定する。

問題編

●小論文 1 （90 分）

以下の文章を読んで、問 1 ～問 6 に答えなさい。

　21世紀はかつてないほど容易に知識が手に入る時代になったが、その一方で不合理の嵐が吹き荒れてもいる。進化が否定され、ワクチンの安全性が否定され、人為的気候変動が否定され、陰謀論が飛び交っている。9・11に関するデマから、ドナルド・トランプの大統領選一般投票の得票数問題に至るまで、不合理の例は枚挙にいとまがない。合理性の支持者たちは、このパラドックスを何とか説明しようとやっきになっているが、彼ら自身にも多少不合理なところがあり、理解の糸口になるかもしれないデータに目を向けようとしない。

　集団の愚行は、一般的には無知によるものと説明される。教育制度に不備があって科学知識が身についていないせいで、多くの人が認知バイアスに振りまわされやすく、頭の軽いセレブや、ケーブルニュースの扇動、その他大衆文化の悪影響に対して無防備になっていると説明される。そしてその対応策として一般的に提案されるのは、学校教育の改善と、科学者のアウトリーチ活動（テレビ、ソーシャルメディア、人気のウェブサイトなどで、研究者自身が一般の人々と双方向の対話をすること）の推進である。わたしはアウトリーチ活動に積極的なほうなので、この対応策は悪くないと常々思っていたが、それは間違いだと（あるいはよくても解決の一助にしかならないと）気づいた。

　ここで進化に関する問題を2つ紹介するので、考えてみていただきたい。

【問題 1】19 世紀の産業革命のあいだにイギリスの工業地帯は煤で覆われた。するとオオシモフリエダシャク（蛾の一種）の多くが黒っぽい色になったのだが、それはなぜか。

Ａ：環境に溶け込むために、体色を黒っぽくする必要があったから。

Ｂ：黒っぽい個体のほうが天敵に襲われにくく、繁殖に成功する率が高かったから。

【問題 2】ある私立高校でテストの平均点が前年より 30 点上がった。この変化の説明として、ダーウィンの種の適応に関する説に類似しているのはどちらか。

Ａ：裕福な卒業生の子弟でも、成績が基準に満たなければ入学を認めないことにしたから。

Ｂ：前年テストを受けた生徒たちが、その後学力をつけていたから。

(1) 正解は問題 1 が（　ア　）、問題 2 が（　イ　）である。心理学者のアンドリュー・シュタルマンはこの種の質問を一式用意して、高校生や大学生を対象に調査を行った。自然淘汰の理論をどこまで理解しているかを調べるための質問だが、なかでも「進化は、適応形質をもつ個体数の割合が変化することで起こるのであって、ある個体群が適応性の高い形質をもつように変異することで起こるのではない」という進化論の基本が理解できているかどうかがポイントになる。

　さて、調査の結果、一連の問題の正解率と、進化を信じるかどうか（自然淘汰が人類の起源を説明すると信じるかどうか）とのあいだには相関がないことが明らかになった。つまり、進化を理解していないのにそれを信じる人もいれば、理解しているのに信じない人もいることがわかったのだ。この事実を示す例はほかにもあり、1980 年代に何人かの生物学者が創造論者との討

論会に招かれ、痛い目にあわされたことがある。創造論者というからには田舎の熱烈な信者の集まりだろうと思っていたら、この問題に精通した論述のプロが何人も出てきて、最先端の研究から引用しつつ、科学ははたして完全といえるのでしょうかと突っ込んできたという。

　要するに、進化を信じるかどうかは科学知識が身についているかどうかとは関係がない。進化を信じると明言することは、実はリベラルで非宗教的な文化への忠誠心の表明であり、逆に信じないと明言することは、保守的で宗教的な文化への忠誠心の表明にほかならない。全米科学財団（ＮＳＦ）は2010年に、科学知識のテストから「今日わたしたちが知る人類は、原始的な動物種から進化した」という項目を削除した。これに対して科学者たちは、ＮＳＦが創造論者の圧力に屈して科学から「進化」を削除したと怒号を上げたが、削除の理由は別のところにあった。この項目の解答と他の項目の解答のあいだの相関があまりにも低く、テストにとって無駄な項目になっていたので、より学力診断に役立つものに置き換えたほうがいいと判断されたためだった。言い換えれば、この項目は実質的に科学知識ではなく信仰心を問う試金石になっていた。その証拠に、この項目に「進化論によれば」と追記した場合、つまり科学的理解を文化への忠誠心から切り離した場合には、信仰心の有無で解答が分かれることはなかった。

　では次のような問題はどうだろうか。

　【問題１】気候科学者は、(2)人為的地球温暖化で北極の氷が融解すると、世界的に海面が上昇すると考えている。正誤を答えよ。

　【問題２】科学者が気温上昇に最も影響すると考えている気体は次のうちどれか。二酸化炭素、ヘリウム、ラドン。

　【問題３】気候科学者は、人為的地球温暖化により皮膚がん発症のリスクが高まると考えている。正誤を答えよ。

　調査の結果を見ると、気候科学に関して、いや科学知識全般に関しても、人為的温暖化を信じている人々が信じていない人々より正解率が高いということはなかった。たとえば人為的温暖化を信じる人の多くが、温暖化の原因はオゾン層に穴があいたからで、有害廃棄物を除去すれば緩和できると考えていた。

　結局のところ、人為的気候変動を認めるか認めないかは、科学知識の有無ではなく、政治的イデオロギーによって分かれる。2015年の調査で「人間の活動により地球は温暖化しつつある」と認めた人は、共和党保守派支持層には10パーセントしかいなかった（57パーセントが温暖化そのものを否定）。これに対して、共和党穏健派支持層では36パーセント、無党派層では53パーセント、民主党穏健派支持層では63パーセント、民主党リベラル派支持層では78パーセント認めていた。

　公的な場での理性について画期的な分析をした法学者のダン・カハンは、ある種の信念をもつことが文化への忠誠を示すシンボルになっていると論じている。人が何らかの信念を肯定したり否定したりするのは、自分が何を知っているかではなく、自分が何者かを表明するためだという。わたしたちはそれぞれ特定の集団ないし文化に属していて、そのいずれもが、「何が人生を豊かにするか」とか「社会は諸問題にどう取り組むべきか」といったことについて独自の信念をもっている。

　そして、その信念は次の2つの面で分かれる傾向にある。一つは、自然な階層構造をよしとする右派か、強制的な平等主義をよしとする左派かという分裂傾向（これは「わたしたちは富裕層と貧困層、白人と有色人種、男性と女性の不平等を抜本的になくしていかなければならない」といった主張に賛同するかどうかで判別される）。もう一つは個人主義に共感する自由主義的立場か、連帯に共感する共同体主義ないし権威主義的立場かという分裂傾向（こちらは「政府は個人の選択を制限し、社会の利益の妨げとならないよう

にするべきである」といった主張に賛同するかどうかで判別される）。そして、それぞれの信念はどのように形作られるか、誰がそれを支持しているかによって、試金石にも、合言葉にも、モットーにも、シボレス（ある社会集団に固有の文化的指標）にも、神聖な価値にも、集団への忠誠の誓いにもなる。カハンらは次のように述べている。

　　気候変動科学について人々の意見が分かれる最大の理由は、科学者の伝え方が悪くて理解しにくいからではない。むしろ、気候変動に関してどのような態度をとるかが、自らの価値観の表明につながるからだ。その価値観とは、たとえば、(3) 共同体での問題解決か個人の自助努力か、賢明な自己犠牲か利益の果敢な追求か、謙虚さか独創性か、自然との調和か自然の制御か、等々である。

　また、人を分かつこのような価値観は、その社会で起きる問題を誰のせいだと糾弾するかによっても特徴づけられる―強欲な企業か、現実を知らないエリートか、干渉過多の官僚か、嘘つきの政治家か、無学な保守の白人労働者か、あるいは例のごとくエスニック・マイノリティか、といった具合だ。
　カハンは、人が客観的判断ではなく忠誠の誓いとして信念を表明する傾向にあるのは、ある意味では理に適ったことだと指摘する。ごく一部の有力者、キーマン、権力者は別として、普通の人は自分が温暖化や進化について何を言おうが、それで世界が変わることはまずないと思っている。その一方で、そうした発言は個人が所属集団のなかで信頼を得られるかどうかには大いに影響する。政治がらみの問題で集団にそぐわない意見を口にすれば、よくて変わり者（わかってないやつ）、下手をすれば裏切り者とみなされるかもしれない。そうした同調圧力は、ともに暮らす、あるいは働くのが互いに似たような人々である場合や、学界・業界・宗教界の一グループが右派ないし左

派の信条を旗印に掲げている場合には、いっそう強くなる。いずれかの派閥
への支持を明確にしている専門家や政治家に至っては、具体的な争点で立ち
位置を間違えればキャリアを棒に振ることにもなりかねない。

　この点を考えれば、科学的に通用しない、あるいはファクトチェック（真
偽検証）に耐えられないような意見をもつことも、実のところそれほど不合
理ではない。少なくとも自分に降りかかる直接的影響がない問題の場合には、
不合理ではない。しかしながら、それが社会に、ひいては地球全体にどう影
響するかは別の問題である。気候は人間の意見などおかまいなく変動し、実
際問題として気温が4℃上がれば数十億人が何らかの被害を受ける。それまで
にどれほど多くの人が仲間内で人気の意見に賛同を表明し、所属集団内で評
判を勝ち得たかは関係ない。

　カハンは結論として、わたしたちは皆、「信念の共有地の悲劇」に参加し
ているようなものだといっている。個々人が合理的（自分の評判を守るため
に合理的）だと思って行動していることが、結果的には社会全体にとって不
合理（現実問題として不合理）な結果を招くからである。

　実は合理性のパラドックスにはもう一つ別種のものがある。それは、専門
知識や知力や意識的推論それ自体は、必ずしも私たちを真実に近づけてはく
れないというパラドックスのことだ。それどころか、知力は絶えずより巧妙
な屁理屈を生み出す武器になることがある。ベンジャミン・フランクリンも、
「理性的な動物（人間）とは便利なものだ。やろうと思えば、何についても
理由を見つけたりひねり出したりできるのだから」といった。

　心理学者はかなり前から知っていたことだが、人間の脳は「動機づけられ
た推論」（論証が導く方へ向かうのではなく、好ましい結論へと論証を導い
てしまうこと）、「評価バイアス」（好ましい方向に合わないエビデンスは
あら探しをして排除し、合うエビデンスだけを受け入れようとすること）、
そして「マイサイドバイアス」（文字通り"自分の側"に偏った自己弁護的

な見方をすること）に陥りやすい。

　1954年に発表された古典的な実験研究にこんなものがある。心理学者のアルバート・ハストーフとハドリー・キャントリルが、ダートマス大学とプリンストン大学の学生を対象に行った実験だ。両校が激突したラフプレー続出のアメリカンフットボールの試合のあとで、学生たちにアンケートをとったのだが、なんと観戦した（あるいは映像で見た）学生たちは皆、相手チームの反則行為のほうが多かったと答えた。

　もう一つ古典的な実験研究を紹介しておこう。心理学者のチャールズ・ロード、リー・ロス、マーク・レッパーは、死刑賛成論者のグループと反対論者のグループを対象に、死刑に関する2つの研究結果を読ませて評価させるという実験を行った。一つは死刑に殺人の抑止力があることを示すもの（たとえば死刑制度を採用した州で翌年の殺人発生率が低下したというもの）、もう一つは抑止力がないことを示すもの（たとえば死刑を実施している州の殺人発生率が実施していない近隣の州より高かったというもの）で、いずれも偽の研究だが、書類は本物らしく作ってあった。また空間比較より時間比較を重視する被験者、あるいはその逆もいるかもしれないので、各グループのそれぞれ半分にはそのあたりを入れ替えたものを渡すなど、細かい配慮もなされた。

　結果はどうだったかというと、どちらのグループもまったく同じような反応を示した。最初に渡された要旨を見た段階では、少しためらいを見せたが、次に渡された詳細に目を通すと、自分の信条と合わない方の研究についてあら探しをはじめ、「同時期の犯罪率全般の変動率に関するデータがないから、このエビデンスには意味がない」とか、「たとえ隣接州でも、州によって事情が異なるからこの比較には意味がない」などと言い始めた。しかもこうした恣意的なあら探しを経て、被験者は実験前よりいっそう極端な意見をもつようになり、同じ証拠を見せられても死刑反対論者はますます反対へ、賛成

論者はますます賛成へと態度を硬化させた。

　これでもまだたいした問題ではないというなら、もう1つのカハンの研究—あるウェブメディアに「脳に関するかつてないほど気の滅入る発見」というタイトルで紹介された研究—はどうだろうか。カハンは1000人のさまざまな立場のアメリカ人を対象に、まず一般的な質問票で政治的信条や計算能力を調べたうえで、ある問題への新たな対処法に関する数値データを見せ、その効果のほどを評価してもらう実験を行った。被験者には事前に、「この対処法に効果があるとはかぎらず、場合によっては逆効果の場合もあり、あるいはその対処法なしで状況が改善する場合もあるので、数字をよく見てください」と注意を促しておく。数字はひねってあって、ぱっとみるとある答えが浮かぶが、よくよく考えるとその逆が正しいとわかるようになっている。

　まず最初の例は、問題が皮膚疾患（発疹）、対処法が新種の塗り薬で、(4)データは次のようなものだった。

	改善	悪化
対処あり	２２３	７５
対処なし	１０７	２１

　被験者が塗り薬について何の偏見ももっていないことは明らかで、正解が「効果なし」でも「効果あり」でも（つまり表の並びが逆の場合でも）、計算さえ得意なら同じように正しい判断ができていた。民主党支持者と共和党支持者のあいだには、「あいつらは頭が悪い」という最悪の相互不信感があるが、この実験の正解率に実質的な差はみられなかった。

　ところが、別バージョンの実験を行うと結果はがらりと変わった。問題を発疹から犯罪率に、対処法を単なる塗り薬から信条にかかわる銃規制（一般市民による公共の場での拳銃の秘匿携帯を禁じる法律）に変えたのだ。すると、こんどは計算に強い人でも政治的信条に応じて答えが分かれてしまった。

銃規制によって犯罪率が“低下”したことを示すデータが提示された時には、リベラルで計算にも強い人は全員正解したが、保守で計算が強い人は大半が答えを間違えた。後者の正解率は保守で計算に弱い人よりは少しよかったが、それでも不正解率が正解率を上回った。逆に銃規制によって犯罪率が“上昇”したことを示すデータが提示されたときには、保守で計算も強い人は全員正解したが、リベラルで計算に強い人は大半が答えを間違えた。しかも後者の正解率は、リベラルで計算に弱い人と同レベルだった。

　この結果からわかるのは、(5) 人間の（　ウ　）性を頭の悪さのせいにすることはできないということだ。政治的信条で結果が大きく変わってしまったのはむしろ頭のいい人だったのだから。この研究結果を取り上げた2つのウェブメディアは、それぞれ次のようなタイトルを付けた。「科学が証明―政治で計算できなくなる」と「誰もが政治でばかになる」である。

問 1　下線部（1）の（　ア　）、（　イ　）について、それぞれＡまたはＢ
　　　のいずれかで答えなさい。

問 2　下線部（2）について、正誤を答え、そのように考えた理由を科学
　　　的に説明しなさい。本文の文脈に合うような表現でなくてもよい。

問 3　下線部（3）について、本文でとりあげられたもの以外の例を挙げ
　　　なさい。

問 4　下線部（4）について、このデータからは、塗り薬による対処に効
　　　果があるといえるか。また、そう判断した理由も説明しなさい。

問 5　下線部（5）について、（　ウ　）に入る言葉を文中から選びなさい。

問 6　この文章で論じられていることを踏まえて、あなたが考えたことを
　　　述べなさい。

●小論文 2 （90 分）

（注）　ローマ字，または数字を使用するときは，マス目にとらわれなくて
もかまいません。

以下の文章を読んで、問 1〜問 8 に答えなさい。 *の付いた語には末尾に訳注があります。

　　When TV became ubiquitous* across the globe it was supposed to become the mainstay of education for the masses and bring literacy as well as knowledge even to the most remote places on Earth. It failed miserably! The same happened with E-learning (do you still remember the craze?) when computers became commonplace in most households. It turned out not to work and was therefore replaced by "blended learning", i.e., the teachers got "blended" back in.

　　With global sales of the smartphone, (A) the Swiss-army knife* of the digital age, reaching 5.5 Billion units we now witness the next big fad* in pedagogy*: M-learning – i.e., *mobile learning*. To some education "specialists", the fact that almost everyone owns a smartphone, is enough to proclaim that mobile learning is going to finally liberate mass education from the shackles* of "cumbersome* textbooks", boring lessons, and – in the long run – schools: if you can learn while waiting at the bus-stop, why go to school?

　　Of course, so the argument by the proponents* runs, there are yet some obstacles that have to be overcome, such as small screens, bad programming, and slow connections. But these are merely "technical glitches*" that are eventually going to be ironed out*, given the amount of resources spent on this by the richest companies on Earth. Even according to this new "learning industry", the content to be learned cannot be just transferred to a new medium, let's say, from the textbook to the smartphone. It rather has to be broken down into small snippets* – the industry and its proponents call them "nuggets*" – of information in order to be digestible for the learner "on the move". Of course, M-learning suffers from distractions such as traffic, other media and, yes, people. So "context" somehow is an issue. And of course, as complex content needs time and attention, M-learning is best geared towards the memorization of rote* facts and foreign vocabulary. M-calculus*, m-philosophy? – Forget it!

　　Let me state up front, this "revolution" won't happen! In order to show you why, let me give an example: When you drive a car, you push and pull the stirring wheel, press down pedals, and you counteract acceleration and centrifugal* forces on your torso* with its muscles when accelerating, braking and taking turns. But if somebody came along to sell you a car as your next and most wonderful physical fitness training device ("it even doubles as a locomotion implement!"), you'd be skeptical. – Why? You know that cars prevent you from auto-locomoting yourself by walking, running, swimming or cycling, thereby taking physical fitness training away from you and thereby effectively reducing your physical fitness. In fact, even small physical affordances* have been removed from cars by inventions such as power stirring, power brakes, power locks, and power windows. The more powers your car provides, the less your muscles have to work. However, working your muscles gives you physical fitness. Everyone knows this –

your car decreases your physical fitness!

Digital information technology (IT), of which smartphones are the most recent implementation, takes mental effort away from us. This is why we use IT in offices to get mental work done around the world: computers and the internet can do a lot of tricks much faster and more efficiently than workers with paper, a phone, and a typewriter could do 30 years ago. By this very function of digital IT – i.e. outsourcing mental effort into a machine to get office work more efficiently done – this technology is, by definition, detrimental* to mental activity in your brain and therefore to learning. If there is one thing that neuroscience has demonstrated over and over again during the past 30 years, then it is the fact that the brain is very much like a muscle: it grows, and is maintained, by its use. Hence, outsourcing mental activity leads to reduced learning, that is, reduced growth and maintenance of your brain. Using a calculator instead of doing mental arithmetic will decrease your ability to handle numbers in your mind. Using a sat nav* to find your way instead of navigating using a map and your mind decreases your ability to find your way. Copying and pasting text instead of reading and writing it, or taking pictures of museum artifacts instead of looking at them, causes reduced learning and retention of knowledge.

In addition, smartphones come with a large number of costs – risks and side effects –, which appear to be completely ignored by their proponents in educational settings. They have been shown to cause addiction, attention deficits, sleep deficits, empathy deficits, impaired learning and hence decreased educational achievement, hypertension, obesity, anxiety, depression, personality disorders, increased aggression, dissatisfaction with life, and loneliness (cf. Table 1). In addition, smartphones increase risky behavior, from texting while driving to unprotected sexual intercourse, facilitated by geosocial networking phone apps. In most papers on the educational benefits of smartphones (the final "revolution" in education!), these very real risks and side effects are not mentioned at all. Those who deny this just do not know or do not want to know the facts! Add them all up and it becomes clear that smartphones represent a massive threat to education and health – for almost every individual and for society as a whole.

According to a recent German study on 500 children and adolescents (age range: 8–14 years) who own and use a smartphone, 48% feel distracted by it when they do their homework, 24% feel stressed by it, 20% report school problems due to it and 8% are on the verge of addiction or outright* addicted.

In addition to the studies on the risks and side-effects their effects on educational achievement have also been studied, either by giving out smartphones to students who do not own one already, or by banning them in schools, and looking carefully what happens.

Table 1　　Risks and side effects of smartphones.

Country/population studied	N	Results: smartphone-use found to be related to...
Norway/students	423	Neuroticism, sleeplessness, addiction
Spain/students	365	loneliness, depression, anxiety, sleeplessness
USA/adults	1508	Sleep deficit, disturbed circadian rhythm, reduced morning alertness
USA/students	163	Anxiety
USA/students	40	Stress
New Zealand/students	200	Neuroticism, reduced agreeableness
Norway/Population based study	9846	Disrupted sleep
USA/students	312	Reduced agreeableness
Switzerland/12–17 years of age	362	Sleep deficit, depression
USA/students	536	Anxiety
USA/adults	183	Anxiety
Japan/adolescents	95680	Disturbed sleep
USA/students	83	Sleep disorders, stress, depression
Japan/ adolescents	17920	Reduced sleep, poor mental health, suicidal feelings, self-injury
Australia/adults	112	Reduced agreeableness
USA/adults	1143	Depression
Spain/13–20 years of age	1328	Alcohol- and tobacco use, depression, school drop out
Japan/students	487	Loneliness
Sweden/general population	4156	Stress, sleep disorders, depression
USA/students		Sleep disorders
Taiwan/students	10191	Depression
China/adolescents	7102	Attention deficit disorder

When smartphones were given out to 24 undergraduates (mean age: 19.2 years) for free, with the instruction to freely use them for one year, they responded quite enthusiastically, immediately used them a lot, anticipating gains in doing their homework, learning, and their grades. This was found by asking them at the beginning of the study. When asked again after one year, their opinion had dramatically changed. They no longer believed that their smartphone was helpful as regards their academic performance, and instead, they now saw it mainly as a distraction (see Fig. 1). Their grades actually worsened during the year.

The authors concluded: "[…] according to students, smartphones did not facilitate enhanced learning to improve performance in the classroom. Before they regularly used a smartphone, students expected that the technology would help them complete their homework, achieve high marks on academic tests and learn outside of the classroom. Instead, after they used their smartphones, students perceived their smartphones as competitive to achievement in the classroom and learning. At the broadest level, students mostly agreed before the study that their iPhones would help them get better grades and would not be a distraction. By the end of the study, their devices were viewed as a distraction that deterred* them from classroom goals".

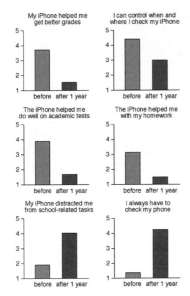

Fig. 1 Students' ratings – on a scale from 1 (*strongly disagree*) to 5 (*strongly agree*) – of what was going to happen (expectations) and what actually happened during the year during which they were handed out a smartphone.

Harvard economist Robert Fryer gave out prepaid mobile phones to almost 1500 pupils in grades 6 and 7 at 22 schools in Oklahoma City, (B) with help from a large phone company. To make the long story of a rather complex design of this naturalistic study short, his conclusion was that "there was no measurable increase in educational attainment or achievement".

What happens if you do just the opposite of giving out smartphones, i.e., ban them in schools? In order to find out, scientists from *the London School of Economics and Political Science* took advantage of the fact that in 2013 a study on the use on mobile phone use was carried out in 91 High-schools and 130,482 pupils in four locations (Birmingham, London, Leicester, and Manchester). They combined these data with administrative data on the pupils' academic performance and data on cell-phone bans in 90 schools, which were introduced in the years 2002–2012 (Table 2). Pupils were followed during their entire time in High-school, i.e., from 11 to 16 years. As more than 90% of pupils owned and used a mobile phone, any ban on mobile phone use in school affected almost all students directly and all students indirectly. "Even if a student does not own a phone oneself its presence in the classroom may cause distraction", the authors note.

Table 2 Cumulative number of schools in which a ban on mobile phones was introduced within the observational period.

Year	Number of schools with mobile phone bans
2000	0
2001	0
2002	3
2003	6
2004	9
2005	19
2006	29
2007	43
2008	58
2009	71
2010	85
2011	88
2012	90

With all the data compiled it was even possible to relate mobile phone bans to academic performance at the end of elementary school (at age 11 years) with academic performance after 3 years (at age 14) and academic performance at the end of high-school (at age 16).

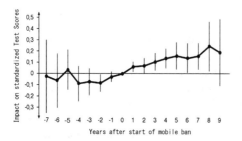

Fig. 2   Impact of mobile phone ban on standardized test scores at age 16 over the years after the ban started (after statistical removal of the effects of school year, age 11 test scores and certain pupil variables such as special needs and eligibility to receive free school meals).

Data were analyzed such that all schools were normalized to day 0 of the mobile ban, and academic grades of all pupils were averaged before and after the ban (cf. Fig. 2). It turned out that grades increased significantly (compared to the reference year prior to the introduction of the ban) already in the first year after the ban. Numerically, this increase became larger over the years and remained significant up to 8 years after the ban.

Of particular interest is a further analysis focusing on the relationship of the impact of mobile phone bans to prior achievement. When students were grouped into five quintiles* based on their achievement level at age 11 (quintile 1 with the lowest and quintile 5 with the highest level of achievement), it was found that those students with the lowest academic achievement before the ban benefited the most after the ban was introduced (Fig. 3).

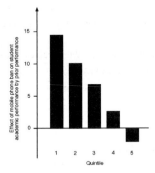

Fig. 3   Effect of mobile phone ban on academic student performance (standardized test score in student GCSE* exams) on the condition of prior performance. Student characteristics (such as sex, minority, special needs, and free meals recipient) were controlled for in this analysis.

In the light of these data, it is hard to understand that the mayor of New York abolished the banning of smartphones in the city's schools in March 2015, just as the City of Toronto did so in 2011.

So why are there so many advocates of M-Learning, who tell us that smartphones have to be integrated into classroom activities just as books, paper and pencils are? A closer look at the Handbook of Mobile Learning does not reveal an answer, as no data are provided on empirical* evaluations of the effects of smartphones on academic performance. Instead, this rather thick volume provides merely anecdotes* and stories. In my view, a huge lobby backed by the world's richest companies (Apple, Google, Microsoft, Facebook, Amazon; with a combined market capitalization of over 2.5 thousand Billion US$) heavily influences us with daily accounts of the inevitability and utmost necessity of digital media use in schools, even though the evidence of its benefits is completely lacking. For example, the latest is a report by the Organisation for Economic Co-operation and Development (OECD) stated that education systems investing most in information technology found "no appreciable* improvement" in the PISA (Program for International Student Assessment) test results which compare student academic performance internationally.

To add insult to injury*, smartphones are highly addictive. In Germany, the most recent data speak of 8% risk of smartphone addiction in children and adolescents in a survey of 500 eight to fourteen year olds. Globally, the range of addiction in young people is between about 2 and 11 percent. South Korea, the country with the most widespread use of smartphones (5.4 h/day in 11–12 year old children), suffered from a rate of 25.5% smartphone addiction in 2013, and 29.2% in 2014. Therefore, this country has introduced drastic measures to counter this trend in May 2015. People under the age of 19 who buy a smartphone, by law, must have special software installed that prevents them from accessing certain sites (such as pornography), monitors the use of their smartphone, and sends results to the parents. Even though the software was found to be technically flawed*, the endeavor clearly demonstrates the problematic risks and side effects of smartphones, as assessed by the country which globally has the most use of them by people of young age.

To sum up: smartphones are disruptive* to attention and learning, and they cause addiction. We cannot ignore these risks and side effects and have to weigh them against yet unproven promises of benefits to learning in schools. We must not let (C) market forces ruin the education of our children!

〔出典〕 Manfred Spitzer : M-Learning? When it comes to learning, smartphones are a liability, not an asset (editorial). *Trends in Neuroscience and Education* 4 (2015) 87‑91
〔一部改変〕

Reprinted from Elsevier, Vol.4, Manfred Spitzer, "M-Learning? When it comes to learning,smartphones are a liability, not an asset", Pages 87-81,Copyright 2015, with permission from Elsevier.

【訳注】

ubiquitous	どこにでもある
Swiss-army knife	多機能ナイフ（短期間の野外生活などのアウトドア活動に使う様々な機能、小道具をまとめたコンパクトなフォールディングナイフ）
fad	一時的な流行
pedagogy	教育学
shackle	束縛
cumbersome	重く大きくてやっかいな
proponent	支持者
glitch	小さな問題
iron out	解決する
snippet	断片
nugget	小さな塊
rote	機械的な
calculus	微積分学
centrifugal	遠心の
torso	胴体
affordance	環境からの刺激

detrimental	有害な
sat nav	satellite navigation system のこと
outright	全く
deter	妨げる
quintile	五分位点
GCSE	イギリスの国家試験 General Certificate of Secondary Education
empirical	経験的な
anecdote	逸話
appreciable	目に見えるほどの
add insult to injury	踏んだり蹴ったりのめにあわせる
be flawed	欠陥がある
disruptive	妨害する

編集部注：(第 4 段) stirring wheel ; power stirring　原著論文どおり。
それぞれ steering wheel ; power steering のことと思われる。

問 1　この文章において著者が「脳と筋肉は類似している」としている内容を 50 文字以内で説明しなさい。

問 2　下線(A)の「the Swiss-army knife of the digital age」は、スマートフォンのどのような特徴をたとえたものであるかを 25 文字以内で説明しなさい。

問 3　下線(B)の「with help from a large phone company」は文章の流れのためには不必要な句だが、敢えて記載した著者の意図を推測し 60～100 文字で説明しなさい。

問 4　Fig. 2 のグラフは、何を表したもので、どのような結果が示されているかを 60～100 文字で説明しなさい。

問 5　Fig. 3 のグラフは、何を表したもので、どのような結果が示されているかを 80～120 文字で説明しなさい。

問 6　Fig. 3 のグラフのような結果が得られた理由を推測して 120～180 文字で説明しなさい。

問 7　下線(C) の「market forces ruin the education」という著者の主張の内容とその背景を 80～120 文字で説明しなさい。

問 8　この文章の著者の主張に対して、「学習方法が新しい時代のものに変わったにも関わらず、成績を従来の方法や基準で評価した結果にもとづいた議論なので、説得力がない。」という批判がある。この批判についてのあなたの賛否とその理由を 100～200 文字で述べなさい。賛否の意見そのものは評価の対象ではなく、その理由の説明が論理的なものであるかどうかを評価する。

解答編

●小論文 1

解答例

問 1．アーB　イーA

問 2．正誤：誤

理由：北極の氷は陸上にあるのではなく海水に浮いている状態である。氷の浮力の大きさは氷が押しのけた水の重さと等しいため，氷が溶けて水になったときの体積と押しのけられた水の体積は同じになる。そのため北極の氷が融解しても海面は上昇しない。

問 3．コロナウイルスの感染対策において，ヨーロッパのように外出禁止や店舗閉鎖などを行う都市封鎖のような強硬な措置によって感染拡大を防ごうとするのが，共同体での問題解決を行おうとする例である。逆に日本のように人々への外出自粛や手洗い・マスクの呼びかけ，店舗への時短営業の要請によって感染拡大を防ごうとするのが，個人の自助努力で問題解決を図ろうとする例と言える。

問 4．塗り薬による対処に効果はない。なぜなら，塗り薬の対処をした際に改善した人の割合は 74.8％で悪化した人は 25.2％，逆に塗り薬の対処がなかった場合に改善した人の割合は 83.6％で悪化した人は 16.4％と，塗り薬の対処がない場合のほうが改善する人の割合が大きいからである。

問 5．不合理

問 6．現在，コロナはただの風邪でありワクチンによる害のほうが大きいと喧伝する反ワクチン運動が問題となっているが，これもある文化への忠誠心ゆえに不合理な考え方にとらわれている事例だと言える。反ワクチンの考え方を支持する人々には学歴がある人も多く，無知ゆえとは考えにくい。にもかかわらず，そうした考え方に固執するのは，「他人が知らない真実を知り，世界を救おうとする我々」という陶酔と同じ考えを持つ集団への忠誠心が根底にあるのではないだろうか。SNS や動画サイトがこうした人々の結束を強めており，こうした人々にワクチンの有用性を伝えるのは簡単なことではない。しかし，理性的に事実を伝え説得を続けていくことしか処方箋はないのだろう。今後も，彼らの集団を孤立させず社会の

一員として説得を続けることが人々を合理的な判断へと導く方法だと考える。

━━━━━◀解　説▶━━━━━

≪人間が不合理な判断をする理由≫

問１．下線部(1)の空欄に【問題１】【問題２】の解答をそれぞれ選んで答える問題である。下線部(1)の二文後に述べられているように「進化は，適応形質をもつ個体数の割合が変化することで起こるのであって，ある個体群が適応性の高い形質をもつように変異することで起こるのではない」という進化論の基本に則って検討することが求められている。【問題１】はＢ，【問題２】はＡがそれぞれ「適応形質をもつ個体数の割合が変化」した要因であるため，正解となる。

問２．下線部(2)「人為的地球温暖化で北極の氷が融解すると，世界的に海面が上昇する」について正誤を答え，その理由を科学的に説明することが求められている。ここで注意したいのが「北極の氷」であって「南極の氷」ではないという点である。南極の氷は南極の大陸の上にあるため，融解すれば陸地から水が流れ出すため海面が上昇するが，北極の氷は北極海に浮かんでいるため，コップに入った氷入りの水が，氷が溶けてもコップから溢れないのと同様に海面は上昇しない。「科学的に説明」するようにとあるので，氷の浮力と重さ，体積との関係から説明すればよい。

問３．下線部(3)「共同体での問題解決か個人の自助努力か」について，課題文でとりあげられたもの以外の例を挙げる問題である。「共同体での問題解決か個人の自助努力か」の価値観の対立は，下線部(3)の前の段落においては「個人主義に共感する自由主義的立場か，連帯に共感する共同体主義ないし権威主義的立場か」とも表現されており，「『政府は個人の選択を制限し，社会の利益の妨げとならないようにするべきである』といった主張に賛同するかどうか」という例が示されている。この内容を参考に，これらの価値対立が表面化している具体例を探そう。〔解答例〕では，コロナウイルスの感染対策におけるロックダウン等の強硬な対策をよしとする立場と現在の日本のような個人の自助努力にまかせるやり方とを例として挙げたが，他にも貧困対策や介護問題なども具体例として挙げられるだろう。

問４．下線部(4)のデータからは塗り薬による対処に効果があるといえるか，

また，そう判断した理由は何かを説明することが求められている。データによれば，塗り薬の「対処あり」で改善したのは298件中223件で74.8％，悪化した人は25.2％である。「対処なし」で改善したのは128件中107件で83.6％，悪化した人は16.4％である。したがって，塗り薬の対処がないほうが改善する割合が高く，悪化した人も少ない。以上の結果をもとに塗り薬による対処に効果はないことを述べよう。

問5．下線部(5)の空欄ウに入る言葉を文中から選ぶ問題である。下線部(5)の直前の「この結果からわかるのは」の「この結果」とは，直前の段落の実験の結果を指しており，計算に強い人でも政治的信条に応じて答えが分かれる＝政治信条に関わる問題では答えを間違いやすいということが述べられている。よって，空欄ウには間違いやすさ，判断の誤りやすさに類する語が入ることがわかる。課題文中では第1段落などに使用されている「不合理」がこれに当たる。

問6．課題文で論じられていることを踏まえて自身の考えたことを述べる問題である。課題文で論じられていることをまとめると次のようになる。

• 陰謀論を信じるといった不合理な判断をするのは，科学知識がないためではなく，文化への忠誠心や政治的イデオロギーや価値観の表明のためである。

• さらに政治的信条による評価バイアスがデータの読み取りや計算の正解率にまで影響を及ぼす。

→「人間の不合理性を頭の悪さのせいにすることはできない」

　以上の内容を踏まえたうえで，自ら論点を設定し具体的に考えを述べることが求められる。現代社会の中で，陰謀論などの不合理な考え方にとらわれている具体例を挙げたうえで，それが課題文が述べるように政治的信条や価値観の表明ゆえに行われているのかどうかを検討し，考えを述べるというのがオーソドックスな論の立て方となる。〔解答例〕では，反ワクチン運動を具体例として取り上げ，どのように説得すべきかについて論じた。課題文の第1段落で挙げられている「不合理の例」を参考に他の例を挙げてもよいだろう。どの例を挙げた場合も，課題文の論を踏まえて「無知によるもの」で片づけられないことを説明することが肝要である。解決の方向性まで述べられればよいが，非常に解決が難しい問題でもあるので，解答スペース内で解決の方向性について言及できていればよいだろう。

●小論文 2

解答例 問1．筋力の成長と維持には筋肉の使用が必要であるのと同様，脳も使うことで成長し能力を維持できるということ。(50 文字以内)

問2．一つの道具でありながら様々な機能を果たせること。(25 文字以内)

問3．当該の研究は，携帯電話が教育上も有益という結果を期待している企業の支援の下に行われていた事実に言及することで，その結論はスポンサーに配慮して控えめなものであった可能性があることをほのめかすため。(60〜100 文字)

問4．携帯電話の使用禁止導入前後における，16 歳時の標準試験の平均点の推移。禁止導入時をゼロとし，縦軸はそこからの増減分のみ表している。禁止の導入前に比べ，禁止後初年から8年後まで点数に顕著な上昇がみられた。(60〜100 文字)

問5．11 歳時の成績をもとに生徒を五分位法でグループ分けし，それぞれのグループの16 歳時の標準試験での得点の伸びを表したもの。携帯の使用禁止導入前に下位の成績に分類された生徒ほど禁止導入後に得点が伸びており，禁止から受けた恩恵が大きい。(80〜120 文字)

問6．成績が低い生徒の中には，実際の能力の反映ではなく，携帯電話の影響などにより単に勉強に集中できていないために成績が低い者が相当数いると考えられる。そして一般に学習の初歩ほど，かけた時間に対する学力の伸びは大きいと想定される。こうした「やっていなかったからできなかった」層が，携帯禁止により勉強に向き合い始めたことで，特に大きく成績を伸ばしたものと推測される。(120〜180 文字)

問7．市場原理の介入が教育をダメにする。スマートフォンは気を散らし，学業に益より害のあることは種々の研究から明白であるのに，企業の圧力によりこのことは十分顧みられず，Mラーニングが主張され，携帯電話の使用制限の撤廃が行われているからである。(80〜120 文字)

問8．〔解答例1〕賛成である。ネットは従来とは異なる新しい社会空間を作っていると言ってよく，そこで要求される技能も，かつて必要とされたものとは異なると想定される。よって必ずしも従来型の学業で成功する

ものが今後ネット社会で成功するとは限らない。筆者は市場原理を批判するが，まさに市場の中で生き残っていくためにこそ，若者は情報機器を使いこなしてネットの世界を体験し，必要とされる新しい技能を知る必要がある。（100〜200 文字）

〔解答例2〕反対である。新しい時代にどのような技能が必要とされるとしても，学習の成否を根本で左右するのは結局のところ，個々人の「集中力」や「持続的な努力」である。筆者が援用した研究が示すように，スマートフォンは人の気を散らす効果が絶大である。つまりスマートフォンは学習の根本条件を揺るがすのであるから，学習方法が新しいか古いかとは関係なく，広く学習一般にとって有害であることは明らかである。（100〜200 文字）

■━━━━━━━ ◀解　説▶ ━━━━━━━■

≪Mラーニングの批判：スマートフォンは教育に益よりも害をもたらす≫

問1．本文の該当箇所は第5段第4文（If there is …）の the fact 以下，「脳は筋肉に大変よく似ている。すなわち，脳はその使用によって成長し，維持されるのである」。この記述を土台に，筋肉との類比を明らかにするよう解答をまとめる。

問2．【訳注】にあるように Swiss-army knife とは多機能ナイフ（通常，ナイフに加えてドライバー，やすり，缶切りなどがついている）のことであり，これはもちろん，一つの機械で電話だけでなくメール，インターネット，支払い等の道具にも使える，スマートフォンの多機能性の比喩である。

問3．下線部(B)で筆者は，この研究には「スポンサー」として大きな電話会社がついていたことにわざわざ言及している。また，下線部(B)の次の文（To make the …）で，筆者は当該研究について「かなり複雑な意図を持った長い話を要約すると，彼の結論は『教育上の到達や達成に測定可能なほどの上昇は見られなかった』であった」と表現している。第10段（The authors concluded：…）では研究者の実際の記述を引用して結論を紹介したのに対し，こちらの研究では筆者が結論を要約してみせる必要があったということになる。以上を考え合わせて読者が推測しうることは次のようなことであろう。当該の研究が，携帯電話業界のスポンサー（携帯電話にとって有利な結果を期待したはずである）に配慮して，結論を濁

した可能性があるということである。そのような推測を可能にするため，筆者はあえて下線部(B)の情報を提示したものと思われる。

問 4．Fig.2 のグラフと説明書き，第 14 段（Data were analyzed …）に書かれた内容をもとにまとめればよい。グラフの説明書きおよび第 14 段第 1 文が「何を表した」にあたり，第 14 段第 2 文（It turned out that …）以降が「どのような結果が示されているか」にあたる。

問 5．Fig.3 のグラフと説明書き，第 15 段（Of particular interest is …）に書かれた内容をもとにまとめればよい。グラフの説明書きおよび第 15 段第 2 文（When students were …）前半が「何を表した」にあたり，同文後半（it was found that …）以降が「どのような結果が示されているか」にあたる。

問 6．もともと成績が悪かった生徒ほど携帯電話の使用禁止によって大きく成績を伸ばしている理由を考える問題。この事態を引き起こす原因としては，①成績が低い生徒の中にはただ勉強をしていないだけの者がいること，②学習の初歩的な段階ほど伸びが大きいことなどが考えられるだろう。〔解答例〕はこの 2 点をまとめている。

問 7．下線部(C)の直訳は「市場要因が教育を破滅させる」。market forces は厳密には「市場要因」，すなわち，自由主義市場に影響を与える諸力・諸因子のことであるが，ここで問題にされているのは日本語で「市場原理」と言われる，経済・利潤志向の考え方自体であると想定されるため，〔解答例〕のような表現とした。この主張の背景（＝根拠）となる事柄の説明は，第 16 段（In the light of …）以降にある。第 16 段に至るまでの記述で，筆者は研究の紹介を通して，スマートフォンはその使用によって学習効率の向上は見込めず（第 11 段），むしろ気をそらすものとなること（第 9・10 段），そして使用を禁止した方が学習に益のあること（第 12～15 段）を示してきた。こういった研究成果にもかかわらず，北アメリカの主要都市で使用禁止が廃止され（第 16 段第 1 文〈In the light of …〉），多くの M ラーニング擁護者がいる（第 17 段第 1 文〈So why are there …〉）という奇妙な事態が生じている。これはなぜなのか。筆者の見解では，ここには大企業によるロビー活動が影響している（第 17 段第 4 文〈In my view, …〉）。つまり，科学的研究による客観的事実があるにもかかわらず，市場原理に突き動かされた大企業がその影響力によって教

育に介入して，Mラーニングを主導しているというのである。これが「市場原理が教育をダメにする」という主張の具体的内容である。以上を整理して解答にまとめればよい。

問8．「賛成」の場合，なぜ「従来の方法や基準」で評価することが妥当でないのかという根拠を示す必要がある。〔解答例1〕では，ネット社会が新しいタイプの社会であることをその根拠として提示し，そこから展開して，むしろ市場原理の中で生き残っていくためにスマートフォンの積極利用を促すべきであることを指摘している。「反対」の場合は，筆者の議論を材料にこの批判の論理を崩せばよい。〔解答例2〕では，学習内容が古いか新しいかに関係なく学習一般に重要なこと（＝集中や努力）があることを指摘し，スマートフォンはこれを脅かすのであるから，〈古い基準で測っているから不適当だ〉という批判は当たらない，という論を展開した。

富山大学　医学部　医学科

■学校推薦型選抜Ⅱ［地域枠］（共通テストを課す）

▶選抜方法

　入学者の選抜は，大学入学共通テスト，推薦書，調査書，志願理由書，小論文および面接の結果を総合して行う。

▶大学入学共通テストの利用教科・科目

教　　科	科　　　　　　　目
国　　語	「国語」
地理歴史 公　　民	「世界史B」，「日本史B」，「地理B」 「倫理，政治・経済」 ｝から1
数　　学	「数学Ⅰ・数学A」 「数学Ⅱ・数学B」
理　　科	「物理」，「化学」，「生物」から2
外 国 語	「英語（リスニングを含む）」，「ドイツ語」，「フランス語」，「中国語」，「韓国語」から1

[5教科7科目]

（注）「地理歴史」と「公民」から2科目を受験した場合は，第1解答科目の成績を採用する。

▶大学入学共通テストの配点

教　科	国　語	地歴・公民	数　学	理　科	外国語	計
配　点	200	100	200	200	200	900

（注）外国語における「英語」は，リーディング（100点満点）の得点を160点満点に，リスニング（100点満点）の得点を40点満点に換算し，その合計得点200点満点をそのまま利用する。なお，リスニングの免除を許可された者の外国語における「英語」は，リーディング（100点満点）の得点を200点満点に換算する。また，外国語のその他の科目は，筆記（200点満点）の得点をそのまま利用する。

▶教科等

小論文　100点
面接　　100点

■自己推薦選抜［富山県特別枠］（共通テストを課す）

▶選抜方法

　入学者の選抜は，志願者が提出した自己推薦書および調査書，試験当日に課す課題作文と面接の結果ならびに大学入学共通テストの成績を総合して行う。

▶大学入学共通テストの利用教科・科目

教　　科	科　　　　　　　目
国　　語	「国語」
地理歴史	「世界史B」，「日本史B」，「地理B」　　　　　　｝から1
公　　民	「倫理，政治・経済」
数　　学	「数学Ⅰ・数学A」
	「数学Ⅱ・数学B」
理　　科	「物理」，「化学」，「生物」から2
外 国 語	「英語（リスニングを含む)」，「ドイツ語」，「フランス語」，「中国語」，「韓国語」から1
	［5教科7科目］

(注)　「地理歴史」と「公民」から2科目を受験した場合は，第1解答科目の成績を採用する。

▶大学入学共通テストの配点

教　科	国　語	地歴・公民	数　学	理　科	外国語	計
配　点	200	100	200	200	200	900

(注)　外国語における「英語」は，リーディング（100点満点）の得点を160点満点に，リスニング（100点満点）の得点を40点満点に換算し，その合計得点200点満点をそのまま利用する。なお，リスニングの免除を許可された者の外国語における「英語」は，リーディング（100点満点）の得点を200点満点に換算する。また，外国語のその他の科目は，筆記（200点満点）の得点をそのまま利用する。

▶教科等

　課題作文

　面接

問題編

●小論文 （60 分：解答例省略）〈学校推薦型選抜〉

設問

　ある経済誌の調査によると，2045 年に 2015 年に比べて人口が著しく増減する都市（郡部を除く）のランキング 500 が発表されています。富山県では，人口減少が予想されている自治体として氷見市，南砺市，小矢部市，魚津市，滑川市，高岡市，射水市，黒部市の県内のほとんどの市が入っています。2045 年は，あなたが医師として，もっとも活躍できる年代となります。このような条件下で，あなたは医師として，どのような医療を行うことが必要か，800 字以内で述べなさい。

（出典：https://toyokeizai.net/articles/-/291721，2020/11/17 参照）

●課題作文 （60 分：解答例省略）〈自己推薦選抜〉

設問

　富山大学医学部の富山県特別枠の意義について，また，卒業後には義務年限が決められていますが，その中でどのように医療に関わっていきたいかについて，800 字以内で述べなさい。

浜松医科大学　医学部　医学科

■学校推薦型選抜（共通テストを課す）

▶選抜方法

大学入学共通テスト，小論文，適性検査，面接，推薦書，志願理由書およ
び調査書により学力やその他の資質を総合的に評価し，合格者を決定
する。

また，個別試験において，いずれかの成績が著しく悪い場合は不合格と
することがある。

▶大学入学共通テストの利用教科・科目

教　　科	科　　　　　　　　目
国　　語	「国語」
地理歴史	「世界史B」，「日本史B」，「地理B」 ⎫
公　　民	「現代社会」，「倫理」，「政治・経済」，「倫理，政治・経済」⎰ から1
数　　学	「数学Ⅰ・数学A」
	「数学Ⅱ・数学B」
理　　科	「物理」，「化学」，「生物」から2
外 国 語	「英語（リスニングを含む)」

　　　　　　　　　　　　　　　　　　　　　　　　　　　　　　［5教科7科目]

(注)　「地理歴史」「公民」において2科目受験した場合には，第1解答科目の成績を合
　　否判定に利用する。

▶個別学力検査等

実施項目	備　　考
小 論 文	主として物事の判断，論理的思考，解決等の能力を評価するものである。
適性検査	問題を発見し，これを理解して発展させ，論理的解決に導く能力を見るものである。それには，自然科学の素養等が含まれる。
面　　接	面接とプレゼンテーションにより，将来，医学・医療に従事する人として活躍できるかどうかの適性を評価する。

▶配 点

大学入学共通テスト					個別学力検査等			計
国　語	地歴・公民	数　学	理　科	外国語	小論文	適性検査	面　接	
200	100	200	200	200	100	300	150	1450
900					550			

(注)　大学入学共通テストの「英語」は，リーディング100点，リスニング100点をリーディング150点，リスニング50点の200点満点に換算する。リスニングを免除された場合は，リーディング200点満点とする。

問題編

●小論文（80 分）

次の文章を読み，以下の問に答えなさい。

　自分の価値観に合わない情報に出会ったとき，確証バイアスの場合のようにそれを無視する
だけでなく，自分の世界観にさらに固執するようになる現象もあります。これは「バックファイ
アー効果」と呼ばれ，認知バイアスの一種に数えられます。バックファイアー効果の存在は実験
的に確認されています。

　ダートマス大学のブレンダン・ニーハンとエクセター大学のジョンソン・エイフラーが行った
実験では，被験者に，例えば「イラクに大量破壊兵器が存在する」というようなデマの情報を与
え，その後で「大量破壊兵器は見つからなかった」というような訂正の情報を与え，被験者の態
度の変化を調べました。その結果，政治的な考え方がリベラルな人は訂正を受け入れましたが，
保守系の人は新しい情報を受け入れないばかりか，さらに強く大量破壊兵器の存在を信じるよ
うになりました。中には，「米国が侵略する直前までイラクは大量破壊兵器を所有していた」と
か「見つからなかったのはサダム・フセインが隠したか破壊したからだ」などと主張する人も現
れました。

　デューク大学のクリストファー・ベイルらの実験でも，同様の結果が得られています。実験で
は，リベラル系（民主党支持者）と保守系（共和党支持者）の人たちに，自分たちとは政治的な
考え方が反対の政治家などのツイッター上の書き込みを一か月毎日読んでもらい，政治的な考
え方に変化があったかどうか調べました。その結果，リベラル系と保守系の両方ともに，反対の
政治的立場を受け入れる傾向は見られず，保守派の人たちはかえって自分たちの意見に固執す
る傾向が見られました。

　偽ニュースを信じるのは誤解や知識不足のせいなので，真実を伝えれば問題が解決すると思
われがちです。しかし，これらの実験結果は，何かを深く信じる人々に対してその根拠となる事
実を提示することは，かえって逆効果になる可能性があることを示しています。

出典　笹原和俊『フェイクニュースを科学する』化学同人，2018

問

上記の文章を踏まえた上で，自分とは全く考えが異なる人に対して，あなたならどのような対応
をとりますか。800 字以内で書きなさい。

●適性検査（120 分）

Ⅰ　次の（文1）と（文2）を読み，問いに答えよ。

（文1）　新型コロナウイルス（SARS-CoV-2）は，2020 年の初頭から世界中で猛威を振るっている。感染の拡大を食い止めるためには，感染者を隔離し治療することが有効である。感染の有無を調べる方法として広く使われているのが，PCR 法（ポリメラーゼ連鎖反応法）を利用した検査である。PCR 法は，試験管内で目的の DNA 断片を数十万倍以上に増幅することができる手法で，これにより微量のウイルス遺伝子を高感度に検出することができる。

　PCR 法の基本的な原理は以下に説明するとおりである。DNA の 2 本鎖は加熱すれば 1 本鎖に分かれるので，DNA 複製の鋳型になり得る。鋳型 DNA に加えて，プライマー（鋳型 DNA の一部と相補的な塩基配列をもつ短い DNA 断片で，新生 DNA 鎖合成の起点となる），DNA ポリメラーゼ，A，C，G，T の塩基をそれぞれもつ 4 種類の (1) ヌクレオチド（デオキシリボヌクレオシド三リン酸）があれば，試験管内でも複製が行われる。PCR 法は，このことを利用して，増幅したい領域を挟むように位置する 2 つのプライマーを用いて，例えば，(2) ① 95℃に加熱，② 60℃程度に冷却（適切な温度はプライマーによって異なる），③ 72℃に加熱という 3 つの過程からなるサイクルを数十回繰り返すことで，プライマーに挟まれた領域の DNA を増幅することができる。

　PCR 法を利用した新型コロナウイルスの検査は以下のように行われる。(3) 新型コロナウイルスのゲノム配列のうち，風邪などを引き起こす他のコロナウイルスとは塩基配列に違いが存在する領域を PCR 法で増幅する。このとき，その領域に相当する DNA がどのくらい増幅されていくかを，反応中にサイクルを追いながら同時に測定できる PCR 装置を用いる。被験者から採取した試料にウイルス遺伝子が含まれていなければ，DNA の増幅は起こらない。また，含まれているウイルス遺伝子の量が多ければ多いほど，早いサイクルから多量の増幅が起こることになり，試料に含まれていたウイルス遺伝子の量を知ることができる。

問1　DNA が複製されるときには，2 本鎖が 1 本ずつに分離し，それぞれが鋳型となって新たな鎖が合成され，2 組の 2 本鎖ができる。2 本鎖の一方が元からあった鋳型 DNA 鎖，もう一方が新たに合成された新生 DNA 鎖であるこのような複製のしくみを何と呼ぶか，答えよ。

問2　下線部（1）について，DNA 合成の材料となるヌクレオチドは 3 つのリン酸基をもっており，DNA 合成反応はこれらのリン酸基が外れる際のエネルギーを利用して進む。このとき，ヌクレオチドの 3 つのリン酸基のうち，新生 DNA 鎖に残るリン酸基はいくつか，答えよ。

問3　DNA ポリメラーゼは，DNA 鎖を　ア　末端から　イ　末端の方向に合成していく。　ア　，　イ　に入る最も適切な語あるいは番号を記せ。

問4　下線部 (2) の 3 つの過程について，過程 ① ～ ③ で起こる反応の説明として最も適切なものを，次の文 a ～ h からそれぞれ選び，記号で答えよ。

　　a. DNA の 2 本鎖のそれぞれの末端にプライマーが連結される。
　　b. DNA ポリメラーゼがヌクレオチドを連結する。
　　c. プライマー合成酵素が DNA ポリメラーゼの起点となる。
　　d. 鋳型 DNA 鎖同士が 2 本鎖を形成する。
　　e. プライマーと鋳型 DNA 鎖が 2 本鎖を形成する。
　　f. 塩基の間の水素結合が切れて 1 本鎖の DNA に分かれる。
　　g. 新生 DNA 鎖の岡崎フラグメントが DNA リガーゼにより連結される。
　　h. 新生 DNA 鎖の末端のヌクレオチドのリン酸基が外れる。

問5　現在，PCR 法で使用される DNA ポリメラーゼは，ヒトや大腸菌の DNA ポリメラーゼとは異なる特別な性質を持っている。どのような性質か答えよ。また，この DNA ポリメラーゼがこのような性質をもっているのは，何と総称される生物に由来するためであるか答えよ。

問6　新型コロナウイルスは，RNA をゲノムとする RNA ウイルスである。そのため，検査のためには，PCR 法に先立って，あるウイルスに由来する酵素を用いて，RNA を鋳型にして DNA 鎖を合成する必要がある。この酵素の名称と，この酵素が由来するウイルスの名称（総称）を答えよ。

問7　下線部(3)について，検査のためにそのような領域を選んだ理由を答えよ。

問8　PCR 法を用いた感染検査において，感染しているにもかかわらず非感染と判定される偽陰性が生じる理由として考えられることを 2 つ挙げよ。ただし，被験者の試料を取り違えたから，あるいは PCR 反応の操作を誤ったからという理由は解答に含めないこと。

問9　PCR 法は試験管内で DNA を複製する方法である。これに対して，生きた細胞内で起こっている DNA 複製においては，鋳型となる DNA の 2 本鎖はどのようにして 1 本鎖に分かれるのか，説明せよ。

（文 2）ヒトの眼は，そのはたらきや構造の類似性から，カメラに例えて説明されることも多い。デジタルカメラでは，レンズで集められた光が，撮像素子（イ

メージセンサー）上に像を結ぶ。撮像素子上には，光を電気に変換する受光素子がびっしり並んでいる。撮像素子の前には (1) 3 つの異なる波長の光に対応した 3 種類の微小なフィルターが並んでおり， 個々の受光素子は 3 つのフィルターのうちのどれかを透過した光を受け取り，電気信号に変換する。この 3 色分の信号を再構成することで色が再現できる。また，通常カメラのレンズは複数枚で構成されており，(2) その位置を前後させることによってピントを合わせる。

さまざまな明るさのもとで適切な写真を撮るには，(3) 絞りと呼ばれる金属の板を組み合わせたものを動かして取り込む光の量を調節したり，シャッタースピードを変更して光を撮像素子に当てる時間を変えたりすることが重要である。例えば，星空を撮影する際には，絞りを開いて光を多く取り入れるようにし，さらに通常より長い時間シャッターが開くように設定する。視細胞でも多様な光強度に順応するために感度を変化させる事が知られている。

視細胞の順応に関して調べるために，以下の実験を行った。

実験 ウシガエルの眼球から網膜の断片をとり出し，培養液中に静置し，視細胞に電極をつないで応答を記録した。背景光無し，弱い背景光，強い背景光の 3 つの条件下で短時間のフラッシュ光を当てた。図 1 にその結果を示す。フラッシュ光を当てた時を 0 秒とした。

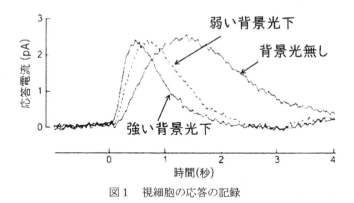

図 1 視細胞の応答の記録

問10 下線部 (1) に関して，デジタルカメラには 3 色のフィルターが用いられているが，人の視細胞は吸収波長の異なる 4 種類の視細胞がある。4 種類あることにどのような利点があるのか述べよ。

問11 下線部 (2) に関して，ヒトの眼がピントを合わせる仕組みで，カメラと大きく違う点を述べよ。

問12 下線部 (3) に関して，ヒトの眼でカメラの絞りに相当するものの名称を

答えよ。またその調節のためにはたらく筋肉の名称を 2 つ答えよ。

問 1 3　実験の結果は，背景光の状態によって，フラッシュ光照射時に視細胞の
　　　　細胞膜に流れる応答電流の様子が異なっていることを示している。この違い
　　　　が生じることで，明順応時，暗順応時のそれぞれでどのような利点があるか
　　　　述べよ。

II 次の（文 1）と（文 2）を読み，問いに答えよ。

（文 1）図 1 に示すような，体積 V，密度
ρ の物体が水に浮かぶための条件につい
て考えてみよう。ρ は一様で，水面下にあ
る物体の体積の割合が f である場合，水の
密度を ρ_w，重力加速度を g とすると，物体

図 1　水面に浮かぶ物体

の一部が水に浸かっていることにより生じる浮力 F_B の大きさは，$F_B=$　ア　と
表すことができる。したがって物体が静止する条件は，　イ　$=0$ となる。

　次に人間が立ち泳ぎをする場合を考えてみよう。人間は水中で手足の面を下
方に押すことで，水を下方に送り出し，手足で水を下方に押す力の反作用により
身体を浮かせることができる。水を下方に押す手足の面積の合計を A とし，手足
の運動で加速された水の最終速度を v とすると，単位時間に下方に送り出される
水の質量 m は，$m=$　ウ　と表される。ここで，手足の運動による単位時間の
水の運動量変化は，$mv=$　エ　と表される。

　さらに，mv の大きさは水が手足を上方に押し上げる反作用の力の大きさに等
しいため，人間にはたらく重力，浮力，および手足の運動で得る上方の力のつり
合いの式は下記となる。(注1)

$$\rho Vg = \boxed{\quad オ \quad}$$

これから水の速度 v は，$v=$　カ　と表される。

注 1）　なお，人間が実際に水中で身体を浮かせる際には，手足の面を傾けて水面に平
　　　行な方向に動かして得る力（揚力）も存在する。しかし，ここでは，手足が得る上方へ
　　　の力としては，水面に平行な手足の面を下方に押して得る反作用の力のみを考える。

　これらより，手足が下方に送り出す水の単位時間の運動エネルギーP は以下のように表される。

$$P = \frac{1}{2}mv^2 = \frac{1}{2}\sqrt{\frac{\boxed{\text{キ}}}{A\rho_{\text{w}}}}$$

P は，人間の手足が行う単位時間の仕事（仕事率）に等しい。

問 1　$\boxed{\text{ア}}$，$\boxed{\text{イ}}$ に入る数式を $f,\ g,\ V,\ \rho,\ \rho_{\text{w}}$ のうち必要なものを用いて記せ。なお，物体は，物体の重心と浮力の中心（水中にある物体の部分を水で置き換えた領域の重心）が同一の鉛直線上にある状態で静止しているとし，水，物体，空気の境界線にはたらく水の表面張力は無視できるものとする。

問 2　$\boxed{\text{ウ}}$ ～ $\boxed{\text{カ}}$ に入る数式を $A, f,\ g,\ v,\ V,\ \rho,\ \rho_{\text{w}}$ のうち必要なものを用いて記せ。

問 3　$\boxed{\text{キ}}$ に入る数式を $f,\ g,\ V,\ \rho,\ \rho_{\text{w}}$ のうち必要なものを用いて記せ。

問 4　体重 50 kg の人間が手足を下方に押し続ける運動をしながら立ち泳ぎをしている。鼻先だけ水上に保持し，身体の 95%が水中にあるとき，手足の運動の仕事率は何ワットか。有効数字 2 桁で答えよ。ただし，人体の密度は一様で水と同じ 1.0 g/cm³ であるとし，水を下方に押す手足の面積の合計を 250 cm² とする。重力加速度は$g = 10$ m/s² とする。なお，ここでも，手足を上方に押し上げる力としては，水面に平行な手足の面で水を下方に押して加速することで得る上方への反作用の力のみを考えることとする。[注1]

　（文 2）磁石が鉄片などを引きつける力を磁気力（磁力）という。距離 r だけ離れている 2 つの磁極の間にはたらく磁気力 F は，それぞれの磁極の磁気量を m と m' とすると，両者を結ぶ直線に沿って作用し，斥力を正，引力を負として，

$$F = k_{\text{m}}\frac{m\,m'}{r^2} \qquad （k_{\text{m}} \text{ は比例定数）}$$

となる。
　磁極や電流の周りの磁気力がはたらく場を，磁界（磁場）と呼び，磁界 $\vec{H}$ あるいは，磁束密度 $\vec{B}$ によって表す。

半径 a [m] の円形電流 I [A]（図2）が，中心軸上で円の中心 O から x [m] 離れた位置 P につくる磁界の強さ H [A/m] は，

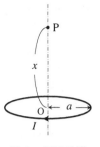

$$H = \frac{I a^2}{2\left(a^2 + x^2\right)^{3/2}}$$

で与えられる。

磁界の中を運動する荷電粒子は，磁界の方向にも運動方向にも垂直な向きに，力を受ける。その大きさ f [N] は，荷電粒子の電気量を q [C]，磁界に垂直な向きの速さを v [m/s]，磁束密度の大きさを B [T] として

図2　円形電流

$$f = qvB$$

となる。

以下の問いに答えよ。解答の数値の有効数字は2桁とする。

問5　両端の磁気量が m と $-m$ で長さが l の棒磁石2本を距離 l 隔てて，磁荷の正負の向きをそろえて一直線上に置いた場合（図3），磁石の間にはたらく力は $k_\mathrm{m} \dfrac{m^2}{l^2}$ の何倍か。符号も含めて既約分数で示せ。また，この力は斥力か引力か，記せ。

図3　2本の棒磁石

問6　地磁気に直角に，宇宙線（宇宙からの高エネルギー放射線）の中の陽子が速さ 1.0×10^7 m/s でふりそそぐとき，地磁気によって曲げられる力の大きさは重力の何倍か。電気素量を $e = 1.60\times10^{-19}$ C，地磁気の大きさを $B = 5.0\times10^{-5}$ T，陽子質量を $m_\mathrm{p} = 1.67\times10^{-27}$ kg，重力加速度を $g = 9.8$ m/s^2 として求めよ。

問7　地球の外核の表面の大円上を流れる円形電流 I が，円の中心軸上の地球表面の位置につくる磁界の強さが $H = 40.0$ A/m であるとするとき，電流 I の値を求めよ。ただし，地球と外核は完全に球形で中心は一致し，地球の半径は $R = 6.4\times10^6$ m，外核の半径は地球の半径の $\dfrac{1}{2}$ であるとする。また，地球や外核を作っている物質の磁界に及ぼす影響は無視できるとする。なお，必要ならば $\sqrt{5} = 2.24$ を用いよ。

問8　日本で売られている多くの方位磁針には，南磁針（S 極）側に巻線などで錘（おもり）がつけてある。これはなぜか，理由を説明せよ。

Ⅲ　次の（文１）と（文２）を読み，問いに答えよ。

（文１）一酸化窒素 NO は生体内で合成され，さまざまな機能を有する
ことが知られている。実験室では，銅に希硝酸を加えて発生させ，水上
置換で捕集する。NO は自動車のエンジン内などの高温下で窒素と酸素
が直接反応することによっても生成する。

問１　NO の電子式を１つ示せ。

問２　下線部に関係する主な反応の化学反応式を記せ。

問３　下線部の実験において，水上置換する理由を記せ。

問４　下線部のようにして捕集した NO に空気を加えると，どのような
　　　変化が観察されるか，化学反応式を用いて説明せよ。

問５　窒素 N_2（気体）と酸素 O_2（気体）が反応したとき，　30 kJ の熱を
　　　吸収して 10 g の NO（気体）が生じた。NO の生成熱を表わす熱化学
　　　方程式を記せ。ただし，原子量を N=14，O=16 とする。

（文２）　内分泌かく乱物質として社会問題になったビスフェノールAは，その
多くがポリカーボネート樹脂やエポキシ樹脂の合成原料として用いられている。
現在，ビスフェノールAの食器類への使用は，厳格な溶出試験規格による管理の
もと，ヒトの健康に与える影響はないとされている。これらの樹脂は食器類だけ
ではなく，DVDの基板，建材，接着剤，塗料などにも用いられ，日常生活に必要
不可欠な物質となっている。

　　ビスフェノールAは，１分子のアセトンに１分子のフェノールが ア 反応を
し，その後，もう１分子のフェノール分子と イ 反応を起こすことで合成さ
れる。このときに起こる反応は，(1) フェノールとホルムアルデヒドを酸触媒と
ともに加熱し，重合度の低いノボラックを得る反応に類似しているが，反応の位
置は異なる。ノボラックの生成においては，フェノールのヒドロキシ基に対して
オルト位に反応が連続して起きるが，ビスフェノールAの生成においては，フェ
ノールのヒドロキシ基に対してパラ位で反応が起こる。

　　ポリカーボネートの「カーボネート」とは，炭酸
の水素原子を炭化水素基で置換した化合物（図１）
の総称であり，炭酸エステルの構造をもつプラス
チックがポリカーボネートとよばれる。ポリカー

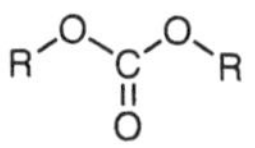

図１　炭酸エステルの一般式

ボネートのひとつに，ビスフェノール A とホスゲン(COCl₂)を原料として合成されるものがある。この重合では，塩化水素がとれ，　イ　反応が連続する。

　エポキシ樹脂の「エポキシ」とは，2つの炭素原子と1つの酸素原子からなる3員環構造を含む化合物「エポキシド」に由来している。エポキシ樹脂のひとつとして，ビスフェノール A とエポキシド

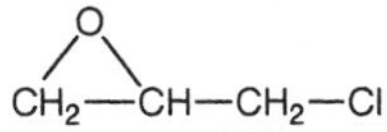

図2　エピクロロヒドリンの構造式

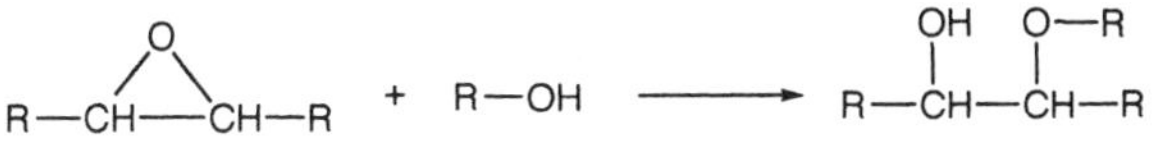

であるエピクロロヒドリン（図2）から得られる重合体がある。この反応は，2種類の反応で構成されている。ひとつは，エピクロロヒドリンとビスフェノール A の反応から塩化水素がとれて，　ウ　結合で結ばれる反応である。もうひとつは，ヒドロキシ基をもつ化合物によるエポキシドの開環反応である。（図3）
(2) このエポキシ樹脂の両末端にはエポキシ基が存在しており，硬化に利用される。

図3　エポキシドの開環反応の一般式

問6　ビスフェノールAとホスゲンから縮合重合したポリカーボネートのくり返し構造を記せ。なお，4.11 mgのビスフェノールAを酸化することにより，11.88 mgの二酸化炭素と2.61 mgの水が得られた。

問7　下線部（1）に関して，酸触媒を用いて得られるノボラックに対して，塩基触媒を用いて得られるレゾールという化合物もある。フェノール樹脂を得るためには，ノボラックは硬化剤とともに加熱する必要があるが，レゾールは加熱するだけでよい。この差は，レゾールに特有の置換基によるものである。この置換基を記せ。また，重合が進んだフェノール樹脂がもつ構造は，何とよばれるか，記せ。

問8　　ア　～　ウ　にあてはまる語句を記せ。

問9　ビスフェノールAとエピクロロヒドリンが重合したエポキシ樹脂の構造

式を記せ。解答の際には，解答欄に記された両末端のエポキシドの構造式を利用せよ。

問10　下線部（2）に関して，硬化させるための架橋材としてアミンが用いられる。図3の開環反応においては，エポキシドとアミンを反応させることで硬化が進む。架橋剤のアミンには，どのような化学構造が必要か，述べよ。

解答編

●小論文

解答例　課題文において，人が自分の価値観や思想に反する情報を目にしたとき，かえって自分の意見を強めてしまう「バックファイアー効果」が説明されている。この効果の存在を踏まえれば，「自分とは全く考えが異なる人」に対し，自分の考えを強く主張したり，相手の考えを真っ向から否定したりするのは賢明とはいえない。では，どう対応するのがよいだろうか。考えられるのは，以下の4点である。

　第一に，相手がなぜそのような意見を持つようになったのか，耳を傾けることである。背景への理解が深まれば，共感できる部分も出てくるだろう。自分が知らなかった事実や想像を超えた事情があるかもしれないし，自分も相手の状況だったら同じ意見になっているかもしれない。

　第二に，自分の意見と比較することである。一見全く考えが異なる意見でも，実は重なり合う部分がある場合も少なくない。広い視野に立ち，そうした共通点を模索することは有益だろう。ある問題では全く考えが異なっても，別の問題では一致するかもしれない。人間同士である以上，少しでも共通点があれば，両者の心理的な距離が縮まり，対話もしやすくなる。

　第三に，相手とのコミュニケーションにおいて，穏やかな言葉や表現を用いることである。昨今しばしば問題になるが，インターネット上では相手の顔が見えないため，攻撃的になる人も多く，それによって対立が助長されていると聞く。そうならないためにも，オンライン，オフラインを問わず，相手にも感情や心があると意識することが重要だろう。

　第四に，「決めつけない」ことである。相手の考えも自分の考えもその時点における意見にすぎず，絶対的なものとはいえない。新しい事実が判明したり，世論や環境が変化したりすることで，人間の考え方は変わりうるという意識が大切だろう。

　一人ひとりが以上の点に気をつければ，さまざまな問題をめぐる社会の分断を避けることにもつながるだろう。(800 字以内)

■■■■■■■■■ ◀解　説▶ ■■■■■■■■■

≪バックファイアー効果≫

　設問では，自分とは全く考えが異なる人にどのように対応するのか，課題文のバックファイアー効果を踏まえた上で，自分の意見を論じることが要求されている。

　課題文では，自分の価値観に合わない情報に出会うと，自分の意見にさらに固執する傾向があると指摘されている。ということは，自分とは全く考えが異なる人に自分の見解やその根拠を示せば，意見のかい離や対立をいたずらに助長しうるということになる。よって，論述の基本的な方向性としては，相手の意見を認め，尊重する，相手の意見に耳を傾け，歩み寄る，といった書き方にするのがよいだろう。それを踏まえた上で，具体的な論点を示すとよい。

　〔解答例〕では，相手に対する対応の内容を4つに分け，論点とした。主張の方向性はある程度限られるだろうが，論理構成の面ではさまざまな工夫が可能である。たとえば，設問文の「全く考えが異なる」という部分を起点に議論を進める構成も考えられる。「全く考えが異なる」とはどういうことなのか。異なるように見えても，それは一時点における1つの論点にすぎないし，考えの細部はわからないのだから，相手の考えを深く聞く必要がある，などの論理展開が想定される。

　また本設問の注意点として，考えが異なる「人」への対応が問われている。つまり，相手とのコミュニケーションの問題と解釈することができる。よって，たとえば「自分の意見を疑ってみる」など，自己完結的な論調にすると的外れになりかねないので留意したい。課題文は一見，医学からは離れたテーマのように思うかもしれないが，医療現場にとっても大変重要なコミュニケーションの問題を扱っているという意味では，本学科に関係の深い出題である。

　SNSが普及した近年では，誰もが気軽にインターネット上で発言，情報取得できるようになり，バックファイアー効果やイデオロギー・意見の対立が顕著になったと言われている（最近では，新型コロナウイルスをめぐるさまざまな問題で論争が先鋭化した）。そうした現代社会に対する問題意識も盛り込むと，論述内容がより充実するだろう。

●適性検査

Ⅰ 解答

問1．半保存的複製

問2．1つ

問3．ア．5′　イ．3′

問4．①－f　②－e　③－b

問5．性質：耐熱性　生物：好熱菌

問6．酵素：逆転写酵素　ウイルス：レトロウイルス

問7．風邪などを引き起こす従来型のコロナウイルスではなく，新型コロナウイルスに感染していることを確認するため。

問8．●試料採取時に，適切な場所から採取されず，試料に含まれるウイルス量が十分でなかった。

●試料を採取してから PCR 法で増幅するまでの間の試料の保存状態が悪かった。

問9．DNA ヘリカーゼによって，1本鎖に分かれる。

問10．3種類の錐体細胞により，色彩と明暗の識別ができ，1種類のかん体細胞により，弱光下でも明暗の識別ができるという利点がある。

問11．ヒトの眼でピントを合わせるときには，カメラのようにレンズを動かすのではなく，水晶体の厚さを変化させ，その焦点距離を変えることでピントを合わせている。

問12．絞りに相当：虹彩　筋肉：瞳孔散大筋，瞳孔括約筋

問13．強い背景光下では，フラッシュ光に対する応答電流の継続時間が短く，背景光無しの状態では，応答電流の継続時間が数倍の長さになっているので，同じ強さの光に対する反応は明順応時には小さく，暗順応時には大きい。これは明順応時には光に反応しにくく，暗順応時には弱い光にも敏感に反応する利点がある。

━━━━━◀解　説▶━━━━━

≪コロナウイルスの PCR 検査法，眼の構造とはたらきおよび順応≫

問1．合成される2本鎖 DNA のうちの片方の鎖は鋳型鎖に由来するので，半保存的複製といい，メセルソンとスタールが，塩化セシウムを使った密度勾配遠心法により証明した。

問2．DNA を構成するヌクレオチドのリン酸基は1つである。

問3．DNA ポリメラーゼは，DNA 鎖を 5′ から 3′ 方向に合成することしかできない。そのため，5′→3′ の方向の鎖を鋳型とした複製で合成されるラギング鎖では，短い鎖が合成され，DNA リガーゼで結合される。

問4．PCR 法の過程①～③の反応の説明として，a・c・d・g・h が不適切な理由は以下の通りである。

a．プライマーが結合するのは DNA の 2 本鎖のそれぞれの末端ではなく，試料中の DNA の 2 本鎖の塩基配列の中の増幅したい領域の両端である。

c．細胞内では，プライマー合成酵素により RNA プライマーが合成されるが，PCR 法ではあらかじめ合成した DNA プライマーを試験管内に入れておく。

d．鋳型 DNA 鎖同士ではなく，DNA のそれぞれの鎖とプライマーが結合する。

g．PCR 法では，岡崎フラグメントはつくられない。

h．デオキシリボヌクレオシド 3 リン酸から 2 個のリン酸（ピロリン酸）が外れることで，DNA 鎖の 3′ 末端にヌクレオチドが結合する。

問5．90℃を超える高温で実験が進行するので，耐熱性が必要であり，古細菌の一種である好熱菌の DNA ポリメラーゼが用いられている。

問7．リード文にヒントがあるが，新型のウイルスの感染を確認するための検査であることから考えればよい。

問8．ウイルスが増えている適切な場所から試料がとられなかったことなどにより，採取したウイルス量が不十分だった場合などは，偽陰性になる可能性がある。また，コロナウイルスは RNA ウイルスであり，RNA は不安定で分解されやすいので，採取してから PCR 法で増幅するまでの間，低温で保管する必要がある。この保管状態が悪いと偽陰性になる可能性がある。

問9．生きた細胞内では，まず DNA ヘリカーゼのはたらきで，DNA の二重らせんがほどかれ 1 本鎖になることから，複製が始まる。

問10．ヒトの 4 種類の視細胞とは，かん体細胞と 3 種類の錐体細胞を指していると考えられるので，錐体細胞による色彩と明暗の識別と，かん体細胞による弱光下での明暗の識別を述べればよいと思われる。

問11．ヒトの眼の遠近調節は，毛様筋の収縮や弛緩によってチン小帯がゆるんだり緊張したりすることにより，水晶体の厚みが変化することで行

われている。

問 12. 虹彩の放射状の瞳孔散大筋が収縮すると，瞳孔が大きくなり，輪状の瞳孔括約筋が収縮すると，瞳孔が小さくなる。

問 13. 明順応時，暗順応時におけるそれぞれの利点が問われており，背景光が強いと明順応の状態にあり，背景光が無いときには暗順応の状態にあると考えられる。この状態でフラッシュ光（光の強さは同じ）を与えると，同じ光の強さでも，暗順応時の方が明順応時に比べて応答電流の継続時間が長い。これは暗順応時の方が同じ強さの光に対して反応が大きく，弱い光が当たっても反応性が高いことを意味する。同様に，明順応時は光に対する反応性が低いことを意味する。

II **解答** 問1. ア. $\rho_{\mathrm{w}}fVg$　イ. $\rho_{\mathrm{w}}fVg-\rho Vg$

問2. ウ. $\rho_{\mathrm{w}}Av$　エ. $\rho_{\mathrm{w}}Av^2$　オ. $\rho_{\mathrm{w}}fVg+\rho_{\mathrm{w}}Av^2$

カ. $\sqrt{\dfrac{(\rho-\rho_{\mathrm{w}}f)\,Vg}{\rho_{\mathrm{w}}A}}$

問3. $\{(\rho-\rho_{\mathrm{w}}f)\,Vg\}^3$

問4. 13 ワット

問5. $-\dfrac{11}{18}$ 倍　引力

問6. 4.9×10^9 倍

問7. 2.9×10^9 A

問8. 北半球にある日本付近での地磁気の水平方向成分は磁北極を向き，鉛直成分は下向きである。磁針の水平を保つために，南磁針におもりをつける。

◀解　説▶

≪立ち泳ぎの力学，地磁気の考察≫

問1. イ. 浮力と重力がつりあっている。

問2. ウ. 単位時間に下方に送り出される水の体積は Av であるので，質量 m は

$$m=\rho_{\mathrm{w}}Av \quad \cdots\cdots ①$$

エ. 運動量変化 mv は

$$mv=\rho_{\mathrm{w}}Av\times v=\rho_{\mathrm{w}}Av^2$$

オ．力のつりあいの式は

$$\rho Vg = \rho_\text{w} f Vg + \rho_\text{w} A v^2$$

カ．上式より

$$v = \sqrt{\frac{(\rho - \rho_\text{w} f)\,Vg}{\rho_\text{w} A}} \quad \cdots\cdots②$$

問3．P の式に①，②を代入して

$$P = \frac{1}{2} mv^2 = \frac{1}{2} \sqrt{\frac{\{(\rho - \rho_\text{w} f)\,Vg\}^3}{A\rho_\text{w}}}$$

問4．単位をそろえて数値計算すると

$$
\begin{aligned}
P &= \frac{1}{2} \sqrt{\frac{\{(\rho - \rho_\text{w} f)\,Vg\}^3}{A\rho_\text{w}}} \\
&= \frac{1}{2} \sqrt{\frac{\{(1.0\times10^3 - 1.0\times10^3\times0.95)\times(50\times10^{-3})\times10\}^3}{(250\times10^{-4})\times(1.0\times10^3)}} \\
&= \frac{1}{2} \sqrt{\frac{25^3}{25}} = 12.5 \fallingdotseq 13\,〔\text{W}〕
\end{aligned}
$$

問5．左の磁石が受ける力 F は，斥力を正として

$$
\begin{aligned}
F &= -k_\text{m}\frac{m^2}{l^2} + k_\text{m}\frac{m^2}{(2l)^2} - k_\text{m}\frac{m^2}{(3l)^2} + k_\text{m}\frac{m^2}{(2l)^2} \\
&= -\frac{11}{18}\cdot k_\text{m}\frac{m^2}{l^2}
\end{aligned}
$$

$F<0$ より，この力は引力である。

問6．倍率は

$$\frac{(1.60\times10^{-19})\times(1.0\times10^7)\times(5.0\times10^{-5})}{(1.67\times10^{-27})\times9.8} = 4.88\times10^9 \fallingdotseq 4.9\times10^9$$

問7．地球の半径を R とすると，与式より

$$H = \frac{I\left(\dfrac{R}{2}\right)^2}{2\left\{\left(\dfrac{R}{2}\right)^2 + R^2\right\}^{\frac{3}{2}}}$$

$$I = 5\sqrt{5}\,RH$$

数値を代入して

$$I = 5\times2.24\times(6.4\times10^6)\times40.0 = 2.86\times10^9 \fallingdotseq 2.9\times10^9\,〔\text{A}〕$$

III **解答** 問1. $\cdot \ddot{N} :: \ddot{O} :$

問2. $3Cu + 8HNO_3 \longrightarrow 3Cu(NO_3)_2 + 4H_2O + 2NO$

問3. NO は水に溶けにくいため。

問4. 無色の NO は次のように反応して赤褐色の NO_2 に変化する。

$2NO + O_2 \longrightarrow 2NO_2$

問5. $\frac{1}{2}N_2$(気)$+ \frac{1}{2}O_2$(気)$= NO$(気)$- 90\,kJ$

問6.

問7. 置換基：$-CH_2OH$　フェノール樹脂の構造：立体網目構造

問8. ア．付加　イ．縮合　ウ．エーテル

問9.

問10. アミノ基が2つ以上存在するアミンが必要である。

◀解　説▶

≪NO の構造と性質・反応，ビスフェノールAを用いる各種合成樹脂≫

問1. 〔解答〕の他に次のような電子式が考えられる。

$\ddot{N} :: \ddot{O} \cdot$

NとOの価電子がそれぞれ5個と6個であることから，両方の原子がオクテットを満たすことができない。

問4. NO は空気中の O_2 と直ちに反応して NO_2 を生じる。

問5. NO の分子量は30であるから，1 mol（30 g）の NO の生成の際に吸収される熱量は $30 \times 3 = 90$〔kJ〕である。

問6・問8. ア・イ. ビスフェノールA（分子式 $C_{15}H_{16}O_2$）とホスゲン（分子式 $COCl_2$）の構造は次のとおりである。

2分子のビスフェノールAの各1個のヒドロキシ基とホスゲン1分子の縮

合により，２分子の塩化水素がとれる。

このようにビスフェノールＡとホスゲンの縮合重合によって，鎖状のポリカーボネートを生成する。よってその繰り返し構造は次のとおりである。

また，ビスフェノールＡの合成経路は，次のように１分子のアセトンに１分子のフェノールが付加反応をし，その生成物ともう１分子のフェノールが脱水縮合するものである。

付加反応

縮合反応

この反応は，フェノール樹脂の合成におけるフェノールとホルムアルデヒドの重合反応（付加縮合）に似ている。

問７．ノボラックとレゾールの構造は次のとおりである。

ノボラックでは，まずホルムアルデヒドにフェノールがオルト位で付加して化合物(1)が得られ，さらに別のフェノールのオルト位との間で脱水縮合が生じて化合物(2)が得られる。１分子のフェノールにはオルト位が２つあるので，この２つの反応を繰り返すことでノボラックが生じる。したがっ

て，このような重合反応を付加縮合という。

（付加反応）

（縮合反応）

一方，レゾールでは，ホルムアルデヒドへの付加反応がパラ位でも生じる（置換基 $-CH_2OH$ が導入される）ので，1 分子のフェノールに 3 つの付加縮合が生じる。このためレゾールは硬化剤を加えることなく立体網目構造（架橋構造）の高分子を形成する。

問 8．ウ．ビスフェノール A のヒドロキシ基とエピクロロヒドリンの $-CH_2-Cl$ 構造とが次のように反応し，エーテル結合が生成する。

$$-OH + Cl-CH_2- \longrightarrow -O-CH_2- + HCl$$

問 9．重合反応に際して，1 分子のエピクロロヒドリンには，官能基として $-CH_2-Cl$ 構造とエポキシ基（エポキシド構造），1 分子のビスフェノール A には 2 つのヒドロキシ基が含まれている。したがって，鎖状構造の高分子を生じ，その反応式は次のとおりである。

これに高分子末端の構造を考慮すると〔解答〕のようになる。

問 10. エポキシ基とアミノ基の反応は次のとおりである。

$$\underset{-HC-CH-}{\overset{O}{\overset{\displaystyle \wedge}{}}} + H_2N- \longrightarrow \underset{-CH-CH-NH-}{\overset{OH}{\overset{\displaystyle |}{}}}$$

生成物の −NH はもう一度エポキシ基と反応することができるので，1つ
のアミノ基は2分子のエポキシ樹脂を結びつけることができる。しかし，
そのような反応ではエポキシ樹脂の鎖状構造が大きくなるだけで，架橋構
造は得られない。したがって，架橋剤としてのアミンは2つ以上のアミノ
基（4個以上のエポキシ樹脂と結合）をもつ必要がある。このことは，ユ
リア（尿素）樹脂やメラミン樹脂の合成と構造を考えることで理解できる。

愛媛大学　医学部　医学科

■学校推薦型選抜Ⅱ（共通テストを課す）

▶選抜方法

【推薦A】

　第1次選抜：総合問題，面接の結果並びに提出された出願書類（推薦書，
　　調査書，活動報告書）により，合否判定基準に基づき選考し，30人
　　程度を合格させる。

　第2次選抜：大学入学共通テストの成績により，合否判定基準に基づき，
　　合格者を決定する。

【推薦B】

　第1次選抜：総合問題，面接，奨学金受給の確認の結果並びに提出され
　　た出願書類（推薦書，自己推薦書，調査書，活動報告書）により，合
　　否判定基準に基づき選考し，募集人員の1.5〜2倍程度を合格させる。

　第2次選抜：大学入学共通テストの成績により，合否判定基準に基づき，
　　合格者を決定する。

▶大学入学共通テストの利用教科・科目

教　　科	科　　　　　　　　　　　目
国　　語	「国語」
地理歴史 公　　民	「世界史B」，「日本史B」，「地理B」 「倫理，政治・経済」 ｝から1
数　　学	「数学Ⅰ」，「数学Ⅰ・数学A」から1 「数学Ⅱ」，「数学Ⅱ・数学B」から1
理　　科	「物理」，「化学」，「生物」，「地学」から2
外 国 語	「英語（リスニングを含む）」，「ドイツ語」，「フランス語」，「中国語」，「韓国語」から1
	［5教科7科目］

(注)　「地理歴史」と「公民」において2科目を受験している場合は，第1解答科目を
　　採用する。

▶個別学力検査等

	教科等	採 点 ・ 評 価 基 準
推薦A	総合問題	和文や英文の内容を的確に把握した上で論述，解答させることにより，読解力，論述力を評価する。また，数学や理科の基礎的な知識を基にその内容およびそれに関連した事項についての知識，計算力，記述力を評価する。
	面　接	面接時の態度や質問に対する応答を通して，医学を学ぼうとする目的意識や勉学意欲，自己認識，協調性，社会性などを総合的に判断して採点・評価する。
	推薦書調査書活動報告書	面接に含めて評価する。
推薦B	総合問題	和文や英文の内容を的確に把握した上で論述，解答させることにより，読解力，論述力を評価する。また，数学や理科の基礎的な知識を基にその内容およびそれに関連した事項についての知識，計算力，記述力を評価する。
	面　接	面接時の態度や質問に対する応答を通して，医学を学ぼうとする目的意識や勉学意欲，自己認識，協調性，社会性，奨学金受給意思などを総合的に判断して採点・評価する。
	推薦書自己推薦書調査書活動報告書	面接に含めて評価する。

▶配　点

大学入学共通テスト						個別学力検査等		計
国　語	地歴・公民	数　学		理　科	外国語	総合問題	面　接	
		①	②					
200	100	100	100	200	200	200	200	1300
900						400		

（注）
- 外国語の「英語」は，リーディング 180 点，リスニング 20 点とする。リスニングを免除された者は，リーディング 200 点とする。
- 数学の①は「数Ⅰ，数Ⅰ・数A」，②は「数Ⅱ，数Ⅱ・数B」を表す。

問題編

●総合問題（120 分）

（注）　問題Ⅲは，Ⅲ-1〜Ⅲ-3の3問のうち点数の高い2問を問題Ⅲの得点として採用する。そのため，3問を解答しても構わない。

問題Ⅰ

次の文章を読んで、以下の問いに答えなさい。

　私のように釣り竿を持って山村の川を歩く者にとっては、事態はいっそう①シンコクである。これだけ多くの川がありながら、天然魚の満足に棲息できる川はほとんど日本からなくなってきてしまった。それは川のもつ(a)商品価値が水に求められ、川を水資源を確保する場所にして活用しようとする今日の河川改修の結果なのであるが、そのために川のなかにも総合的な自然体系があるという面はすっかり無視されるようになってしまった。

　このように述べていくと、次のような反論に出合うかもしれない。それは自然のなかから(b)特定の価値を引き出そうとするのは歴史貫通的な人間の②ゾクセイであって、商品経済の時代に特徴的なことではないのではないかという反論である。

　確かに古代から今日に至るまで、人間たちは自然のなかに食料であれ木材や薪であれ、特定の価値を求めてきたであろう。だがそれが(c)広義の労働を媒介とする自然と人間の交通として実現していた間は、自然のもつ総合的な価値は③セイトウに認識されてきたのではなかろうか。

　たとえばかつて山村の人々が広義の労働の世界のなかで暮らしていた時代にあっては、山村の自然は様々な価値を人間たちに提供していた。春には山菜が、秋には茸が育ち、山の木は木材も炭も薪も提供した。薬草、動物、魚、それらすべてが広義の労働をとおして生活のなかで使われた。川は村人に飲み水を与え、時に農業用水となり、洗い場となり、それをとおして村人のコミュニケーションの場になった。いわば毎日の暮らしのなかで、山村の自然は広義の労働にとっての労働対象となり、それ故に実に雑多な価値を提供しつづけたのである。広義の労働の存在そのものが、自然を総合的なものとしてとらえざるを得ない自然と人間の交通の世界をつくりだしていた。

　ところが今日では自然のなかの商品価値を生みだす特定の自然だけが④ソンチョウされ、他の自然の側面は無視される。それは商品をつくりだす労働とし

ての(d)<u>狭義の労働</u>だけが特別の地位を築き、広義の労働が無価値化する、あるいは広義の労働が狭義の労働と較べて低い地位に甘んじるようになることと関係している。だから、たとえば木材や鉱物を提供するという特定の目的の前には、それ以上の商品価値を生まない他の自然の側面は、無価値化するか、低い価値しかもたないものとして切り捨てられる。

（内山節『自然と人間の哲学』岩波書店，1988 年より抜粋・改変）
編集部注：著作権の都合により，一部の表現を原文通りに戻している。

問1　下線部①〜④のカタカナを漢字に直して書きなさい。

問2　二重下線部(a)の「商品価値」について、川の場合には何であると筆者は述べているか。本文中から一語抜き出して書きなさい。

問3　二重下線部(b)の「特定の価値」と、対比させて使われている語句を、本文中から抜き出して書きなさい。

問4　二重下線部(c)について、具体的な例を挙げて説明している箇所の、最初と最後の5字（句読点を含む）を抜き出しなさい。

問5　二重下線部(c)の「広義の労働」に対して、二重下線部(d)「狭義の労働」という言葉が出てくるが、狭義の労働の具体的な例を、本文中の語句を用いて2つ書きなさい。

問題 II

次の文章を読んで、以下の問いに答えなさい。

It is usually easy to decide whether or not something is alive. This is
（　ア　）　living things share many common attributes[*1], such as the
capacity to extract energy from nutrients to drive their various functions,
the power to actively respond（　イ　）changes in their environment, and
the ability to grow, to differentiate[*2], and — perhaps most telling of all —
to reproduce. Of course, a given organism may not have all of these traits[*3].
For example, mules[*4], which are obviously alive, rarely reproduce.
(1)Conversely, inanimate[*5] matter may exhibit some lifelike[*6] properties.
For instance, crystals may grow larger when immersed[*7] in a
supersaturated[*8] solution of the crystalline material. Therefore, life, as are
many other complex phenomena, is perhaps impossible to define（　ウ　）
a precise fashion. Norman Horowitz, however, has proposed (2)a useful set
of criteria[*9] for living systems: Life possesses the properties of
replication[*10], catalysis[*11], and mutability[*12]. [引用文献 1]

Biochemistry[*13] is, literally, the study of the chemistry of life.（中略）
Biochemistry, like other modern sciences, relies（　エ　）sophisticated[*14]
instruments to dissect[*15] the architecture and operation of systems that are
inaccessible to the human senses.（中略）In addition to its obvious
implications for human health, (3)biochemistry reveals the workings of the
natural world, allowing us to understand and appreciate the unique and
mysterious condition that we call life. [引用文献 2]

引用文献
1．Donald Voet and Judith G. Voet (1995) "BIOCHEMISTRY"、p. 2 より引用，改変
2．Donald Voet ら(1999) "FUNDAMENTALS OF BIOCHEMISTRY"、p. 4 より引用，改変

訳注

*1attribute: 特質	*2differentiate: 分化する
*3trait: 特性	*4mule: ラバ（動物）
*5inanimate: 無生物の	*6lifelike: 生きているような
*7immerse: 浸す	*8supersaturated: 過飽和な
*9criteria: 基準	*10replication: 複製
*11catalysis: 触媒反応	*12mutability: 変異性
*13biochemistry: 生化学	*14sophisticated: 精巧な
*15dissect: 分析する	

問 1　空欄（ア）から（エ）に入る最も適切な単語を次の選択肢より 1 つ選び、解答欄に番号を記入しなさい。

	1.	2.	3.	4.
ア：	because	why	whether	until
イ：	as	for	of	to
ウ：	and	at	but	in
エ：	by	from	on	with

問 2　下線部（1）の Conversely が表す意味として最も適切なものを次の選択肢より 1 つ選び、解答欄に番号を記入しなさい。

　　1.　In almost the same way

　　2.　In a way that is the opposite of something

　　3.　In a way that surprises you because you were not expecting it

問 3　下線部（2）の a useful set of criteria for living systems とは何か、本文中から適切な箇所を抜き出し、解答欄に記入しなさい（15 単語以内）。

問 4　下線部（3）を和訳し、解答欄に記入しなさい。

問 5　下線部（3）に述べられていることを、具体的な例をあげて、200 単語程度の英語で説明し、解答欄に記入しなさい。

問題Ⅲ-1　（選択問題）

問1　次の文章を読んで、以下の問いに答えなさい。

　　　免疫は先天的に備わっている（　ア　）と後天的に形成される（　イ　）
　に分類される。病原体などの異物が体の中に進入した際には、（　ア　）が
　速やかにはたらき、白血球の中で最も多い（　ウ　）とよばれる細胞や、
　単球が組織内に入り込んで分化した（　エ　）とよばれる細胞が（　オ　）
　を行うことで、それらの病原体は排除される。
　　　一方で、（　ア　）で除去できなかった病原体に対しては（　イ　）がは
　たらく。（　イ　）は、B 細胞から分化した抗体産生細胞が放出する、免疫
　グロブリン（抗体）によって異物を無毒化する（　カ　）免疫とキラーT
　細胞が微生物に感染した細胞を直接攻撃して破壊する（　キ　）免疫に分
　けられる。

（1）文中の　（ア）〜（キ）に入る適切な語を答えなさい。

（2）先天的免疫に関わる細胞の細胞膜表面には微生物などの異物を非自己
　　　として認識する分子が発現している。この分子はヒトでは 10 種類あり、
　　　宿主に存在しない非自己特有のパターン（例：ウイルスの RNA や DNA
　　　の一部）を認識している。この分子の名称を答えなさい。

問2　次の文章を読んで、以下の問いに答えなさい。

　　　免疫グロブリンは、2 本の H 鎖と 2 本の L 鎖が繋がって、全体は（　ク　）
　字型をしている。H 鎖と L 鎖の先端部分には抗原が結合し、対応する抗原
　に応じて立体構造が異なっており、（　ケ　）とよばれている。ヒトでは
　ₐH 鎖の（　ケ　）を作る遺伝子には V、D、J という 3 つの領域が含まれ
　ている。そしてそれぞれの領域がさらに約 50 個、約 25 個、6 個の断片に
　分かれており、それぞれから 1 種類ずつ任意に選ばれて組み合わされてい
　る。一方、L 鎖の（　ケ　）を作る遺伝子も V、J 領域が含まれており、そ

れぞれ 40 個、5 個の断片からなる。H 鎖の V、D、J と L 鎖の V、J それ
ぞれについて、断片が任意に選ばれて組み合わされる結果、多くの抗原に
対応できる多様な抗体を産生することが可能になる。

（1）文中の　（ク）～（ケ）に入る適切な語句を答えなさい。

（2）下線部 a の H 鎖では V、D、J の領域がそれぞれ 50 個、25 個、6 個の
　　　断片に分かれているとすると、何通りの遺伝子型が作られることにな
　　　るか答えなさい。

（3）さらに L 鎖を組み合わされることによって、合計何通りの抗体分子が
　　　作られることになるか答えなさい。

問 3　次の文章を読んで、（コ）～（ソ）に入る適切な語句を答えなさい。

　　　免疫の中心的役割を担うキラーT 細胞は、ウイルスなどに感染した細胞
　　を直接攻撃し破壊するのみでなく、がん細胞や移植細胞を攻撃する能力も
　　有している。臓器移植を行った際に移植片が生着せずに排除される原因は、
　　臓器を提供される患者（レシピエント）と、臓器を提供する者（ドナー）
　　との間で、（　コ　）が異なるためである。マウスの（　コ　）は H-2 遺
　　伝子によって、ヒトの（　コ　）は（　サ　）遺伝子によって支配されて
　　いる。ヒトの場合、（　サ　）遺伝子は、第 6 染色体上の近接した 6 つの
　　遺伝子群から構成されており、それぞれの遺伝子群には多くの（　シ　）
　　立遺伝子が存在し、その組み合わせは無数である。そのため、レシピエン
　　トとドナーとの間で（　サ　）の型が一致する可能性は極めて低く、ドナ
　　ーの（　サ　）の型がレシピエントの（　サ　）の型と異なる場合は、移
　　植した臓器はレシピエントのキラーT 細胞の攻撃を受ける。これを（　ス　）
　　反応といい、それを抑えるために、レシピエントの（　サ　）の型との適
　　合性の高いドナーを見つけることが非常に重要であるが、同じ親を持つ兄
　　弟姉妹間でも適合性はおよそ（　セ　）％の確率である。また移植後の
　　（　ソ　）剤の使用も、（　ス　）反応を抑えるために有効である。

問題Ⅲ-2　（選択問題）

問1　次の文章を読んで、（ア）～（ケ）に入る適切な語句を答えなさい。

　　　炭化水素の水素原子をヒドロキシ基で置換した化合物をアルコールという。分子中にヒドロキシ基が2個以上あるものを（　ア　）アルコールという。アルコールは単体のナトリウムと反応して水素と（　イ　）を生じる。第一級アルコールを酸化すると（　ウ　）を生じ、さらに酸化すると（　エ　）を生じる。（　ウ　）をアンモニア性硝酸銀溶液と反応させると、銀が析出する。この反応を（　オ　）反応という。第二級アルコールを酸化すると（　カ　）を生じる。アルコールと濃硫酸の混合物を加熱すると、分子間脱水反応により、（　キ　）が生じる場合と、分子内脱水反応により、（　ク　）が生じる場合がある。アルコールから（　キ　）が生じる場合のように、2分子から水のような簡単な分子がとれて結合することを（　ケ　）という。一方、アルコールから（　ク　）が生じる場合のように、1分子内から水のような簡単な分子がとれて二重結合ができることを脱離反応という。

問2　第一級アルコール、第二級アルコール、第三級アルコールのそれぞれの定義を説明しなさい。

問3　アルコールの融点と沸点は、同程度の分子量をもつ炭化水素のそれらと比べて高い。その理由を述べなさい。

問4　アルコールを水に溶かすと、その水溶液は酸性、中性、塩基性のいずれを示すか答えなさい。

問5　エタノール C_2H_6O（液）の燃焼熱は 1368 kJ/mol である。エタノールの燃焼熱を表す熱化学方程式を示しなさい。

問6　メタノール CH_4O（液）の燃焼熱を求めなさい。ただし、CH_4O（液）、CO_2（気）、H_2O（液）の生成熱は、それぞれ 239 kJ/mol、394 kJ/mol、286 kJ/mol とする。計算過程も記しなさい。

問題Ⅲ-3　（選択問題）

問1　下図のように、水平な床上の点 A から鉛直な壁に向けて、小球を初速度
v_0 で水平からの角度 45° で投げた。その小球は、軌道の最高点で壁面の
点 B に垂直に当たった後、反発係数 e で跳ね返されて床上の点 C に落下
した。重力加速度の大きさを g として、以下の問いに答えなさい。ただ
し、座標軸 x-y は下図のようにとるものとし、v_0、g、e から適切なものを
用いて解答しなさい。なお、計算過程も採点対象とする。

（1）小球が壁に衝突するまでの時間を求めなさい。
（2）点 A から壁までの水平距離を求めなさい。
（3）小球が壁に当たった位置の床上からの高さを求めなさい。
（4）壁に当たった直後の小球の水平方向の速度を求めなさい。
（5）小球を投げてから点 C で床上に落下するまでの時間を求めなさい。
（6）小球の床上の落下点 C の壁からの距離を求めなさい。

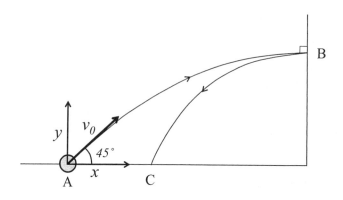

問2　ラジウム $^{226}_{88}Ra$ は、α 崩壊や β 崩壊を繰り返しながら、最終的に安定な鉛
の同位体 ($^{208}_{82}Pb$, $^{207}_{82}Pb$, $^{206}_{82}Pb$) になる。$^{226}_{88}Ra$ の放射性崩壊に関して、
以下の問いに答えなさい。なお、計算過程も採点対象とする。

（1）$^{226}_{88}Ra$ が放射性崩壊を繰り返してたどり着く安定な鉛の質量数は、
　　　208、207、206 のうち、どれかを理由とともに答えなさい。

（2）$^{226}_{88}Ra$ が安定な鉛になるまでに、α 崩壊および β 崩壊は、それぞれ

何回起こるかを求めなさい。

（3）ラジウムの初期原子核数を N_0、ラジウムの半減期を T としたとき、時間 t 後におけるラジウムの原子核数 N を表す式を答えなさい。

（4）4.0×10^{-2}g のラジウムが崩壊して、5.0×10^{-3}g のラジウムになるには、何年かかるか答えなさい。ただし、ラジウムの半減期は、1.6×10^3 年とする。

解答編

●総合問題

Ⅰ　**解答**　問1．①深刻　②属性　③正当　④尊重
　　　　　　問2．水資源

問3．総合的な価値
問4．（最初）春には山菜　（最後）になった。
問5．〔解答例〕水資源を確保するための労働や，木材や鉱物を提供するための労働。

◀解　説▶

≪自然のなかの商品価値≫

問2．二重下線部(a)「商品価値」について，川の場合には何であると筆者は述べているかを，本文中から一語で抜き出す問題である。(a)の含まれる一文には，「川のもつ商品価値が水に求められ，川を水資源を確保する場所にして活用しようとする今日の河川改修」とある。つまり，川は，商品価値をもつ水資源を確保する場所ということであるから，川の「商品価値」とは，「水資源」であると言える。

問3．二重下線部(b)「特定の価値」と対比させて使われている語句を，本文中から抜き出す問題である。この「特定の価値」は，第1段落の「商品価値」と同じ意味で使われている。そして第1段落内では「商品価値」が求められた結果，「総合的な自然体系」が無視されるようになったことが指摘されている。さらに第3段落では，古代から今日に至るまで人間たちは「特定の価値」を求めてきたが，それが「広義の労働を媒介とする自然と人間の交通として実現していた間は，自然のもつ総合的な価値は正当に認識されてきた」と述べている。これらの記述から，「特定の価値」と対比されているのは，「総合的な価値」であることがわかる。

問4．二重下線部(c)について，具体的な例を挙げて説明している箇所の最初と最後の5字を抜き出すことが求められている。直後の第4段落は，(c)を受けて，「広義の労働の世界のなかで暮らしていた時代にあっては」と続き，段落全体で「広義の労働」と「自然と人間の交通の世界」を説明し

ている。(c)について，具体的な例を挙げて説明している箇所は，この第4
段落第2～第4文であることがわかる。5字を抜き出す際は「句読点を含
む」とある点にも注意しよう。

問5．二重下線部(d)「狭義の労働」の具体的な例を，本文中の語句を用い
て2つ書く問題である。「狭義の労働」とは，(d)の直前で説明されている
ように「商品をつくりだす労働」を指している。加えて，本文中の語句を
用いる指示があるので，本文中で自然から商品価値を見いだす，商品をつ
くりだす労働について具体的に述べている箇所を探すことが求められる。
第1段落の「川のもつ商品価値が水に求められ，川を水資源を確保する場
所にして活用しようとする」という記述，最終段落の「たとえば木材や鉱
物を提供するという特定の目的の前には，それ以上の商品価値を生まない
他の自然の側面は……切り捨てられる」という記述がそれに該当するだろ
う。これらの具体的な語句を用いて，「商品をつくりだす労働」であるこ
とを説明すればよい。

Ⅱ 解答

問1．アー1 イー4 ウー4 エー3
問2．2

問3．Life possesses the properties of replication, catalysis, and mutability.

問4．生化学により自然界の仕組みが明らかになり，そのおかげで私たち
は生命と呼ばれている独特で謎めいた状態を理解し，その重要性を認識す
ることが可能になる。

問5．〔解答例〕Biochemistry discloses many aspects of life and expands our knowledge about how living organisms developed, how cells differentiate or mutate, and where life as we know it today came from.

One such question is how our traits are passed on to our descendants. In the 19th century, people who were interested in this subject assumed that there was something in living things that made parents and their offspring similar. This factor is what we now call genes.

Meanwhile, biochemists realized that cells in living organisms were made up of numerous substances. Chromosomes and DNA were also discovered at this time.

In the 20th century, through biochemists' devotion to researching genes, DNA was found to be related to chromosomes, and finally DNA, a component of chromosomes, was identified to be the main factor that makes inheritance possible. Furthermore, owing to sophisticated technology, they detected how DNA is structured and how many genes there are in chromosomes ; now, we have further knowledge of each gene's function.

Thus, biochemistry greatly contributes to our understanding of life and is also very useful and applicable to medicine and agriculture. (200 単語程度)

━━━━━━━━━ ◀解　説▶ ━━━━━━━━━

≪生命の仕組みを探究する生化学という学問≫

問1．ア．This is because ～「これは～だからである」

イ．respond to ～「～に答える，反応する」

ウ．in a precise fashion「正確なやり方で，正確に」(fashion＝way, manner)

エ．rely on ～「～に頼る，～を当てにする」

問2．conversely「逆に，逆に言えば」　2．「あることの逆であるように」が適切。

問3．criteria「判断基準」「生命体であることの一連の有用な判断基準」はコロンの後で挙げられている「複製，触媒反応，変異性という特質」のことである。よって抜き出すのは the properties 以下だけでもよいだろうが，Life possesses がないと「the properties of … をどうしていれば基準を満たしたことになるのか」が曖昧になるので，文全体を抜き出したものを〔解答〕とした。

問4．allowing 以下は分詞構文となっている。分詞構文の意味上の主語の it（前文全体を受ける指示語）は省略されている。appreciate は単に「～を認識する」でもよいだろうが，〔解答〕では understand との違いを明確にするために「～の重要性を認識する」とした。

問5．〔解答例〕では genes「遺伝子」を具体例として挙げて説明した。

(和訳)「生化学は生命の多くの側面を明らかにし，どのようにして生物は発達したか，どのように細胞は分化あるいは変異するのか，そして私たちが現在知っている生物はどこから始まったかに関する私たちの知識を広げる。

　そのような疑問の一つに，どのようにして私たちの特徴が子孫に受け継がれるのかということがある。19 世紀にその問題に関心を抱いていた人々は生物内には親と子孫を類似させる何かが存在していると仮定した。この因子が，現在私たちが遺伝子と呼んでいるものだ。

　一方，生化学者たちは生物の細胞が非常に多くの物質で構成されていることに気づいた。染色体や DNA が発見されたのもこの時期である。

　20 世紀には生化学者たちの遺伝子研究への献身により DNA は染色体と関係があることがわかり，ついに染色体の構成要素である DNA が遺伝を可能にする主な要因であると特定された。さらに，高度な技術のおかげで，彼らは DNA がどのように構成され，どれだけ多くの遺伝子が染色体内に存在しているかを突き止めた。現在私たちはそれぞれの遺伝子の機能についてより一層の知識を有している。

　したがって生化学は生命に関する私たちの理解に大いに貢献しており，さらに非常に有用であり医学や農業に応用することもできるのである」

Ⅲ-1 解答

問1．(1)ア．自然免疫　イ．獲得免疫（適応免疫）　ウ．好中球　エ．マクロファージ　オ．食作用　カ．体液性　キ．細胞性
(2)トル様受容体（Toll 様受容体，TLR）
問2．(1)ク．Y　ケ．可変部　(2)7500 通り　(3)1500000 通り
問3．コ．MHC　サ．HLA　シ．対　ス．拒絶　セ．25　ソ．免疫抑制

━━━◀解　説▶━━━

≪自然免疫と獲得免疫の仕組み，拒絶反応の仕組み≫
問1．(1)　自然免疫では，物理的・化学的防御を突破して侵入した異物を，白血球の中で一番多い好中球，単球から分化したマクロファージ，樹状細胞による食作用で，消化・分解して排除する。
(2)　好中球やマクロファージなどは，細菌やウイルスに広く共通する分子構造の型（パターン）を認識するパターン認識受容体であるトル様受容体

（Toll 様受容体，TLR）で，異物を認識している。

問2．(2)　50×25×6＝7500 通り

(3)　7500×40×5＝1500000 通り

問3．細胞表面に発現している MHC（主要組織適合抗原複合体）が自己の MHC と異なると，異物として認識されて，キラー T 細胞によって攻撃され，排除される拒絶反応が起こる。MHC は HLA（ヒト白血球抗原）遺伝子によって支配されており，多数の対立遺伝子をもつ6つの遺伝子群からなるが，第6染色体上の近接した領域に存在するので，ほとんど組換えは起こらず，完全に連鎖していると考えてよい。

　したがって，血縁関係にない親の MHC の遺伝子型は，母親を ab，父親を cd のように表すことができる。この両親から生まれる子の MHC の遺伝子型とその比は，ac：ad：bc：bd＝1：1：1：1 となる。たとえば，この両親から生まれた子のうちの一人の MHC の遺伝子型が ac であるとき，その子の兄弟姉妹の一人と MHC の遺伝子型が完全に一致する（ac となる）確率は $\frac{1}{4}$ となる。MHC の遺伝子型が一致した場合，拒絶反応が起こらず，移植が可能となる。

Ⅲ-2 　解答

問1．ア．多価　イ．ナトリウムアルコキシド　ウ．アルデヒド　エ．カルボン酸　オ．銀鏡　カ．ケトン　キ．エーテル　ク．アルケン　ケ．縮合

問2．ヒドロキシ基が結合している炭素原子に，別の炭素原子が1個結合していると第一級アルコール，2個結合していると第二級アルコール，3個結合していると第三級アルコールという。

問3．アルコールはヒドロキシ基により分子間の水素結合を生じるが，炭化水素には分子間のファンデルワールス力しか存在しないため。

問4．中性

問5．C_2H_5OH（液）＋$3O_2$（気）＝$2CO_2$（気）＋$3H_2O$（液）＋1368 kJ

問6．メタノールの完全燃焼を表す熱化学方程式を次のようにおく。

$$CH_3OH（液）+\frac{3}{2}O_2（気）=CO_2（気）+2H_2O（液）+Q kJ$$

一般に，反応熱＝（生成物の生成熱の和）−（反応物の生成熱の和）が成立

するから

$$Q = (394 + 286 \times 2) - (239 + 0) = 727 \, (kJ)$$

したがって，求める燃焼熱は　　727 kJ/mol　……(答)

■■■■■■■　◀解　説▶　■■■■■■■■■■■■

≪アルコールの分類，水素結合，融点・沸点，燃焼熱≫

問1．ア．2価のエチレングリコール $HOCH_2CH_2OH$ や3価のグリセリン $C_3H_5(OH)_3$ などが多価アルコールの代表例である。

イ．Na とエタノールからはナトリウムエトキシド C_2H_5ONa が得られる。

$$2C_2H_5OH + 2Na \longrightarrow 2C_2H_5ONa + H_2$$

オ．Ag^+ がアルデヒドにより還元されて銀が析出する。

キ・ク．比較的低温でエーテル，高温でアルケンが得られる。

問2．第一級アルコール，第二級アルコール，第三級アルコールの酸化反応は次のとおりである。

第一級アルコール　　　$R-CH_2OH \xrightarrow{-2H} R-\underset{\parallel}{\overset{}{C}}-H \longrightarrow R-\underset{\parallel}{\overset{}{C}}-OH$
$\qquad\qquad\qquad\qquad\qquad\qquad\qquad O \qquad\qquad\qquad O$

第二級アルコール　　　$\overset{R}{\underset{R'}{>}}CH-OH \xrightarrow{-2H} \overset{R}{\underset{R'}{>}}C=O$

第三級アルコール　　　酸化しにくい

問3．分子間の水素結合により見かけの分子量が大きくなり，融点や沸点が高くなる。

問4．アルコールのヒドロキシ基はほとんど電離しないので中性を示す。

問5．エタノールを分子式のままで表示すると異性体（ジメチルエーテル）と区別できないので，示性式で示すのがよい。

問6．与えられた各物質の生成熱を表す熱化学方程式を作り，それらを加減することで解答を得てもよい。

$$C(黒鉛) + 2H_2(気) + \frac{1}{2}O_2(気) = CH_3OH(液) + 239 \, kJ \quad ……①$$

$$C(黒鉛) + O_2(気) = CO_2(気) + 394 \, kJ \quad ……②$$

$$H_2(気) + \frac{1}{2}O_2(気) = H_2O(液) + 286 \, kJ \quad ……③$$

②＋③×2－① より

$$CH_3OH(液) + \frac{3}{2}O_2(気) = CO_2(気) + 2H_2O(液) + 727 \, kJ$$

Ⅲ－3 解答

問 1 ．(1) 求める時間を t とする。軌道の最高点で衝突するので

$$0 = v_0 \sin 45° - gt = \frac{v_0}{\sqrt{2}} - gt$$

$$t = \frac{v_0}{\sqrt{2}\,g} \quad \cdots\cdots (答)$$

(2) 水平距離 L は

$$L = v_0 \cos 45° \cdot t = \frac{v_0}{\sqrt{2}} \cdot \frac{v_0}{\sqrt{2}\,g} = \frac{v_0{}^2}{2g} \quad \cdots\cdots (答)$$

(3) 求める高さ h は

$$h = v_0 \sin 45° \cdot t - \frac{1}{2}gt^2 = \frac{v_0}{\sqrt{2}} \cdot \frac{v_0}{\sqrt{2}\,g} - \frac{1}{2} \cdot g \cdot \left(\frac{v_0}{\sqrt{2}\,g}\right)^2 = \frac{v_0{}^2}{4g} \quad \cdots\cdots (答)$$

(4) 直前の水平方向の速さは $\frac{v_0}{\sqrt{2}}$ であるので，壁に当たった直後の速さは $e\dfrac{v_0}{\sqrt{2}}$

速度の向きは図の左向きなので，求める速度は $-\dfrac{1}{\sqrt{2}}ev_0 \quad \cdots\cdots (答)$

(5) A→BとB→Cの時間は同じである。したがって求める時間は

$$2t = 2 \cdot \frac{v_0}{\sqrt{2}\,g} = \frac{\sqrt{2}\,v_0}{g} \quad \cdots\cdots (答)$$

(6) 求める距離 L' は

$$L' = e\frac{v_0}{\sqrt{2}} \cdot \frac{v_0}{\sqrt{2}\,g} = \frac{ev_0{}^2}{2g} \quad \cdots\cdots (答)$$

問 2 ．(1) α 崩壊では質量数が 4，原子番号が 2 減少する。β 崩壊では質量数は変わらず，原子番号が 1 増加する。質量数の差は 4 の倍数になるので，鉛の質量数は 206 $\cdots\cdots (答)$

(2) α 崩壊の回数 x は

$$226 - 206 = 20 = 4 \times x \qquad x = 5 \quad \cdots\cdots (答)$$

β 崩壊の回数 y は

$$88 - 2 \times 5 + y = 82$$
$$y = 82 - 78 = 4 \quad \cdots\cdots (答)$$

(3) ラジウムの半減期は T なので

$$N = N_0 \left(\frac{1}{2}\right)^{\frac{t}{T}} \quad \cdots\cdots (答)$$

(4) t 年かかるとすると

$$5.0 \times 10^{-3} = 4.0 \times 10^{-2} \times \left(\frac{1}{2}\right)^{\frac{t}{1.6 \times 10^3}}$$

$$t = 4.8 \times 10^3 \text{ 年} \quad \cdots\cdots (答)$$

━━━━━━━◀解　説▶━━━━━━━

≪鉛直な壁で跳ね返される小球，放射性崩壊≫

問1．(1)　初速度の鉛直成分の大きさは $\dfrac{v_0}{\sqrt{2}}$ である。

(2)　初速度の水平成分の大きさは $\dfrac{v_0}{\sqrt{2}}$ である。

(4)　垂直に衝突すると，速さは e 倍になる。

(5)　鉛直方向は初速度の大きさ $\dfrac{v_0}{\sqrt{2}}$ の鉛直投げ上げ運動である。

問2．(1)　α 線は高速の $^4_2\mathrm{He}$ 原子核，β 線は高速の電子である。α 崩壊を繰り返すと，質量数は 4 の倍数ずつ減少する。

(2)　β 崩壊では原子核中の中性子が陽子と電子と反ニュートリノに変換する。電子と反ニュートリノは原子核外に放出される。したがって，原子核の質量数は変わらず，原子番号が 1 増加する。

琉球大学　医学部　医学科

■学校推薦型選抜Ⅱ（共通テストを課す）

▶選抜方法
高等学校等の長の推薦に基づき，大学入学共通テストの成績，個別学力検査等（小論文，面接）の成績，調査書，推薦書および志願理由書を総合して選考する。

▶大学入学共通テストの利用教科・科目

教　　科	科　　　　　　　目
国　　語	「国語」
地理歴史	「世界史B」,「日本史B」,「地理B」⎫
公　　民	「現代社会」,「倫理，政治・経済」⎭から1
数　　学	「数学Ⅰ・数学A」
	「数学Ⅱ・数学B」
理　　科	「物理」,「化学」,「生物」から2
外 国 語	「英語（リスニングを含む）」

[5教科7科目]

(注)　「地理歴史」と「公民」から2科目を受験した場合は，受験した科目のうち「第1解答科目」（解答順に前半に受験した科目）の得点を採用する。

▶個別学力検査等

科　目	採点・評価基準
小　論　文	思考力，独創性，発想力，表現力等を総合的に評価する。
面　　接	適性，意欲，表現力等を総合的に評価する。
調　査　書 推　薦　書 志願理由書	面接の参考にする。

▶配　点

大学入学共通テスト					個別学力検査等		計
国　語	地歴・公民	数　学	理　科	外国語	小論文	面　接	
200	100	200	200	300	200	300	1500
1000					500		

(注)　大学入学共通テストにおける「英語」のリーディングとリスニングの配点比率については1：1とし，その得点合計を外国語の配点に換算して利用する。リスニングを受験しなかった場合の取扱いについては，リスニングは0点扱いとし，リーディングの得点のみを利用する。リスニング受験を免除された者についてはリーディングの得点を利用して換算する。

▶合否判定基準

○大学入学共通テストの成績と個別学力検査等の成績等，配点に基づく総合得点により，上位から順次合格者とする。

○大学入学共通テストおよび個別学力検査等のいずれか1科目（小論文，面接を含む）でも欠席または0点の者については，不合格とする。

○合格ラインに同点者がいる場合には，次の順序に従って順位を付して合格者とする。

①面接の高得点者　②小論文の高得点者　③大学入学共通テストの外国語の高得点者　④大学入学共通テストの数学の高得点者　⑤大学入学共通テストの理科の高得点者

問題編

●小論文（120 分）

1 以下の論説は，アメリカ合衆国での低放射線被曝 CT による肺癌検診について書かれた CNN news である。次の文章を読んで，以下の設問に日本語で答えなさい。

This week, the U. S. Preventive Service Task Force issued its long-awaited guideline on lung cancer screening.

They recommend annual screening for lung cancer with low-dose computed tomography (CT) in adults ages 55 to 80 who are at high risk for lung cancer because they have smoked a pack or more per day of cigarettes for at least 30 years and currently smoke or have quit within the past 15 years. Low-dose CT is an imaging technology involving low doses of radiation.

This is important news, as 160,000 Americans die of lung cancer every year. It is estimated that this test could eventually prevent between 8,000 and 22,000 lung cancer deaths per year. About 85 % of lung cancers are due to cigarette smoking; 37 % of Americans are current or former smokers and 20 % still smoke.

The task force, an independent group of experts, makes evidence-based recommendation on preventive services like screenings, preventive medications and counseling services. They are highly respected among screening and preventive medicine experts. Their process for developing guidelines involves an extensive review of scientific studies, issuing of a draft guideline for public input and publishing a final recommendation. The task force advises the U. S. Department of Health and Human Services. The Affordable Care Act mandates that health insurance cover screenings the task force deems useful.

This latest recommendation is largely based on the National Cancer Institute's National Lung Screening Trial. This study, which began in

2001, is one of the best-designed screening studies conducted on any cancer.

Stigma lingers for deadliest cancer

The task force recommendation is similar to the lung screening guidelines issued by other organizations because of the quality of this trial. These organizations include the American College of Chest Physicians, the American Society of Clinical Oncology, the American Thoracic Society, the American Association for Thoracic Surgery, the National Comprehensive Cancer Network and the American Cancer Society (for which I work). Disagreements exist in prostate and breast cancer screening recommendations because of flaws in all major prostate and breast screening trials.

The National Lung Screening Trial (NLST) assessed more than 54,000 smokers and showed screening caused a 20% decline in lung cancer deaths eight to 10 years later. This means 80% of lung cancer deaths still occurred.

Also, smoking-induced cardiovascular disease kills far more people than lung cancer. Smoking also causes a number of other serious diseases, including bronchitis, emphysema and at least 11 other cancers.

All current lung cancer screening recommendations note that the patient needs to understand the risks and benefits of screening and decide if it is right for them. There are definite harms associated with lung cancer screening. More than one in four people screened will have a finding that leads to further testing. Ultimately, 24 out of 25 who get further testing will not have lung cancer. Additional testing can include more X-ray testing as well as invasive tests such as biopsies and surgeries.

A small proportion of patients getting additional testing will have permanent disabilities or even die as a result. In the NLST, roughly one person died after an invasive procedure triggered by screening for every five to six lives saved because of screening.

Studies also show that some people will have an "overdiagnosis cancer"—that is, a cancer that would never progress and kill. It is still difficult for many of us in medicine to accept that there are cancers that do not need treatment. This is a relatively new phenomenon due to improvements in imaging and diagnostics.

「(中略)」

This is a test for relatively heavy smokers. We need a screening test for nonsmokers and light smokers. About one in six people who develop lung cancer are nonsmokers. Unfortunately, studies suggest that there is not great benefit to low-dose spiral CT screening in these populations, but many of the potential harms remain.

Patients who smoke or who have smoked cigarettes should talk to their doctor about whether low-dose spiral CT is a good test for them. Most importantly, do not use lung cancer screening as a reason to continue smoking, as all science to date tells us there is greater benefit in quitting.

(出典：CNN news 2014 年 1 月 3 日より抜粋
https://edition.cnn.com/2014/01/03/health/brawley-lung-cancer/index.html)

[注釈]
the U.S. Preventive Service Task Force：米国予防医学専門委員会
the U.S. Department of Health and Human Services：米国保健社会福祉省
the National Cancer Institute：米国国立がん研究所
the American College of Chest Physicians：米国胸部疾患学会
the American Society of Clinical Oncology：米国臨床腫瘍学会
the American Thoracic Society：米国胸部学会
the American Association for Thoracic Surgery：米国胸部外科学会議
the National Comprehensive Cancer Network：全米総合がんセンターネットワーク
the American Cancer Society：米国がん協会
mandate：義務付ける
deem：みなす
stigma：汚名

flaw：欠陥
bronchitis：気管支炎
emphysema：肺気腫
biopsy：生検
invasive：侵襲的な

問1．アメリカ合衆国で，低放射線被曝 CT 検診が健康保険の対象となるのはどのような人か。60 字以内で答えなさい。

問2．低放射線被曝 CT 検診がその対象者に有効であることを証明した研究を 90 字以内で答えなさい。

問3．低放射線被曝 CT 検診で体に害のあるリスクを二つそれぞれ 80 字以内で答えなさい。

問4．喫煙者が低放射線被曝 CT 検診を受ける際の理由として考えてはいけないことは，何であると書かれているか。30 字以内で答えなさい。

2 LGBT に関する次の文章を読んで，以下の各問に日本語で答えなさい。

（第一段落）In March 2011, the Institute of Medicine（IOM）released an important new report on "The Health of Lesbian, Gay, Bisexual, and Transgender（LGBT）People：Building a Foundation for Better Understanding". The report focused on current evidence of LGBT health disparities, gaps in knowledge, and steps to be taken to enhance research on LGBT health. The IOM had convened an expert panel at the request of the National Institutes of Health（NIH）to assess the state of the science on LGBT health, identify research gaps and opportunities related to LGBT health, outline a research agenda to assist NIH in enhancing research efforts in this area, and to consider research training needs to advance knowledge related to LGBT health. （中略）

（第二段落）The IOM report is one of several important developments related to LGBT health. *Healthy People 2020*－a statement of national health objectives, the fifth in a series of such documents issued over the past three decades－includes a section on LGBT health. In April

2010, President Obama called on the U.S. Department of Health and Human Services to issue rules requiring hospitals to "respect the rights of patients to designate visitors" and prohibiting denial of visitation based on "race, color, national origin, religion, sex, sexual orientation, gender identity, or disability". Those rules were finalized and issued in November 2010. Also in 2010, The Joint Commission, which accredits 88 % of U.S. hospitals, issued a monograph on communication, cultural competence, and patient- and family-centered care that includes significant discussion of the needs of LGBT patients. And a new Joint Commission standard on patient rights, effective July 1, 2011, requires that patients be allowed "the presence of a support individual of the patient's choice" and that hospitals adopt policies barring discrimination based on factors including "sexual orientation, and gender identity or <u>expression</u>".

(中略)

(第三段落) The nursing profession has tremendous contributions to make toward improving the evidence base for LGBT health, spearheading interventions designed to reduce disparities, and increasing patient-centered, culturally appropriate care for all individuals. The current heightened prominence of LGBT health, health care, and health research poses a challenge to the nursing profession to give these issues the focus they require. The time to rise to that challenge is now.

(Keepnews DM. LGBT health issues and nursing. Policy Polit Nurs Pract 2011 12 (2) : 71-2, 抜粋)

[注釈]
IOM：医学研究所
NIH：国立衛生研究所
convene：（会議を）招集する
Department of Health and Human Services：米国保健社会福祉省
accredit：信任する
nursing profession：看護職

問1．Institute of Medicine（IOM）のレポートで，LGBT の人々に対して取り上げた3つの焦点を50字以内の日本語で答えなさい。

問2．オバマ大統領が Department of Health and Human Services に要求した病院における2つの規則とは何ですか。75字以内の日本語で答えなさい。

問3．下線の意味を5字以内の日本語で答えなさい。

問4．第三段落を参考に，LGBT に対する医療職としての適切な対応について，あなたの意見を250字以内の日本語で答えなさい。

解答編

●小論文

[1] **解答例** 問1. 55～80歳で，30年以上にわたり毎日1箱は喫煙し，現在も喫煙中，あるいは過去15年以内に禁煙した，肺がんリスクの高い人。(60字以内)

問2. 54000人以上の喫煙者を対象にした全国肺がんスクリーニング治験により，8～10年後の肺がんでの死亡者数が20％下がることを示した，米国国立がん研究所による2001年からの研究。(90字以内)

問3. ・25％以上の確率で精密検査が必要となるが，がんが判明するのはごく一部で，結果的に検査が無駄となるだけでなく，検査には切開などの体に大きな負担がかかるものもある。(80字以内)

・人によっては，「過剰診断のがん」，つまり進行し死に至ることのないがんが見つかり，不要な治療を受けることになる。(80字以内)

問4. 検診で肺がんがないとわかれば，喫煙を続けてよいということ。(30字以内)

◀解　説▶

≪喫煙者に対する肺がんスクリーニング検査≫

問1. 「アメリカ合衆国で，低放射線被曝CT検診」が推奨される「人」については，第2段第1文の adults ages 55 to 80 who are at high risk for lung cancer because they have smoked a pack or more per day of cigarettes for at least 30 years and currently smoke or have quit within the past 15 years の部分で述べられているが，「その人」の受診が「健康保険の対象となる」のか否かの判断は，第4段最終文 The Afford-able Care Act mandates that health insurance cover screenings the task force deems useful. まで持ち越さなければならない。この部分を確認し，改めて前述の「人」を，〔解答例〕のように制限字数である60字以内でまとめる。ただし，ある程度こなれた日本語を用い，必要最低限の情報に絞り込むように訳出しなければ，字数オーバーになってしまうので要注意。

問 2．問 1 と同様，解答該当箇所（**Stigma lingers for deadliest cancer** の第 2 段第 1 文 The National Lung Screening Trial（NLST）assessed more than 54,000 smokers and showed screening caused a 20％ decline in lung cancer deaths eight to 10 years later.）を見つけること自体は容易だろう。〔解答例〕にある「米国国立がん研究所による 2001 年からの研究」の部分は，上記の解答該当箇所とは少し離れたところ（**Stigma lingers for deadliest cancer** の直前段）にさりげなく書かれている。その部分まで含めるべきかどうかは悩むかもしれないが，字数に余裕がなければ含めなくてもよいだろう。

問 3．**Stigma lingers for deadliest cancer** の第 4 段第 2 文（There are definite …）に「肺がんスクリーニングに伴う害」とあり，それ以降が該当箇所となるが，問われているのは単なる低放射線被曝 CT 検診のリスクではなく「体に害のあるリスク」なので，第 3 文（More than one …）のみ，あるいは第 3・4 文のみを訳出しただけでは「体に害のあるリスク」とは言えないものになってしまう。第 5 文（Additional testing can …）にその「精密検査」に含まれるものが invasive「切開を要する」と書かれていることから，それが「体に害のあるリスク」であると見極めなければならない。この第 3 ～ 5 文の趣旨を〔解答例〕ではかなりかみ砕いて表現したが，和訳に近い形で「検診を受けた人の 4 人に 1 人以上が，X 線検査や侵襲的検査などを追加で受ける必要があるとされるが，追加検査を受けた人の 25 人に 24 人は，肺がんではないと判明する」のようにしてもよいだろう。2 つ目のリスクは（中略）の直前の段の第 1・2 文（Studies also show … not need treatment.）で挙げられている。冒頭の also に着目し，この段は前段（まで）の内容とは異なる新しい情報を述べていると判断したい。なお，その前の段（A small proportion …）で述べられているのは「低放射線被曝 CT 検診自体のリスク」ではなく「その後の精密検査のリスク」である。

問 4．最終段第 2 文（Most importantly, do …）に「肺がんスクリーニングを，喫煙を続ける理由に用いてはいけない」とある。これはつまり，喫煙者が〈異状が見つからなければ喫煙を続けてよい〉という考えで検診を受けることを戒めているのだと解釈できる。このような内容を 30 字以内でまとめる。

2 **解答例** 問 1．健康面の不均衡に関する現在の証拠，LGBT への理解の相違，健康に対する研究を促進するための施策。（50 字以内）

問 2．患者が持つ，面会者を指定する権利の尊重と，人種・肌の色・出身国・宗教・性別・性的志向・性自認・障害に基づいて面会を拒否することの禁止。（75 字以内）

問 3．外見（や言動）

問 4．問診票で性別を二択から選ばされる，戸籍上の名前で呼ばれるといった経験は，当事者以外には「何でもないこと」に思えたとしても，当事者が病院へ行きづらいと感じる要因になりうる。医療者は彼らの声に耳を傾け，理解を深め，こうした要因を減らす努力を絶えず行わなければならない。現在は新型コロナウイルスの流行で社会全体が余裕を失いつつあり，医療の現場も細やかな配慮をし続けるのは大変かもしれないが，「コロナが終息したとき，受診をためらう人の数が減らず，それどころか増えていた」などということはあってはならない。（250 字以内）

━━━━━━━ ◀解　説▶ ━━━━━━━

≪医療における LGBT 問題の研究レポート，今後の課題≫

問 1．「Institute of Medicine (IOM) のレポート」「焦点」といった表現を目印にすれば，解答該当箇所（第 1 段第 2 文 The report focused on current evidence of LGBT health disparities, gaps in knowledge, and steps to be taken to enhance research on LGBT health.）を見つけることは容易だろう。その部分を直訳すると「そのレポートは，LGBT の健康における不均衡に関する現在の証拠，知識の相違，LGBT の健康に関する研究を促進するためにとるべき施策に焦点を当てていた」となる。ここで挙げられている 3 点をそのまま 50 字以内でまとめればよいが，gaps in knowledge はそれだけでは意味がわかりにくいので，字数に余裕があれば「LGBT への理解の相違」のように言葉を補ってもよいだろう。

問 2．問 1 と同様，「オバマ大統領」「Department of Health and Human Services に要求した」「病院における」といった目印のおかげで，解答該当箇所（第 2 段第 3 文 In April 2010, President Obama called on the U. S. Department of Health and Human Services to issue rules requiring hospitals to "respect the rights of patients to designate visitors" and prohibiting denial of visitation based on "race, color, national origin, religion, sex, sexual orientation, gender identity, or disability".) は簡単に見つかるが，ある程度の背景知識なしでは，うまく制限字数の 75 字以内におさまる解答を作るのは難しいであろう。

問 3．他の問いと比べ，あっさりし過ぎていて逆に答えにくいであろう。下線部は前の gender identity と等位接続詞 or で結ばれているので，gender expression のことだとはすぐわかる。さらに，それを直訳すると gender「（社会的な意味での）性別」＋expression「表現」で「性別表現」になることも容易にわかるであろうが，ここで求められているのは単なる直訳ではなく，「性別表現」とは何かを端的に説明することだと考えられる。「性別表現」は服装・髪型・化粧・仕草などにその人の gender identity「性自認」が反映されることであるから，「外見」または「外観」などが解答となる。なお，外からわかる様子なので声色・言葉遣いなども含まれると考えれば，「外見や言動」といった解答も可能だろう。

問 4．参考にするよう指定されている「第三段落」には，大まかに言って，①「LGBT の健康に関するエビデンスを増強すること」，②「LGBT の健康における不均衡を減らすために先陣を切って介入すること」，③「万人のための，患者中心で文化的に適切な医療を充実させること」といった，「LGBT に対する医療職としての適切な対応」に関連することが「医療職が貢献すべきこと」という表現で書かれている。本問では，その「第三段落を参考に…あなたの意見」を述べるよう求められているので，上記①〜③のいずれか（あるいは複数）に基づいた「意見」を，制限字数である 250 字以内で展開すればよい。なお，〔解答例〕では，LGBT 当事者に病院へ行きづらいと感じさせる問題を具体的に挙げ，当事者の意見をよく聞くこと，コロナ禍のような状況下であっても対応改善の努力を怠ってはならないことを主張している。

//////////////// · **memo** · ////////////////

/////////////////// · **memo** · ///////////////////

//////////////// · **memo** · ////////////////

////////////////// · **memo** · //////////////////

教学社 刊行一覧

2025年版　大学赤本シリーズ

国公立大学（都道府県順）

374大学556点　全都道府県を網羅

京都大学

全国の書店で取り扱っています。店頭にない場合は，お取り寄せができます。

1　北海道大学（文系−前期日程）
2　北海道大学（理系−前期日程）医
3　北海道大学（後期日程）
4　旭川医科大学（医学部〈医学科〉）医
5　小樽商科大学
6　帯広畜産大学
7　北海道教育大学
8　室蘭工業大学／北見工業大学
9　釧路公立大学
10　公立千歳科学技術大学
11　公立はこだて未来大学　総推
12　札幌医科大学（医学部）医
13　弘前大学　医
14　岩手大学
15　岩手県立大学・盛岡短期大学部・宮古短期大学部
16　東北大学（文系−前期日程）
17　東北大学（理系−前期日程）医
18　東北大学（後期日程）
19　宮城教育大学
20　宮城大学
21　秋田大学　医
22　秋田県立大学
23　国際教養大学　総推
24　山形大学　医
25　福島大学
26　会津大学
27　福島県立医科大学（医・保健科学部）医
28　茨城大学（文系）
29　茨城大学（理系）
30　筑波大学（推薦入試）医 総推
31　筑波大学（文系−前期日程）
32　筑波大学（理系−前期日程）医
33　筑波大学（後期日程）
34　宇都宮大学
35　群馬大学　医
36　群馬県立女子大学
37　高崎経済大学
38　前橋工科大学
39　埼玉大学（文系）
40　埼玉大学（理系）
41　千葉大学（文系−前期日程）
42　千葉大学（理系−前期日程）医
43　千葉大学（後期日程）医
44　東京大学（文科）DL
45　東京大学（理科）DL　医
46　お茶の水女子大学
47　電気通信大学
48　東京外国語大学 DL
49　東京海洋大学
50　東京科学大学（旧 東京工業大学）
51　東京科学大学（旧 東京医科歯科大学）医
52　東京学芸大学
53　東京藝術大学
54　東京農工大学
55　一橋大学（前期日程）
56　一橋大学（後期日程）
57　東京都立大学（文系）
58　東京都立大学（理系）
59　横浜国立大学（文系）
60　横浜国立大学（理系）
61　横浜市立大学（国際教養・国際商・理・データサイエンス・医〈看護〉学部）

62　横浜市立大学（医学部〈医学科〉）医
63　新潟大学（人文・教育〈文系〉・法・経済科・医〈看護〉・創生学部）
64　新潟大学（教育〈理系〉・理・医〈看護を除く〉・歯・工・農学部）医
65　新潟県立大学
66　富山大学（文系）
67　富山大学（理系）医
68　富山県立大学
69　金沢大学（文系）
70　金沢大学（理系）医
71　福井大学（教育・医〈看護〉・工・国際地域学部）
72　福井大学（医学部〈医学科〉）医
73　福井県立大学
74　山梨大学（教育・医〈看護〉・工・生命環境学部）
75　山梨大学（医学部〈医学科〉）医
76　都留文科大学
77　信州大学（文系−前期日程）
78　信州大学（理系−前期日程）医
79　信州大学（後期日程）
80　公立諏訪東京理科大学　総推
81　岐阜大学（前期日程）医
82　岐阜大学（後期日程）
83　岐阜薬科大学
84　静岡大学（前期日程）
85　静岡大学（後期日程）
86　浜松医科大学（医学部〈医学科〉）医
87　静岡県立大学
88　静岡文化芸術大学
89　名古屋大学（文系）
90　名古屋大学（理系）医
91　愛知教育大学
92　名古屋工業大学
93　愛知県立大学
94　名古屋市立大学（経済・人文社会・芸術工・看護・総合生命理・データサイエンス学部）
95　名古屋市立大学（医学部〈医学科〉）医
96　名古屋市立大学（薬学部）
97　三重大学（人文・教育・医〈看護〉学部）
98　三重大学（医〈医〉・工・生物資源学部）医
99　滋賀大学
100　滋賀医科大学（医学部〈医学科〉）医
101　滋賀県立大学
102　京都大学（文系）
103　京都大学（理系）医
104　京都教育大学
105　京都工芸繊維大学
106　京都府立大学
107　京都府立医科大学（医学部〈医学科〉）医
108　大阪大学（文系）DL
109　大阪大学（理系）医
110　大阪教育大学
111　大阪公立大学（現代システム科学域〈文系〉・文・法・経済・商・看護・生活科〈居住環境・人間福祉〉学部−前期日程）
112　大阪公立大学（現代システム科学域〈理系〉・理・工・農・獣医・医・生活科〈食栄養〉学部−前期日程）医
113　大阪公立大学（中期日程）
114　大阪公立大学（後期日程）
115　神戸大学（文系−前期日程）
116　神戸大学（理系−前期日程）医

117　神戸大学（後期日程）
118　神戸市外国語大学 DL
119　兵庫県立大学（国際商経・社会情報科・看護学部）
120　兵庫県立大学（工・理・環境人間学部）
121　奈良教育大学／奈良県立大学
122　奈良女子大学
123　奈良県立医科大学（医学部〈医学科〉）医
124　和歌山大学
125　和歌山県立医科大学（医・薬学部）医
126　鳥取大学　医
127　公立鳥取環境大学
128　島根大学　医
129　岡山大学（文系）
130　岡山大学（理系）医
131　岡山県立大学
132　広島大学（文系−前期日程）
133　広島大学（理系−前期日程）医
134　広島大学（後期日程）
135　尾道市立大学　総推
136　県立広島大学
137　広島市立大学
138　福山市立大学　総推
139　山口大学（人文・教育〈文系〉・経済・医〈看護〉・国際総合科学部）
140　山口大学（教育〈理系〉・理・医〈看護を除く〉・工・農・共同獣医学部）医
141　山陽小野田市立山口東京理科大学　総推
142　下関市立大学／山口県立大学
143　周南公立大学　新 総推
144　徳島大学　医
145　香川大学　医
146　愛媛大学　医
147　高知大学　医
148　高知工科大学
149　九州大学（文系−前期日程）
150　九州大学（理系−前期日程）医
151　九州大学（後期日程）
152　九州工業大学
153　福岡教育大学
154　北九州市立大学
155　九州歯科大学
156　福岡県立大学／福岡女子大学
157　佐賀大学　医
158　長崎大学（多文化社会・教育〈文系〉・経済・医〈保健〉・環境科〈文系〉学部）
159　長崎大学（教育〈理系〉・医〈医〉・歯・薬・情報データ科・工・環境科〈理系〉・水産学部）医
160　長崎県立大学
161　熊本大学（文・教育・法・医〈看護〉学部・情報融合学環〈文系型〉）
162　熊本大学（理・医〈看護を除く〉・薬・工学部・情報融合学環〈理系型〉）医
163　熊本県立大学
164　大分大学（教育・経済・医〈看護〉・理工・福祉健康科学部）
165　大分大学（医学部〈医・先進医療科学科〉）医
166　宮崎大学（教育・医〈看護〉・工・農・地域資源創成学部）
167　宮崎大学（医学部〈医学科〉）医
168　鹿児島大学（文系）
169　鹿児島大学（理系）医
170　琉球大学　医

国公立大学 その他

171 〔国公立大〕医学部医学科 総合型選抜・学校推薦型選抜※ 医推
172 看護・医療系大学〈国公立 東日本〉※
173 看護・医療系大学〈国公立 中日本〉※
174 看護・医療系大学〈国公立 西日本〉※
175 海上保安大学校／気象大学校
176 航空保安大学校
177 国立看護大学校
178 防衛大学校 総推
179 防衛医科大学校（医学科） 医
180 防衛医科大学校（看護学科）

※ No.171～174の収載大学は赤本ウェブサイト（http://akahon.net/）でご確認ください。

私立大学①

北海道の大学（50音順）
201 札幌大学
202 札幌学院大学
203 北星学園大学
204 北海学園大学
205 北海道医療大学
206 北海道科学大学
207 北海道武蔵女子大学・短期大学
208 酪農学園大学（獣医学群〈獣医学類〉）

東北の大学（50音順）
209 岩手医科大学（医・歯・薬学部） 医
210 仙台大学 総推
211 東北医科薬科大学（医・薬学部） 医
212 東北学院大学
213 東北工業大学
214 東北福祉大学
215 宮城学院女子大学 総推

関東の大学（50音順）
あ行（関東の大学）
216 青山学院大学（法・国際政治経済学部－個別学部日程）
217 青山学院大学（経済学部－個別学部日程）
218 青山学院大学（経営学部－個別学部日程）
219 青山学院大学（文・教育人間科学部－個別学部日程）
220 青山学院大学（総合文化政策・社会情報・地球社会共生・コミュニティ人間科学部－個別学部日程）
221 青山学院大学（理工学部－個別学部日程）
222 青山学院大学（全学部日程）
223 麻布大学（獣医、生命・環境科学部）
224 亜細亜大学
225 桜美林大学
226 大妻女子大学・短期大学部

か行（関東の大学）
228 学習院大学（法学部－コア試験）
229 学習院大学（経済学部－コア試験）
230 学習院大学（文学部－コア試験）
231 学習院大学（国際社会科学部－コア試験）
232 学習院大学（理学部－コア試験）
233 学習院女子大学
234 神奈川大学（給費生試験）
235 神奈川大学（一般入試）
236 神奈川工科大学
237 鎌倉女子大学・短期大学部
238 川村学園女子大学
239 神田外語大学
240 関東学院大学
241 北里大学（理学部）
242 北里大学（医学部） 医
243 北里大学（薬学部）
244 北里大学（看護・医療衛生学部）
245 北里大学（未来工・獣医・海洋生命科学部）
246 共立女子大学・短期大学
247 杏林大学（医学部） 医
248 杏林大学（保健学部）
249 群馬医療福祉大学・短期大学部
250 群馬パース大学 総推

251 慶應義塾大学（法学部）
252 慶應義塾大学（経済学部）
253 慶應義塾大学（商学部）
254 慶應義塾大学（文学部） 総推
255 慶應義塾大学（総合政策学部）
256 慶應義塾大学（環境情報学部）
257 慶應義塾大学（理工学部）
258 慶應義塾大学（医学部） 医
259 慶應義塾大学（薬学部）
260 慶應義塾大学（看護医療学部）
261 工学院大学
262 國學院大學
263 国際医療福祉大学 医
264 国際基督教大学
265 国士舘大学
266 駒澤大学（一般選抜T方式・S方式）
267 駒澤大学（全学部統一日程選抜）

さ行（関東の大学）
268 埼玉医科大学（医学部） 医
269 相模女子大学・短期大学部
270 産業能率大学
271 自治医科大学（医学部） 医
272 自治医科大学（看護学部）／東京慈恵会医科大学（医学部〈看護学科〉）
273 実践女子大学 総推
274 芝浦工業大学（前期日程）
275 芝浦工業大学（全学統一日程・後期日程）
276 十文字学園女子大学
277 淑徳大学
278 順天堂大学（医学部） 医
279 順天堂大学（スポーツ健康科・医療看護・保健看護・国際教養・保健医療・医療科・健康データサイエンス・薬学部） 総推
280 上智大学（神・文・総合人間科学部）
281 上智大学（法・経済学部）
282 上智大学（外国語・総合グローバル学部）
283 上智大学（理工学部）
284 上智大学（TEAPスコア利用方式）
285 湘南工科大学
286 昭和大学（医学部） 医
287 昭和大学（歯・薬・保健医療学部）
288 昭和女子大学
289 昭和薬科大学
290 女子栄養大学・短期大学部 総推
291 白百合女子大学
292 成蹊大学（法学部－A方式）
293 成蹊大学（経済・経営学部－A方式）
294 成蹊大学（文学部－A方式）
295 成蹊大学（理工学部－A方式）
296 成蹊大学（E方式・G方式・P方式）
297 成城大学（経済・社会イノベーション学部－A方式）
298 成城大学（文芸・法学部－A方式）
299 成城大学（S方式〈全学部統一選抜〉）
300 聖心女子大学
301 清泉女子大学
303 聖マリアンナ医科大学 医

304 聖路加国際大学（看護学部）
305 専修大学（スカラシップ・全国入試）
306 専修大学（前期入試〈学部個別入試〉）
307 専修大学（前期入試〈全学部入試・スカラシップ入試〉）

た行（関東の大学）
308 大正大学
309 大東文化大学
310 高崎健康福祉大学
311 拓殖大学
312 玉川大学
313 多摩美術大学
314 千葉工業大学
315 中央大学（法学部－学部別選抜）
316 中央大学（経済学部－学部別選抜）
317 中央大学（商学部－学部別選抜）
318 中央大学（文学部－学部別選抜）
319 中央大学（総合政策学部－学部別選抜）
320 中央大学（国際経営・国際情報学部－学部別選抜）
321 中央大学（理工学部－学部別選抜）
322 中央大学（5学部共通選抜）
323 中央学院大学
324 津田塾大学
325 帝京大学（薬・経済・法・文・外国語・教育・理工・医療技術・福岡医療技術学部）
326 帝京大学（医学部） 医
327 帝京科学大学 総推
328 帝京平成大学 総推
329 東海大学（医〈医〉学部を除く－一般選抜）
330 東海大学（文系・理系学部統一選抜）
331 東海大学（医学部〈医学科〉） 医
332 東京医科大学（医学部〈医学科〉） 医
333 東京家政大学・短期大学部 総推
334 東京経済大学
335 東京工科大学
336 東京工芸大学
337 東京国際大学
338 東京歯科大学
339 東京慈恵会医科大学（医学部〈医学科〉） 医
340 東京情報大学
341 東京女子大学
342 東京女子医科大学（医学部） 医
343 東京電機大学
344 東京都市大学
345 東京農業大学
346 東京薬科大学（薬学部） 総推
347 東京薬科大学（生命科学部） 総推
348 東京理科大学（理学部〈第一部〉－B方式）
349 東京理科大学（創域理工学部－B方式・S方式）
350 東京理科大学（工学部－B方式）
351 東京理科大学（先進工学部－B方式）
352 東京理科大学（薬学部－B方式）
353 東京理科大学（経営学部－B方式）
354 東京理科大学（C方式、グローバル方式、理学部〈第二部〉－B方式）
355 東邦大学（医学部） 医
356 東邦大学（薬学部）

2025年版 大学赤本シリーズ

私立大学③

医 医学部医学科を含む
総推 総合型選抜または学校推薦型選抜を含む
DL リスニング音声配信 新 2024年 新刊・復刊

掲載している入試の種類や試験科目,収載年数などはそれぞれ異なります。詳細については,それぞれの本の目次や赤本ウェブサイトでご確認ください。

akahon.net

赤本 | [検索]

難関校過去問シリーズ

出題形式別・分野別に収録した
「入試問題事典」
20大学 73点
定価2,310~2,640円(本体2,100~2,400円)

先輩合格者はこう使った!
「難関校過去問シリーズの使い方」

61年,全部載せ!
要約演習で,総合力を鍛える
東大の英語
要約問題 UNLIMITED

いつも受験生のそばに──赤本

大学入試シリーズ＋α
入試対策も共通テスト対策も赤本で

2025年版　大学赤本シリーズ　No. 171

〔国公立大〕医学部医学科 総合型選
抜・学校推薦型選抜

2024年6月10日　第1刷発行
ISBN978-4-325-26248-0
定価は裏表紙に表示しています

編　集　教学社編集部
発行者　上原　寿明
発行所　教学社
　　　　〒606-0031
　　　　京都市左京区岩倉南桑原町56
　　　　電話　075-721-6500
　　　　振替　01020-1-15695
　　　　印　刷　太洋社